四川职业技术学院文库·百年校庆丛书

中国对外贸易经济合作企业协会课题
《顺应理论视角下的跨文化商务交际语用策略之语用失误研究》
（项目编号：S-A-12028）

四川职业技术学院100周年校庆学术专著资助项目

认知语言学理论研究

Renzhi Yuyanxue Lilun Yanjiu

谭爱平 著

西南交通大学出版社
·成都·

图书在版编目（ＣＩＰ）数据

认知语言学理论研究 / 谭爱平著. —成都：西南
交通大学出版社，2017.11
（四川职业技术学院文库. 百年校庆丛书）
ISBN 978-7-5643-5878-5

Ⅰ. ①认… Ⅱ. ①谭… Ⅲ. ①认知科学 – 语言学 – 研
究 Ⅳ. ①H0-05
中国版本图书馆 CIP 数据核字（2017）第 269035 号

四川职业技术学院文库 · 百年校庆丛书

认知语言学理论研究

谭爱平　著

责 任 编 辑	吴　迪
助 理 编 辑	罗俊亮
封 面 设 计	曹天擎
出 版 发 行	西南交通大学出版社 （四川省成都市二环路北一段 111 号 西南交通大学创新大厦 21 楼）
发行部电话	028-87600564　028-87600533
邮 政 编 码	610031
网　　　址	http://www.xnjdcbs.com
印　　　刷	四川煤田地质制图印刷厂
成 品 尺 寸	170 mm × 240 mm
印　　　张	14
字　　　数	251 千
版　　　次	2017 年 11 月第 1 版
印　　　次	2017 年 11 月第 1 次
书　　　号	ISBN 978-7-5643-5878-5
定　　　价	58.00 元

前　言

　　语言学分为理论语言学与应用语言学两个方向，其中理论语言学又分为认知语言学、功能语言学等多个流派，每个流派有着不同的研究方法和研究角度。作为近期研究的热点，认知语言学近十年来在理论演绎与描写分析方面都取得了很大进展，认知语言学已经成为自然语言分析与研究的一种重要理论，但是目前对认知语言学的本体认识方面还有欠缺。尤其是在我国，由于认知泛化和思维僵化，认知语言学在理论与方法上还远远没有形成一个统一的稳固的理论系统。

　　鉴于此，本书立意于进一步开拓与深化原有研究领域的范围和主题，希望能完善国内语言学中认知语言学的理论系统。本书围绕范畴化、原型理论、构式、隐喻、转喻等认知语言学的核心话题展开论述。

　　本书的创新之处在于笔者并不只满足于介绍国外现成的理论与观点，还做了大量收集整理的工作，洋为中用，从中国学习者的角度研究认知语言学，并试图将理论用于解决中国人的语言学习问题。除此之外，笔者还注重认知语言学研究的实用性，对许多理论都涉及其实用价值的讨论。

　　本书共分为十章，第一章简要介绍认知科学和认知语言学的渊源与发展历程，介绍认知语言学的一些重要流派和其基本理论观点；第二章主要讨论范畴化，在人类的认知过程中，范畴化是一个极为重要的过程，人类其他认知活动都建立在范畴化这一重要基础上；第三章讨论意象图式，介绍了 Lakoff 与 Langacker 等人对意象以及意象图式的论述；第四章讨论构造语法，探究认知语法与构造语法之间的关联，介绍了构造语法的几种理论假设；第五章讨论语言符号象似性，由象似性与任意性的争论缘由说起，探究两者之间的辩证关系，并介绍了象似性原则；第六章讨论隐喻作为一种重要认知手段的重要特点和工作机理；第七章主要讨论转喻的生成机制和关联性；第八章讨论认知语义观与认知语义学的基本内容和研究方法；第九章讨论言语行为的语用分析；第十章讨论认知语篇学与连贯。

本书在写作过程中得到了暨南大学翻译学院院长赵友斌教授和上海外国语大学博士罗瑞丰的精心指导，在此对他们的辛勤付出表示诚挚的谢意。由于笔者能力与水平所限，书中难免有疏漏之处，望广大专家、读者批评指正。

作　者
2017 年 7 月

目　录

第一章

绪　论

第一节　认知、认知科学、认知语法

一、认知

"认知"一词有广、狭两个定义。广义的认知是指免受周围环境的刺激而独立解决问题的能力，这个意义上，认知与心理内容及心理内容和外部世界之间的概念关系有关，因此，一个具有认知能力的动物就是一个有能力面对外部世界并且让这样的能力不依赖于环境刺激而影响行动的动物。狭义的认知是指作为高等动物的人类所特有的推理过程。

广义认知的定义可以在20世纪50年代末60年代初反对行为主义、强调认知的内部机制的基础上加以理解。产生于20世纪20年代的行为主义运用刺激—反应的公式解释人的行为，不承认内部的加工过程，只研究输入和输出这两端的有关问题。到20世纪50年代在反对行为主义的机械观点的过程中人们认识到在人类的输入和输出之间存在着一系列的活动：人类对外界刺激的反应不是产生于直接的、机械的因果联系，而是受内部状态的支配和命令，必须对这样的内部状态加以描述才能解释人类的外部反应。在人类大脑这样一个"黑箱"中存在着一系列的活动，对这样的活动应该进行科学的调查和研究。人工智能以"图灵机"的活动状态进行模拟来理解这些活动，人工智能后来发展成为认知科学的一个重要分支。计算机模拟作为一个描述工具使得人们有可能回避关于内部包含什么样的过程这样一个问题：不管过程本身的性质是什么，输入输出关系是可以模拟的。

根据认知科学对认知的这一理解，任何介于输入和输出之间的机制都可以看作是认知性的。认知科学家和语言学家为了建构"认知的微观结构"，提出了连接主义（connectionism）的理论。Rumelhart等人（1986）研究了不同实验条件下动物触及食物和反转旋的认知能力，目的是为了展示连接主义模型解释动物的认知技巧的解释力。然而，这样的能力只是出现在一个非常低级的水平上：为了吃到食物，实验动物必须做大量的练习来发展自己的运动技能以便能吃到它想要的食物。这样的技能练习可能是刺激—控制的，也就是说动物的行为只受到外界刺激的控制，而没有进入意识状态。

Lakoff 和 Johnson（1999）认为认知包括的内容十分丰富，包括心智运作、心智结构、意义、概念系统、推理、语言等方面。由于我们的概念系统和推理是来自我们的身体，因此认知也包括感知动觉系统，它促成我们的概念化和推理能力。他们区分了两种意义的认知：①在认知科学中指各种心智运作或心智结构，这种运作和结构大部分是无意识的，包括视觉加工、听觉加工、嗅觉加工、动觉加工、记忆、注意、情感、思维、语言等；②在某些传统哲学中，认知有不同所指，常指概念结构或命题结构，以及对它们进行规则运算。认知意义可指真值条件意义，不是由内在的心智和身体所定义的，而是参照外部世界来定义的。因此 Lakoff 和 Johnson 将语言、体验都包含在认知当中，认为身体经验与思维加工密切相关，语言也是一种认知活动。

如果把认知的定义建立在上面的模型化基础之上来描述人类的认知，那么认知的定义将包括所有以神经过程为基础的技能，所有这些活动都依赖于内部机制，这样的内部机制以依赖于神经元活动的复杂方式将输入转换为输出。认知可以被视为以生理过程为基础的现象之一，是一种可以归因于大脑内部神经过程的身体技能，如此，认知科学就是生理学的一个部分。

桂诗春（1993）指出，人们在使用语言时，力图花最少的力气去获得更多的认知效果，而在这样的过程中，人们除了使用语言的规则，还使用交际策略，这些策略具有探索性和概率性的特点。根据对交际过程的研究分析，语言学家提出了现实原则、合作原则、关联原则，并且对语言使用的句法—语义策略、语篇的理解策略进行了翔实严谨的研究。不论是交际的策略还是语义的策略，本质上都是认知性的，因为策略意味着推断和选择，人的思维在策略的使用中发挥着重要作用。

认知科学认为在单位时间内，人类认知系统的负荷量是一定的。在某个特定的信息处理阶段，人只能处理和加工与其认知容量相符的输入信息，超过其认知负荷，将会有部分信息丢失从而不能进入下一个更高级和更复杂的信息加工区，那么这部分信息将得不到已有知识的整合，不能进入人的长时记忆系统，不能纳入人的认知结构和知识体系（卢植，2003）。人类的语言加工系统对语言信息如语音、词汇、语义、句法、语段、话语、语篇等的表征处理当然受到认知系统之特性的制约，受到人的认知经济原则的支配和制约。思维是人类认知的核心，认知的最高表现形式就是思维的结果——概念。人脑对客观现实的反映过程就是思维，思维以语言作为中介对现实进行反映，现实是思维的基础，也是思维所反映的对象，语言是思维的直接现实。这是语言心理现实性的基础。

二、　认知科学

认知科学现已发展成为一门令人瞩目的前沿学科，成为一股强大的学术潮流，直接影响着当前许多学科的研究方向和进程。学者们主要从认知角度深入讨论思维活动和机制（包括信息处理机制、优化思维方式、语言机制），研究人类智能的性质和工作原理，着力描述互动过程。认知科学是集心理学、语言学、人类学、哲学、计算机科学等对心智研究成果于一身的学科。Lakoff 和 Johnson（1999）坚决反对以客观主义为基础，用形式主义的方法研究认知科学，认为心智是基于身体的、思维是无意识的、抽象概念是隐喻性的。这些原理又与概念系统紧密相连，其主要环节是研究语言机制。

认知科学可分为两代。第一代认知科学起源于 20 世纪 50 年代，主要标志是认知心理学的诞生、乔姆斯基理论的兴起，计算机运用于心智研究，以客观主义理论为基础，既接受了传统英美分析哲学的观点，也继承了笛卡尔的主要观点。第一代认知科学从分析哲学中汲取了符号运算理论，对推理采取了形式分析的方法。笛卡尔的二元论、先验论、天赋论都认为心智与体验无关，感知与概念分离，推理是先验的、独立于感知能力和身体运动的，强调思维的非隐喻性，不考虑想象力因素，因而必然会得出"推理自治"的结构，并认为正是这种自治的推理能力才使得我们区别于其他动物，生而为人。第一代认知科学持"天赋论"的观点，反对经验论，反对把人类的心智视为一块"白板"，反对一切知识都是后天习得的观点。抨击行为主义的"刺激—反应"模式，认为人的心智是通过遗传，先天就有的一种能力，是人这个物种的大脑生物学结构所固有的，人的所有知识都可以从这个物种天赋的心智特征中推导出来。人的认知结构是天赋的，是在人的器官中，甚至在基因中就编制好的，后天的发育和环境因素仅起促进这种结构成熟的作用。语言完全来自儿童头脑中自治的语法模块，是建立在遗传指令之上的，是天生的一个黑匣子。人能生成和理解无限多句子的语言能力是心智的组成部分，是人固有的机制，表现为普遍语法。心理学基础方面，第一代认知科学中，首先倡导语言研究认知转向的是乔姆斯基，同时认知心理学家提出用信息加工的观点来研究认知和心智，并进一步用计算机来研究人类的心智和语言，它们的主要特征可用符号来表征，依据形式运算来描写，推理可根据形式规则对这些符号运作而得。因此他们认为一切智能系统都是符号系统，人类智能的基本单元是符号，认知过程是以符号为基础、依靠规则系统进行串行的运算，从而在思维与符号计算之间画上等号。这样心智被隐喻性地视为一种抽象的计算程序，可在硬件上进行运作，在这过程中，大脑是硬件，心智是软件，就像软件需要硬件一样，心智也需要大脑对其进行运作。语言观方面，第一代认知科学以乔姆斯基为首的生成语言学派认为语言是天赋的、自治的，是人脑中一个独立的认知系统，独立于感知、经验、运动、记忆、注意、社会背景、文化知识、交际需要，认知发展的一般机制说明不了复杂的语言结构，这样语言必然成为纯形式的东西，必须独立加以研究。乔姆斯基还认为人类的大脑先天就有自治的"句法模块"，句法是人类心智的生成部分，创造了语言结构，同时句法是自治的，纯形式的，与语义无关，不需要对其作意义解释，也不需要理解它们，这就使精力主要放在语言内部的句法研究上，并使其成为语言研究的中心。句法既然是一个形式系统，就可运用一套基于算法系统的规则加以改写，句法被数学化地描写成算法系统，仅对符号进行运作，不考虑其意义，不必依靠人的一般认知能力，因此认为范畴化在本质上应该是集论模型，与此不相符合的现象被认为是受语言系统之外的影响。句法自治了，也就自足了，任何来自句法之外的输入都可能会毁坏其自治性和生成性，因此感知和经验是不可能进入和影响"纯粹句法的"。

第二代认知科学出现在 20 世纪 70 年代，认为心智的本质来自身体经验，对基于客观主义理论的第一代认知科学提出了尖锐有力的批判，坚决反对客观主义、天赋论、二元论等观点，认为身体与心智是不可分离的，认为心智、知识是后天学得的，他们主要从体验上来发现概念是否基于身体，是否有隐喻性思维，句法是否独立于语义，通过研究发现体验观和隐喻观与现已确立的哲学理论完全矛盾，从而创造了一种全新的哲学理论——体验哲学。第二代认知科学的核心观点是"体验"，表现在心智、推理、语言、意义的许多方面，也表现在思维的结构和内容上，对概念的形成、推理的理解、语言的分析、意义的描述起着关键作用。心理学基础方面，第二代认知科学坚决否定信息加工模式，接受皮亚杰的建构论、互动论和 Rumelhart&McClelland 的连通论的观点。瑞士心理学家皮亚杰认为认知来源于主客体之间的互动作用，认知结构是后天建构的。主体在智力成长过程中主要有两条原则在起作用：适应与组织。

三、 认知语法

认知语言学的代表人之一 Langacker 于 1976 年提出"空间语法"（Space Grammar），又于 1987 和 1991 年先后出版了认知语言学的名著《认知语法基础》。认知语法有三条基本假设：

（1）语言不是一个自足的认知系统，语言描写必须参照人的一般认知规律；

（2）句法不是一个自足的形式系统，它和词汇都是约定俗成的象征系统，句法分析不能脱离语义；

（3）语义不等于真值条件，语义要参照知识系统。语义即"概念化"。

认知语法（cognitive grammar）的基本观点是"把意义等同于概念化"（Langacker，1987）。这一观点是与语义学中建立在客观主义、真实—条件取向基础之上的占优势的观点针锋相对而提出来的，它强调基于形式逻辑的语义学所不能捕捉到的意义的方面，强调具有显著意义的修辞语言。

认知语法的语法结构观和生成语法的结构观相对立，特别强调单个的意义承载元素。认知语法将语法视为"传统语言单位的结构化清单"（Langacker，1987）。语法的这一"清单"特征也同时通过明显的拒绝语法的"过程"或"建构"特征而得以突出强调，而强调语法的"过程"或"建构"特征正是生成语法理论的特色。生成语法理论认为，语法本身能够具体地规定句内项目的良好组合。认知语法更加注重说话者，而不是语法本身，它强调说话人的语法组合过程的创造性和能动性，把语法组合视为一个问题的解决过程（a problem-solving process），反对生成模式的数学特征。

认知语法（Langacker，1987）认为语法包含"语素和更大的短语的聚合组合来渐次形成比较复杂的符号结构"。显然，这是和语法的"清单"特征观点相对立的。然而，清单方法可以通过给清单加上相当抽象的项目而被保留下来：对于每一个可能的聚合性组合，认知语法提出了一个抽象项目，这样的抽象项目由结构图式本身组成。因此，"复数构成"本身是一个项目，表示为 [[[THING]/[…]—[[PL]]/[z]]。这一图式中，"thing"代表名词的共同语义特性，[…] 代表表达短语空隙（补位），因为在表达一边没有共同的命名者，这个项目表述为"你可以通过加上 [z] 构成一个名词的复数"。任何一个复数形式因此都表示（至少）三个语言项目：一个名词、一个复数语素以及一个上述两者的组合形式。

这一观点认为聚合关系主要是自下而上的一种结构过程。其基本假设是：一个简单的聚合单位可以像一个复杂聚合单位一样在语言体系内部运作；如果我们不能用一个简单聚合单位，使这一简单聚合单位自己独立运作的话，我们就必须从已经存在的聚合单位中建造一个来保证聚合关系的运作。

同时，认知语法认为，说话人正在说到的某个目标是一个独特的概念，这时这一独特概念含有自上而下的成分。认知语法根据这一观点描述了从句的建立方式，解释了进入分层从句结构中的成分。然而，认知语法并没有一个清晰的论点来说明聚合组合是如何创造那些基本上与我们在单个词汇项目层次上所发现的不同成分。认知语法认为，从句继承动词的特征来描述过程；名词短语（NPs）继承名词的特征并且指派事物，但是，这一基本区分并没有在一个更高水平的组织上得到体现。简言之，当我们组合词语时所做的就是把概念成分组合成比较复杂的概念整体，直到我们有了某种可以和我们想要传递的独特概念相匹配的东西。Langacker 提出 "语法和词汇之间不存在有意义的区分"（Langacker，1987），贯穿中心的概念是 "符号结构"，这样的结构在很多方面有所不同，包括结构组合的复杂性。但是，不能在具有区分意义的更小成分中将 "符号结构" 分解为因子。

认知语法认为概念结构之间是相互组合在一起的，在分析一个概念结构与另一个概念结构相互组合的情况时，需要界定前面的概念结构的潜势，这一界定过程需要用到的中心概念是 "效价"（valence）。当概念结构被带入 "对应"之中时效价关系就建立起来了。这一观点借用了化学中的效价概念，是一个隐喻说法，意思是指就像化学中的化合物共享电子一样，语言学中的复杂项共享处于一个概念整体中的空间场地。因此，当我们使用语言单位 tall 和 man 来构成短语 tall man 时，tall 的意义有一个 "轨道" 成分（为 tall 所标示的特性的携带者保留一个位置），这一轨道成分作为一个 "空地" 而发挥作用，我们把 man 的意义放在这个空地上。换言之，一个项目的意义中的未饱和的成分由另一个项目的意义来填充（由它来 "复合"），这样，两个分离的意义现在就构成了一个复合或合成的意义结构。

这一分析说明了认知语法中不同项目类型之间的一个重要区别。纵聚合组合在相等的匹配成分之间并不是典型的，就像在自主成分和从属成分之间的区分中所表达的那样：一个结构 D 从属于另一个结构 A，在一定意义上，A 构成 D 中的一个突出性的二级结构的复合的精细结构（Langacker，1987）。

要点在于如果一个项目有一个需要复合过程的二级结构，那么复合该二级结构的成分就是 "自主的"，而另一个则是 "从属的"（即从属于复合项）。这一类型的从属关系的核心例子是事物与关系之间的区别，就像反映在名词

（作为自主项）和动词或形容词（作为从属项）之间的句法区别中的一样。这可以通过"台球"模型加以说明和解释（Langacker, 1991），在这个模型中，名词像是台球，从概念上讲，它是自主的，而球之间的运动和关系则是从属的：你不能设想互相作用的球之间却不存在互动关系——但是你可以以抽象的形式想象球本身可以处于互动关系之外。

Langacker 认为他所提出的从属观念与依存语法所坚持的观念基本上是对立的。为了澄清学派之间的争论，我们认为可以把学派之间的对立作为不同观点之间对立的直接结果来分析。如果一个人对结构感兴趣并因此寻找创造从句结构的决定途径，那么很显然，他会认为结构位置依赖于句子中的主要动词。而 Langacker 认为动词是动词和谓项名词之间关系中的从属成分：动词"需要"有谓项名词在它周围。因此，正是动词（处于复合项上的动词）的语义从属性质引发谓项对主动词的结构从属（因为谓项位置是由动词的语义"需要"产生的）。

我们认为这一观点是不完全的，比如说，意义本身应该结合意义的情境方面和交际方面来研究和分析。意义的类型，即 Langacker 所描述的从属类型并不是在语言中发挥作用的唯一因素：它解释一个被知觉到的世界的各方面之间的区别和联系，而不是交际话语的各方面之间的区别和联系。

认知语法的基础是象征单位，Langacker 反复强调，认知语法只设三个单位：①音位单位（phonological unit）；②语义单位（semantic unit）；③象征单位。任何语言表达式：词素、词、短语、句子、语篇都是象征单位，因此，认知语法的主要任务就是要分析语言是如何通过象征单位建构起来的。"象征单位"的思想主要受到索绪尔符号观的影响，但又不同于索绪尔的符号观。Langacker 批判地接受了索式的模型，一方面认为音位单位和语义单位不可分离，这可视为批判形式主义的基础：形式在运算过程中是不带意义的，只是在运算结束时，符号串才通过与客观世界的对应获取意义。Langacker（1987）一直认为词素、词、词法和句法是一个连续体，在词法中也可发现许多出现于句法中的结构规律，因此词并没有不同于大于词的语法构造特征。一个词素是一个象征单位，两个或数个词素并置后，经过加工就形成了一个句法上相对复杂的表达，也称为语法构造。这种象征单位在音位串和语义串两个层面，这就可将分析词素、词汇、词法和句法的方法统一起来。因此分析词汇意义的认知方式也同样适用于分析语法构造，包括短语、分句、句子及语篇。通过研究象征单位和象征单位的整合，就能从心智上作出较为详尽的描写和解释。

"认知语法"以追求概括性为首要目标，力图找出一些基本的认知原则对语言不同层次、不同方面存在的并行现象作出统一的解释。沈家煊（2000）

以三个个案研究为例来说明这种概括性：第一例说明认知上"有界—无界"的对立在名词、动词、形容词三大实词类上都存在。第二例说明"量"的认知模型在句法、语义、语用三个层面上都起作用；第三例说明"相邻""包容"等认知图式能对不同句式的语法现象作出统一解释。

"认知语法"在解释语法现象时有两项承诺（Lakoff，1991）：①概括性，尽量找出能概括语言多个层次、多个方面的一般原则。认知语言学认为，人类的一些基本认知原则在语言的各个层面、各个方画反复地起作用，揭示这些认知原则就能对语法不同范畴、不同层次、不同结构体中存在的平行现象作出概括的解释，收到以简驭繁之效。概括性是衡量一种语法理论的解释力的重要标准之一，也是科学研究的基本目标之一；②认知性，这种概括要符合已经得到验证的认知心理的规律（沈家煊，2000）。

Oleksy（2002）分析了 Langacker 的认知语法和维特根斯坦的语言哲学，对语言和语言研究提出以下观点：①不能将语言能力和语言使用截然分开，因为语法不是形式化的生成系统，而是语言使用者在实践中采用的符号手段的总结；②形式合格性的判断对于语境而言不是绝对的，而是相对的；③句法与语义或语义与语用之间的区分是任意性的，因为词汇学、形态学、句法学构成符号系统的连续统，而且语义表征在范围上具有百科全书式的性质；④语言成分和非语言成分之间无原则性区分，因为语言使用者会利用其全部知识和能力建构和解释语言表达；⑤不存在显性语义表征，因为每一个语义表征都涉及某种形式的对所现情景的概念化过程；⑥共时/历时二分法是一种误解，因为语言活动本质上是动态的。

认知语言学实践转向的益处表现为两个方面：其一，获得对于语言现象更加自然和更加真实的描写，重视社会科学及认知科学对于语言的洞察和见解，否则，在主观主义的框架内融合人类学、社会学或传播学的研究成果只会导致对个体意识的不真实概括；其二，新维特根斯坦和新实用主义的成就的可贵之处在于其对于人类实践的动态概括，而这样的概括试图弥补高级的创造性智能和初级的语言、认知、实践能力的获得过程之间的差异，这就形成一个概括的整体性认识，即学习本质上是一个灵活的交际实践，在实践中，感知、离散性知识命题结构、自主性符号结构互相贯通，共存于一个动态整体之中。

认知语言学的语言观是独立于任何语言的形态—句法特征的认知手段和交际原则的分析（戴浩一，1991），从人类感知时空的基本手法去探索语言共性，认为语言共性就是人类的感知机制和物质世界相互作用的结果。在认知语言学家看来，整体部分关系、时间顺序的概念都是人类感知世界时所共同的认知结果，因而，这两者就是语言的普遍原则或语言的共性。

熊学亮（2002）指出认知语言学的非客观主义哲学基础导致了对某些哲学的重新审视。如非客观主义认知论认为，范畴化（categorization）受制于人类感知及运动机能的特性及心智的想象能力，体现在图式组织、隐喻、转喻、心理意象等方面。这样一来，与使用语言和形成推理相关的心智过程，往往通过意象图式（imageschema）如容器（container）、路径（path）、连接（link）、动力（forcedynamics）、部分—整体（part—whole）等来实现，并由人类感觉和运动（sensory motor）经验赋予意义。这种无限性的意义符号，无法纳入算法操作的数学化概括，而须用其他扫描（scanning）、聚焦（focusing）、前景背景逆转（figure ground reversal）、上置（superimposition）等方式处理。

第二节　认知语言学的理论基础

当前流行的语言学理论可分为形式主义和功能主义两大阵营，其根本目标都是要对人类语言的普遍现象及其机制作出解释。它们之间最明显的分歧体现在方法和原则上，而较为隐蔽且具深刻含意的差异则植根于它们的认识论及本体论中。可以说，生成语法和认知语言学分别是这两大阵营中的最好代表，它们对自己的哲学背景都有长篇大论，例如 Chomsky（1966，1968）、Lakoff（1987）以及 Johnson（1987）等。生成语法的哲学观在学术界引起了巨大的反响，而认知语言学的哲学观还未引起充分注意。因此，弄清楚认知语言学的理论基础对于正确认识该流派有着重要的意义。

当代语言学主流各学派的一些基本原则和信念与主流的西方哲学和文化传统密不可分。用 Lakoff 的话说，这些观念的核心是所谓的"客观主义认知"（objective cognition）观，其信条可概括为："所有理性思维都牵涉抽象符号的操作，这些符号只有通过与外界事物的规约对应才获得意义"（Lakoff，1987）。这种客观主义的认知观代表了第一代认知科学的基本观点，其具体内容主要包括：①思维是抽象符号的机械操作；②心智是一部抽象的机器，其操作符号的方式本质上如同计算机，即进行算法运作；③符号（如词汇和心理表征）通过与外界事物发生联系而获得意义，而且所有意义都具有这个特征；④与外界对应的符号是外在现实的内在表征；⑤抽象符号虽独立于任何机体的特定性质，但可与世界上的事物相对应；⑥既然人类心智使用外在现实的内在表征，那么心智就是自然的一面镜子，并且正确的理性如同镜像一样反映外界的逻辑；⑦人类在其自身的环境中发挥作用，这与概念的特征和理性无多大关系。虽然认知主体可在选择概念及超验理性的方式中发挥作用，但在决定概念及理性的形成方面却不起根本作用；⑧思维是抽象的、非体验的（disembodied），因为它不受人体、感知系统以及神经系统的任何限制；⑨只有对外界事物相对应的符号进行机械操作的机器，才能进行有意义的思维和推理；⑩思维像原子结构一样（atomistic），因为它可以完全分解成简单的"积木"（building blocks），即思维所用的符号。这些简单积木根据规则组合成复杂的形式并进行操作处理；⑪思维是逻辑的，即是说思维可以用数理逻辑中的系统精确地建构其模型，这些系统是抽象的符号系统，并由符号操作的一般原则以及根据"世界模型"对这样的符号进行解释的机制所定义。（Johnson，1987；Lakoff，1987）

以上这些观点虽不为所有认知科学家接受，但其流传甚广，几乎成了不言自明的信条。不仅生成语法，而且其他形式语言学理论，甚至结构主义语言学理论，都扼守这样的信条。以客观主义认知观为基础的语言学理论虽然门派众多，但在对语言的根本看法上，几乎都接受如下基本观点：①语言是一个具有完全自主性的自足系统，可以作为一种算法系统来描述，并且其描述不必考虑更为广泛的认知问题，语言学也就成了跟逻辑和某些数学领域（如自动理论）相类似的形式科学；②语法（尤其是句法）不同于词汇和语义，它是独立的语言结构，可以作为自治的体系来描述。语法结构的独立性是因为：语法范畴以形式特征为基础，而不是以语义特征为基础，说话人只要以语法结构为基础就可以对是否合乎规范作出判断，不必考虑语义，③如果语义属于语言分析的范围，也只能是用以真值条件为基础的形式逻辑来描述，因为语义学和语用学（语言知识和语言外的知识）可以作出原则上的区别，而语义结构完全是组合式的，隐喻和语义引申之类的现象不属于语言描写的范围。

然而，认知语言学家声称，这样的客观主义认知观在本质上就是纰缪的，因为它忽略了人类认知最重要的一个特征，即在形成有意义的概念和进行推理的过程中，人类的生理构造、身体经验以及人类丰富的想象力发挥了重要的作用。正如 Langacker（1987）所说："一个人在语言中发现什么，在很大程度上取决于他期望发现什么。这些期望经常被视为当然，在某些事例中如此根深蒂固，以至于它们作为假设的地位甚至都不承认了。我认为，当代语言学研究中许多默认的假设至多是无根据的，并且很可能是错误的。"相反，认知语言学家提出了非客观主义（nonobjectivism）的经验现实主义（experiential realism）哲学或经验主义（experientialism）哲学，并以此作为自己语言学理论和方法的基础。认知语言学不是语言学的一个分支，而是分析自然语言的一种方法或学派，其哲学基础和工作假设都与当前语言学理论的主流大相径庭。其经验主义认知观主要体现在以下几个方面（Casad，1996；Johnson，1987；Lakoff，1987）：①思维是体验的（embodied），即是说，用来连接概念系统的结构来自于身体经验，并依据身体经验而有意义，此外，人类概念系统的核心直接以人类的感知、身体运动和经验为基础；②思维是想象的（imaginative），因为那些不是直接来源于经验的概念是运用隐喻、转喻和心理意象的结果，所有这些概念都超越了外在现实的直接映象或表征（literal mirroring or representation），正是这种想象力才产生了"抽象"的思维，并使心智超越我们所看到的和感知到的，这种想象力也是不能脱离形体的，因为隐喻、转喻和意象都是以经验（通常是身体经验）为基础的；③思维具有完形特征（gestalt properties），因此不是原子结构式的，概念有一个总的结构，而不是仅仅根据一般规则只搭概念"积木"；④思维具有生态结构，就像在学习和记忆中一样，认知加工的效率取决于概念系统的总结构以及概念的意义，因此思维不只是抽象符号的机械操作；⑤概念结构和理性不可能用形式逻辑来精确描述，但可以用具有上述特征的认知模型（cognitive model）来描写；⑥认知模型理论在说明有关范畴化的实际材料时，吸收了有关范畴化、意义和理性的传统观点中的正确方面；这种经验主义认知观代表了第二代认知科学的基本观点。

认知语言学正是在上述理论基础和工作假设的前提下形成的新一代语言学学派。在这种观念的指导下，它对众多语言现象，包括一些传统的语言问题进行了深刻的反思和再认识，提出了新的见解。认知语言学视语言为组织、加工和传递信息的一种工具。就方法论来言，由于它把语言视为一个范畴系统，因此，对语言范畴的概念基础及经验基础的分析是其头等重要之事。语言的形式结构不是自主的，而是普遍的概念化组织、范畴化原则、加工机制、经验和环境影响的反映。由于认知语言学把语言看成是内嵌于人类的全部认知能力之中的，因此，它特别感兴趣的话题有：自然语言范畴化的结构特征，如典型性、认知模型、多义性、心理意象、概念隐喻等；语言组织的功能特征，如象似性、自然性；句法与语义的界面，如 Langacker 的认知语法，Lakoff，Fillmore，Goldberg 及 Croft 的构式语法（construction grammar）所研究的内容；语言运用的经验及语用背景；语言与思维的关系等。

目前，认知语言学研究之所以具有活力且方兴未艾，是因为它秉承了两个不同的承诺：概括的承诺（the generalization commitment）和认知的承诺（the cognitive commitment）。概括的承诺强调在理论上描写语言现象时寻找一般原则。例如，在句法学中，对语法语素、范畴及结构的分布的概括；在语义学中，对推理、多义性、语义场、概念结构等的概括；在语用学中，对言语行为、会话含意、指示等交际功能的概括。这些领域是自主的还是相关的，认知语言学将其视为一个经验问题。

任何经验的语言学（empirical linguistics）理论都试图寻找有关语言结构的重要概括，这些概括反映了潜在的语言共性。有关语言共性的起源有两个相左的工作假设：生成赌注（generative wager）和认知赌注（cognitive wager）。生成赌注是指大多数语言共性不是一般认知限制的结果，而是语言功能特殊限制的结果，即自主的语言机制特殊限制的结果。因此，先验地假设自主的心理限制是恰当的。事实上，大多数语言学家和心理学家都下了这一赌注。相反，认知语言学家和一些心理学家却下了相反的赌注，即认知赌注。所谓认知赌注是指大多数语言共性不是语言自主限制的结果，而是一般的认知功能限制的结果。因此，先验地假设语言共性来自于一般的认知限制是恰当的。认知方法的优点以及使认知语言学的认知具有特殊性的一个重要原因，就是认知语言学摒弃了生成赌注，而下了认知赌注，即注意认知与语言之间的联系。也正是由于认知语言学接受了认知赌注，所以它许下了认知的承诺。认知的承诺强调语言理论的描写应吸收其他学科的大量材料的重要性。这一承诺迫使认知语言学家必须高度重视像认知心理学、发展心理学、心理语言学、人类学以及神经科学等学科的研究成果。如果幸运的话，概括的承诺和认知的承诺应该彼此吻合，即我们所追求的一般原则在认知上应该是真实的；倘若不吻合，认知承诺则应居于首要地位。概括承诺中的概括性是指对范畴的陈述（Lakoff，1991）。然而，认知科学中的许多实验研究表明，用必要和充分条件来定义范畴的传统观点是不恰当的。日常生活中大多数概念系统是以基本层次范畴（basic - level category）和典型（prototype）为基础的，这些典型具有等级程度，呈放射性，具有隐喻特征。因此，在语言学理论中什么被认为是一条概括性原则，取决于一个人是否遵守认知承诺。由此看来，认知的承诺在认知语言学中具有头等重要的地位。

第三节　认知语言学的历史渊源

认知语言学的理论背景首先可以从其核心人物的学术背景中窥知，从事认知语言学研究的代表人物主要有三个来源：一是来自形式语法阵营的生成语义学家，由于对句法中意义地位的认识产生了分歧，他们从形式语法阵营中分裂了出来，如 Langacker，Fillmore，Lakoff 等；二是从事类型学研究的功能语言学家，这些学者的研究有两个鲜明的取向，即注重语言共性和认知解释，如 Givón，Talmy，Haiman，Croft 等；三是注重认知的哲学家、心理学家和人类学家，他们都在各自的学科领域对语言与认知的关联进行了卓有成效的研究，如 Johnson，Gibbs，Berlin，Kay 等。

把视野拓宽，从认知语言学的理论主张及其研究角度和方法来分析，可以发现相关学科领域研究成果的催生效应。20 世纪 70 年代以来，人类学家发现的各民族中亲属词及颜色词的共性以及心理学家提出的概念原型效应（prototype effect）和基本层次范畴（basic - level categories）理论，动摇了人们对经典范畴理论的信念，导致了认知范畴观的确立；心理学家对意象及图式（schemas）的研究对注重语义的语法学家带来了很大的影响，这些语言学家开始意识到语言学主流所持有的客观主义认知观及在其指导之下形成的句法、语义理论存在的弊端；哲学家对形而上学现实论及符号操作认知观的批判提供了哲学层面的支持，促使认知语言学的非客观主义哲学观的形成。西方哲学对认识论的研究一直贯穿着感性与理性、经验论（Empiricism）与唯理论（Rationalism）的争论，这两种对立观点以不同方式反映在语言研究之中。Lakoff（1987）Johnson（1987）L&J（1980，1999）重新对西方哲学进行了分类，将这两种哲学思潮中的主要观点称之为"客观主义理论（objectivism）"，与之相对的称为"非客观主义理论（non - objectivism）"。他们认为客观主义理论来源于经验论、唯理论，从前苏格拉底时代一直到 20 世纪始终占据着统治地位，时间长达 2000 多年。L&J（1999）将"非客观主义理论"称为"新经验论（Experientialism）"，其基本原则为心智的体验性、认知的无意识性和思维的隐喻性。再进一步追溯，可以发现促使认知语言学形成的理论背景，直接来自下面两个学科的研究。

一、 认知心理学

在认知心理学各分支中，对认知语言学影响最大的是格式塔心理学。"格式塔"是对德文 Gestalt 的音译，表示统一的、具有意义的整体。因此，格式塔心理学在我国又被称为完形心理学。格式塔心理学于 1912 年兴起于德国，是西方现代心理学的主要流派之一，代表人物有 Max Wertheimer、Wolfgang Kohler 和 Kurt Koffka 等。该学派最早的研究领域为视觉感知，后来扩展到理解、记忆、学习等各个方面。这一学派最显著的特点是注重整体概念，主张整体大于部分之和。该学派提出了系列感知方面的组织原则，统称为格式塔原则。如焦点—背景原则（principle of figure and ground）、临近原则（principle of proximity）、相似原则（principle of similarity）、闭合原则（principle of closure）以及连续原则（principle of continuity）。

语言学理论与格式塔心理学感知理论的整合枢纽是原则相似性。比如其中著名的焦点——背景原则（principle of figure and ground），即人类在观察及理解某一事件时，总是倾向于选择事件的某一方面作为焦点，其他方面作为背景。当我们看见黑板上的粉笔字时，会将粉笔字当作焦点，黑板当作背景；当我们观察汽车开进车库时，会将汽车当作焦点，车库当作背景。认知语言学理论中，Talmy 的认知语义学、Langacker 的认知语法和 Goldberg 的构式语法都借鉴了格式塔心理学的理论要点及基本原则。

二、 现象学 （哲学）

现象学作为一种重要的哲学思潮，为认知语言学提供了理论化、系统化的方法论及发展前提。现象学由德国哲学家 Edmund Husserl 于 20 世纪初开创。现在通常所说的现象学不但包括 Husserl 及其早期追随者的哲学理论，还包括受其影响而产生的各种哲学理论以及 20 世纪西方各学科中所运用的现象学原则和方法体系。现象学理论数量众多，内容庞杂，但共同点是以现象为对象，研究人的意识，研究各种体验、行为和行为相关项。现象学对于认知语言学的促进作用主要体现在方法论上。现象学对心理学方法论的第一次变革使格式塔心理学取代了构建主义，第二次变革则使人本主义取代了行为主义，人本主义的指导思想催生了认知语言学最重要的几大理论，即原型理论、词汇网络理论、概念隐喻以及概念转喻。其中原型理论以考察人类实际范畴化活动的心理学实验为实证基础；隐喻与转喻理论一直强调隐喻和转喻都是基于人类身体的体验；词义网络理论以原型理论、概念隐喻和转喻为依托。

其中体验现实主义更是直接明确了人类的体验在认知系统中的决定性作用。在此基础上 George Lakoff 和 Mark Johnson（2003［1980］）提出了"体验性假说"这一概念，对西方传统语言哲学进行了批判和挑战。其他认知语言学家也对"体验性假说"语言观进行了扩展、深化和证实。例如 Johnson（1987）的意象图式理论论证了身体在意义构建中的作用；Langacker（1987）的认知语法强调语言结构和概念结构中的身体体验。此后 Lakoff 和 Johnson（1999）在《体验哲学：基于体验的心智及其对西方思想的挑战》一书中，系统地阐述了认知语言学的哲学基础，即"体验哲学"（Embodied Philosophy），并将其思想概括为三项基本原则：心智的体验性、思维的无意识性和抽象概念的隐喻性。

第四节　认知语言学的研究方法

半个世纪以来，语言学研究发展迅速，研究方法的不断革新是语言学研究成果不断涌现的重要原因（刘作焕、陈林汉，1991）。作为边缘性交叉学科的认知语言学的研究方法是当代语言学研究方法的一个部分，也是语言科学研究方法总趋势的体现。卫志强和何元建（1996）认为在语言研究的方法上，总的趋势是：由语言结构的描写转向对语言本质及语言结构规律的解释；由语言的静态研究转向语言生成和理解的动态研究；由语言的理论研究逐步转向语言的理论和应用研究并重。认知语言学的基本研究方向正好与语言学科学研究方法的总趋势相吻合。

一、 认知语言学的方法论

"工欲善其事，必先利其器"，语言学研究要讲究方法（徐盛桓，1992；桂诗春，宁春岩，2000）。徐盛桓（1992）提出了语言学研究方法三个层次的观点，他认为语言学研究的方法可以在三个层次给予分析：学科层次、思维层次、方法论层次。徐盛桓从语言学研究方法论的高度概括出观察语言现象的三条基本原则。①不完备原则：语言学的任何一个理论体系都是不完备的。这一原则的意义在于，对某一语言现象的认识要有一个整体系统的观念，语言的运用涉及诸多因素，于是就有语言学同其他学科相互交叉而形成的跨学科语言研究。②不相容原则：一个体系的包容性与精确性成反比，其包容性增大时，则精确性减小，包容性大到一定域值时，包容性与精确性不相容。③不确定原则：语言单位处于动态时，其值是不确定的，可以用结构位置的分布函数来确定。这一原则的价值体现在，静态地考察语言的形式和意义固然重要，但更重要的是要对语言进行动态性考察。徐盛桓（1992）上述关于语言研究方法的分析具有元理论的意义和价值，对认知语言学的研究具有重要的理论指导意义。徐盛桓（2001）进而提出语言学研究的三个取向：相对性取向、变革性取向、一般性取向。这些原则和取向对认知语言学的研究具有普遍的指导意义。

实证研究是认知语言学的一个典型特征。认知型语言研究需要跨学科的背景知识和多样化的科学方法，如语言学分析、心理学实验、社会学调研、计算机文本理解等，需要了解历史资料，如古典文学、修辞学、文学批评等，还需要来自社会语文学、人类学和民族学的知识（刘世生，1994）。随着语言学研究的多元化趋势日益强化，思辨性的经院式语言学研究不复存在（郭承铭，1993），新的语言学研究范式自然受到语言学家的欢迎。语言学研究人员必须适应新的形势，移植自然科学的研究方法，使语言分析方法走向精确化、科学化。这又从另一个角度验证了认知语言学的跨学科性质和多元化特征，如语料库法。语料库法是用来记录自然发生的言语的一种方法，主要是对书面文本的片段进行记录。因此，语料库法的优势在于它可以给研究人员提供大量的文本信息，是研究者利用计算机储量大、检索迅速的优势对某一语言现象内省的验证。语料库法在认知语言学领域应用广泛，为理论假设提供真实的语料，可以通过频率反映某一个语言现象的特征，揭示该语言现象在人类认知过程中的无意识性；可以从语料分析观察某一语言现象的历时演变过程；可以通过频率统计帮助研究发现词语的特征。认知语言学研究近几年来呈现出基于用途的发展趋势，包括语言使用的优先地位，提倡语言能力和语言行为的融合。随着基于用途的语言观被更多人接受，语料库研究法在认知语言学研究中也逐渐得到广泛的使用。同时，随着各种类型的语料库的涌现，基于语料库的认知语言学研究得到显著增长。

语料库法现已运用到认知语言学中的隐喻研究、构式研究等领域。其在隐喻研究中的运用提高了隐喻研究的效度和信度，深化了人们对隐喻现象的认识和理解，发现了运用许多其他研究无法发现的语言现象。语言分析者利用计算机程序可以迅速而准确地对大量的语言数据进行统计，并通过语言数据的观察来寻找语言使用的规律和类型，对语言特征进行识别和描述，进而得出有关语言意义的有效结论。语料库法在隐喻研究中的重要作用具体表现在：既可以验证隐喻理论中的一些假设，也可以引发对现有理论和假设的质疑；可以对具有理论意义的区分进行验证；可以对隐喻性程度进行区分，从而对隐喻进行分类；验证词语的细微形式差别可以表达不同的隐喻意义；对有关隐喻语言直接进行验证。语料库在隐喻研究的成果表现在：第一，加深了对特定概念映射的本质的理解；第二，对特定概念映射的观察更为全面；第三，有利于发现概念映射示例表达式的结果特点；第四，有助于发现概念映射的语篇特征；第五，有助于开展隐喻的跨语言和历时研究。随着自然语言的隐喻性特征愈来愈受到学者的重视和认同，隐喻研究的语料库研究也逐渐普及起来。目前，语料库语言学研究领域倾向于语言整体观的研究，对具体语法现象的调查越来越少，而对各个层次"搭配"的关注日益增加，尤其是特定词条的共现偏好和限制与认知语言学界提倡语言词汇和语法作为连续体，以及认可语言构式观不谋而合。基于语料库的构式研究的成果主要表现在词汇和构式之间的互动研究。因此语料库法为认知语言学提供了大量的数据，促进认知语言学研究手段的实证化。

认知语言学中的认知语法（Langacker）、认知语义学（Talmy）、概念整合（Fauconnier&Turner）、概念隐喻（Lakoff，Sweetser）等理论都对语言与认知之间的关系进行着有效的探讨，但是这些理论的观点主要还是来自于各个理论家的语言学判断和直觉。认知语言学的这些理论观点只有得到认知科学其他学科分支的实证性证据的支持才能证明它们是否正确，才能对这些理论关于认知—语言的假设和结论进行恰如其分的评价。因此，必须运用实验研究和自然观察的方法对认知语言学的理论进行实证性的研究进而对认知—语言之间的关系做出有效说明和解释。在2002年10月苏州第二届全国认知语言学研讨会期间举办的认知语言学讲习班上，概念整合理论的创始人Fauconnier明确表示实验研究是验证心理空间理论和概念整合理论的方法之一。

二、 经验观及其研究重点

经验观认为，我们对语言的研究不应该建立在以内省为基础的制定逻辑规则和提出客观定义上，而是要走一条更现实的、经验式的路子。这种现实的、经验式的方法包括做实验、进行访谈和研究日常语言。做实验和访谈的目的是为了了解被试在使用和理解词语时非客观的、经验性的因素所起的作用，以期对词语意义的研究提供更自然的、更丰富的内容。研究日常语言是因为经验观认为，日常语言记录和反映了人类认识世界及与外部世界相互作用的方式和经验。认知过程和认知方式是抽象的，但在日常语言中留下了痕迹。为了研究认知过程和方式，我们可以借助语言，从语言中将反映认知过程和方式的信息分离出来，然后用获得的信息解释语言现象。为此，认知语言学家就透过语言的表面逻辑，研究修辞语言，主要是概念隐喻和概念转喻。

经验观的实验和访谈内容主要集中在范畴问题上。世界上的事物丰富多彩、千差万别。对这些事物的命名就涉及分类的问题。分类的过程就是"范畴化"，分类的结果就是"范畴"。认知范畴有四个特点：①范畴是以人脑的认知能力为基础的，而不代表对世界现象的任意切分；②类典型在范畴形成中非常重要，而认知范畴就是以在概念上具有突出性的类典型为参照点的；③认知范畴的边缘具有模糊性，范畴与范畴之间是逐渐过渡的；④在范畴的类典型和边缘之间，范畴成员的典型性是从类典型开始逐渐递减的。

范畴的内部结构遵循家族相似性原则。家族相似性是在分析"游戏"的概念时发现的。他发现游戏这一范畴的成员之间没有完全相同的属性，整个范畴是由重叠的相似性的网络连接。家族相似性是一组以 AB、BC、CD、DE 形式出现的事物。即每一物体有至少一个或几个属性与其他事物相同，但没有或只存在很少属性是所有事物共有的。认知范畴观认为，认知范畴的典型成员和范畴内的其他成员所共有的属性最多，而和邻近范畴的成员拥有的共有属性最少，即一个范畴的典型成员和另一范畴的典型成员差别最大；范畴边缘成员和范畴内的其他成员只有几个共有属性，却可能有几个属性是和其他范畴成员共有的。

科学的范畴层次和认知的范畴层次是不同的，具体表现在四个方面。第一，自然科学上的范畴化目的在于对人类所掌握的所有知识进行穷尽性的划分，因此分类中的层级繁多，过于复杂；认知观认为，人脑对外部世界的较自然的范畴化应该是只包括上位、基本层次、下位三个层次的分类片段。第二，自然科学上的范畴化标准比较固定且过于客观；认知范畴化因涉及人类对事物关注的不同程度而表现出较强的主观性。第三，科学的范畴观认为范畴内部成员地位平等；认知观认为范畴内成员有典型与非典型之分，而范畴成员的非典型性又是范畴边缘模糊性的表现。第四，科学范畴观不区分范畴层级在认知上的区别；而认知范畴观认为人类的范畴化是从基本层次开始，然后向上抽象到上位范畴，向下细分为下位范畴。

三、 突显观及其研究重点

突显观主要讨论图形—背景在语言研究中的应用。这种应用主要表现在介词词义的分析和句法结构的分析两个方面。

（一）图形—背景分离理论

图形—背景分离理论是丹麦心理学家 Rubin 在 20 世纪提出的，格式塔即完形心理学家借鉴它来诠释更复杂的知觉组织框架。图形有形状、结构、连续性等特殊的属性并处于背景前面。背景特点是无形状，所具有的轮廓也似乎是属于图形的，无结构，具有均质性，背景处于图形后面。总体来说，图形在感知上比背景更突出，心理研究表明，图形更容易被感知和记住，更易于和意义、感觉和美学价值相联系。

图形—背景的区分要遵循突显原则，因为图形具有知觉突显性。但认知语言学家关心的是影响图形选择的因素。因为我们视觉系统所看到的客体没有变，对图形的选择就完全取决于感知主体了；但感知者对图形的选择不完全出于个人好恶或一时的兴致。一个图形的确定要遵循普雷格郎茨原则，即通常具有完形特征的物体、小的物体或运动着的物体用作图形。如在"书在桌上"一句中，"书"是图形，因为"书"遵循了完形原则中的闭合原则（书的轮廓是闭合的）和连续原则（书是一个没有缺口的整体）。另外，书的体积比桌子小。最后，书和桌子相比更易移动。所有这些特点使书被选为图形。书的可移动性在描绘运动着的客体时尤为重要：如在"气球漂浮在屋顶上方"一句中，气球是一个运动着的客体，而房子是静止不动的，前者比后者更为突出。

（二）图形—背景分离理论在介词词义分析中的运用

图形—背景的选择和两者之间的相互关系可用于语言分析。因为图形和背景之间的关系可以视为方位关系，而方位关系总是由介词表示，方位介词的意义被认知语言学家认为是图形—背景关系。介词词义分析中涉及的基本概念有意象图式、射体、界标和路径

意象图式是简单的和基本的认知结构，来自我们每日和外部世界的相互作用。我们反复地经历某种位置关系就获得某种认知模式或图式。因为意象图式是从日常经验中抽象出来的，所以其具有高度的抽象性。

如果一个图形在背景中是动态的，即具有从一个阶段向另一阶段移动的过程，图形所经过的就是路径。移动的图形如子弹或导弹经过的路径被称为弹道或射道。这时的图形就叫"射体"。背景的功能相当于射体运动的参照点，因此叫做"界标"。所以，它们是应用范围更广的"图形"和"背景"的具体示例，即"射体"和"界标"分别是"图形"和"背景"的下位范畴。但"射体"和"界标"的使用在认知语言学上被泛化，因此，"射体"就表示任何关系结构中的图形或最突出的成分，而"界标"就是关系结构中作为参照的其他事物。

（三）图形—背景分离理论在句型分析中的运用

图形—背景的区分不仅可以解释介词意义，而且可以解释句子结构类型。传统语法认为一个简单句一般有主语、谓词成分（或谓语）和补充成分（如

宾语或状语从句）三个主要部分构成。但简单句之间的差别很大。主语可以是人、地点、事物，也可以是"虚主语"；人、事物和地点也可以作补充成分。有时主语和宾语可以互换。传统语法学家和现代语言学各流派试图通过划分不同的动词类型来解决或通过模式转换手段来解释这些差别。和这些方法相对，认知语法认为如果将主—谓—补结构理解为图形—背景分离认知原则的一个反映，对句法多样性就可有一个统一的解释。具体地说，在一个简单的及物句中，主语是图形，宾语是背景，谓语动词是图形和背景之间的关系。

四、 注意观及其主要研究内容

框架理论是描写句法结构的另一种尝试。因为该理论涉及认知主体在组织信息时注意力的分配问题，即认知语言学三大路向中的"注意路向"。和框架概念紧密联系的是视角，视角是针对因选择同一框架中的不同动词而导致句子成分对象的调整而提出的。计算机科学家 Marvin Minsky 将框架理论引入计算机文字处理领域，用来解决像定冠词的使用这样的难题。范畴及范畴之间的相互关系是构成框架的材料，也是框架的激发器。如构成"飞行中的飞机"这一框架的范畴有飞行员、乘务员、救生背心、安全带、头等舱、经济舱、安全说明等；构成该框架的关系有"X 有 Y""X 在 Y 上""X 是 Y 的一部分"等。反之，如果提到该框架中的范畴，整个框架就会被激活。这也就是说在正常的情况下，所有框架中的范畴都会同时被激活，即所谓的"缺省分配"。从 Minsky 对框架理论的应用和他对框架的定义来看，他的框架概念已经超出了简单句子的范围，进入到了一个更广的空间，是一个更宽泛的概念和认知单位。

如果说 Minsky 将框架理论从句子层面扩展到更一般、更广的范围的话，计算机科学家 Roger Schank 和社会心理学家 Robert Abelson 则将事件发展中的动态性引入框架理论，只是他们用的术语是"图样"。图样是"专门为经常出现的时间序列设计的知识结构"。图样除了描述事件本身，还规定了一系列的动作以及进入该图样的条件、原因和有关的决定性的概念。人的头脑中储存有许多这样的图样，根据语境和经验形成的图样，人们可以预测事件的各个方面。图样不仅仅是将人们熟知的事情用特殊的格式记录下来，而且说明在我们讲话和听别人讲话的时候，我们不自觉地运用了大量的来自图样和框架的信息。根据听话者对图样的知识，讲话人在描述某个事件时常常省略该事件的某些信息甚至整个阶段。这就解释了为什么我们能将表面不连贯的语言表达正确地理解为语义信息上连贯的逻辑整体。

五、经验观、突显观、注意观的一致性

认知语言学是一个新的语言学流派，出现的时间较晚，形成的时间较短，学派内部还处于一个百家争鸣的局面，没有形成一个完整统一的体系。三种路向的划分主要是基于认知语言学研究者论著中的术语，如范畴化中认知范畴的经验基础和经验或体验哲学，在分析句法结构时所采用的图形—背景理论中的突显性术语，以及事件框架理论中所提出的注意因素等。

三种路向在本质上是一个具有内在一致性的整体。

首先，经验观的内容中有注意和突显的构成要素。经验观研究的主要内容是范畴化，强调范畴化过程中人的认知经验的重要性。认知范畴中类典型现象、认知范畴内部的家族相似性以及范畴化过程中出现的意象图式等都是人的认知经验影响的结果。作为认知工具的概念隐喻也是基于人的认知经验的，因为由已知到未知、由具体到抽象的过程必须以认知经验为基础。如果没有对已知事物的经验，语义的扩展延伸就没有基础，就无法表达新的概念和新的事物。所以，先有对"电"和"脑"的经验，才有"电脑"概念的创生。然而，经验不是没有差别的感受，而是有其感官基础的。人在认知和经验外界事物和内部感受的过程中，必然是感觉器官对认知对象进行感知，而感知过程必然要受到感知对象的属性如大小、轻重、远近、颜色、材料等的影响，也受感知的视角、认知主体的情感因素等的影响，这就是注意和突显的问题。认知语言学家认为认知范畴具有文化依附性，即范畴内部结构、范畴的边缘、类典型等会因文化的不同而不同。实际上，文化因素的影响是突显与注意相互作用的结果。如果不是因为燕子、麻雀、鸽子、喜鹊、乌鸦等在我们的经验中经常出现而显得突出的话，我们怎能将它们视为鸟范畴中的典型而加以关注呢？如果是在南极，假如南极有永久居民的话，典型的鸟不就是企鹅了吗？即使在同一文化中，范畴也会因为个体经验的不同而不同，如一个喜欢养鸟的人关注鸟的视角肯定和我们不同，因为笼养鸟的典型是画眉、鹦鹉、黄鹂等。因此，经验观的内容中有注意和突显的构成要素。

其次，突显观和注意观是以经验为基础的。突显观的主要内容是图形或射体与背景或界标相区分的理论，用于研究介词的词义和句法结构。在研究介词的词义时，涉及意象图式的问题。而意象图式是我们每日和外部世界相互作用而形成的简单和基本的认知结构，是认知经验的产物。介词的方位意义向其他含义的引申就是介词意义的隐喻用法。在用图形—背景区分理论描述句法结构

时，用了许多概念隐喻，如行为链、能量流、台球、舞台等。隐喻是以认知经验为基础的。另外，术语"域"也是建立在认知经验基础之上的。域是"界定一个语义单位的语境"，最基本的域包括空间、视觉、温度、味觉、压力、痛苦、颜色，而这些域的认知基础是经验。注意观中的框架、脚本、事件框架、视角等同样是以认知经验为基础的。

最后，注意和突显是一个问题的两个方面，注意里面有突显的成分，突显里面有注意的因素，二者是紧密联系的。在讨论注意和突显之间的关系时，我们要区分客观突显与主观突显、信息组织者和信息解读者两组概念。注意和突显涉及描述对象、认知主体或信息组织者和信息解读者三个构成要素。认知主体和信息组织者是同一个人在不同阶段的不同角色：对事物进行认知的时候是认知主体，将认知的内容用言语表达出来的时候是信息组织者。就描述对象而言，因自身的特点，认知对象的有些部分可能突显，有些部分非突显。如在晴朗的月夜，月亮是夜空中最突显的事物，这种突显就是客观突显。如果认知主体即信息组织者不关注月亮，而是注意北斗星，被月光暗淡了光芒的星星就被突显了出来，这是认知主体的主观选择，如果组织成话语就是主观突显。就认知主体或信息组织者而言，认知主体是认知对象的直接相关者，当认知主体将感知的对象用言语表达出来的时候，他就是信息组织者。信息传播的对象就是信息接收者。因信息接收者接收信息之后要对其能动地进行解读，所以称为信息解读者。就信息解读者而言，如果信息组织者按照事物本身的突显性进行描述的话，在信息组织上即言语上就是客观突显；如果忽视原本突显的而去关注原本非突显的，在言语层面就是主观突显。信息解读者如果按照信息组织者的信息安排去理解就是常规注意；如果是自己有选择地去注意和理解就是特殊注意，如捕捉言外之意或隐含之义等。总结起来，有两种突显和两种注意：认知对象对于认知主体的客观突显和信息组织者针对信息解读者的客观突显和主观突显；信息组织者对认知对象的注意和信息解读者对信息组织者发出的信息的注意。信息组织者既是对认知对象进行关注的注意者，又是对信息解读者进行信息突显的突显者。注意和突显在信息组织者身上重合；信息组织者的突显和信息解读者的注意是辩证的统一。

认知语言学的最终目标不是建构提供定理法则的形式系统，而是更好地理解语言的认知基础。与这一学术取向相一致，认知语言学的典型论文都旨在通过下面一些方法来自圆其说：建立语言结构与认知结构之间的类比、说明认知－感知或经验事实如何制约或决定语言事实、建立认为两个意义互有联系的合理性模型等。这些做法都不能以证明公理的严格方式加以证明。

因此，总体而言，认知语言学采用的是折中主义的方法。在理论上，认知语言学运用一系列用来说明认知因素如何影响语言和揭示人类认知—心理本质的理论模式进行研究，如隐喻理论、图式理论、范畴化理论、原型理论、复杂语码理论、解构理论、交际关联性理论以及轮廓化、固定化等概念都促进了认知型语言分析方法的发展。根据所研究问题的不同性质和特点，认知语言学家除了使用内省方法以外，有时候还使用实验心理学和语言习得领域的研究方法，而历史语言学方法论的语言对比方法和比较研究方法也为认知语言学家所采用，认知语言学对意义的研究也使用方言调查法，为了探讨人类认知与词汇联想、隐喻和语义之间的关系，认知语言学家需要使用计算机语料库方法。

第五节　对认知语言学研究的思考

从总体上看，一方面，国内认知语言学的研究已经形成了一个良好的开端，并取得了不少有效的研究成果。另一方面，我们也应该看到，运用认知语言学的理论和方法来有效地解释或解决汉语的实际问题，还有很大的提升空间，值得我们去进一步地深入探索。在拓展研究的过程中，所涉及的一些观念和方法论的问题，应该引起足够的重视。在这方面，沈家煊先生提出了一系列有益的建议，值得我们思考。

一、　汉语研究的回顾：　"分析"　与　"整合"

"整合"强调"整体大于部分之和"，是对长期以来科学研究中"分析"的一种反思，已成为当代科学研究的主流倾向，认知语言学派的崛起就是在这样的大背景下在语言研究中的一种体现。沈家煊（2003，2006）指出，一个世纪以来，中国的语法学基本上是沿着《马氏文通》的路子，不断借鉴西方的分析法而展开的，"语法分析"几乎成了"语法研究"的同义词。一些大的语法争论都是围绕着能不能分和如何分的问题展开的：先是单位的划分，词和语素、词和短语如何划分？单句和复句如何划分？其次是给划分出的单位分类，汉语的实词能不能分类？如何分法？句法成分分几类合适？主语和宾语如何划分？还有层次分析法、转换分析法、语义成分分析法、"同形异构"的分析，等等。总之，一百年来我们在语法研究上所做的工作可以用一句话来概括：分析，分析，再分析。语法研究的进步基本上就体现在分析的广度和拓展的深度以及分析方法的改进方面。分析法的引入大大加深了我们对汉语语法结构的认识，分析的方法对汉语语法也是基本适用的。从语素到句子，汉语也可以分出大小不等的单位；汉语的实词也可以分出不同的类来；句子也可以作层次分析并分出不同的句法成分来。这些分析大致都符合我们对汉语的语感。讲语法，分析是完全必要的，通过分析找出整体的各组成部分的差异确实有助于把握整体的性质。当然，分析法运用于汉语语法确实遇到不少困难，有不少分不清的情形。吕叔湘先生的《汉语语法分析问题》（1979）可以说是对百年来汉语语法分析研究得失、成败的一个总结。

有人说《马氏文通》从一开始就将汉语语法研究引入歧途，我们不这么认为。回顾中国的语法研究，旧时的语法学缺乏精细严格的分析传统，马氏把西方语法分析的方法引入中国，对中国语法起到了极大作用。有人认为马建忠是"中国语法研究的先驱"（许国璋，1991），《马氏文通》"创前古未有之业"（梁启超语），是不可否认的事实。现在我们运用认知语言学的理论和方法来研究汉语，在"分析"的基础上强调"整合"。但讲整合不是简单地回归传统，回到《马氏文通》以前的老路子上去，而是"否定的否定"，力求"螺旋形的上升"。具体说要坚持以下两个做法。

第一，讲整合不能否定过去在分析方面的成绩，要在分析的基础上讲整合，反过来说讲整合效应要有利于分析方法的改进。例如我们用"有界"和"无界"这对概念来统摄三大实词类，那是在名词、动词、形容词被分别分析出两个小类的基础上再加以归纳、整合的结果，没有以前的分析就没有现在的整合。

第二，讲整合不能泛泛而谈，到底怎么整合要讲出一些令人信服的道理来。例如不少学者认为汉语注重"意合"，究竟怎么个意合法，我们自己并没有说出什么道道来。西方的语法研究虽然长期注重分析，但是一些有识之士现在已经意识到整合的重要性，对"意合"的研究也已取得不少成果，这一点值得引起我们的反思。心理上"完形"结构的形成是有一定规律的，大致有"邻近原则""相似原则""好形状原则"等几条（Anderson，1985），这些原则在组词造句的过程中同样起作用，对解释汉语的"意合"就很有效。

二、 理论引进的原则："借鉴"与"创新"

汉语的认知语言学研究方兴未艾，具有巨大的提升空间，研究成果呈几何级数增长，这必将大大推进汉语语言学的进程，是一个令人兴奋的局面。但同时我们也要清醒地看到研究存在的问题。沈家煊（2002）指出了值得注意的两个方面，值得我们深思。

第一，我们的眼光要放宽，知识面和观察面要开阔。这包括两层意思，一是知识不能局限于认知语言学本身，不仅要具备一些哲学、心理学、人工智能方面的相关知识，就是语言学内部，也应该对结构语言学、形式语言学、语言类型学、历史语言学、功能语言学、语义学和语用学等有相当的认识。国外"认知语言学"的创始人原来都在形式语言学的领域里已经有了很高的造诣，是对形式语言学的局限性有了切身的体会才提出新的理论来的。假如我们在形式语言学和结构语言学方面还缺乏相应的知识和训练，"认知语言学"的研究是搞不好的。眼光放宽的另一层意思是观察不能只限于一两种语言，比如从事英语研究的只关心英语；从事汉语研究的只关心汉语；研究汉语又只着眼于普通话，对汉语方言、国内许许多多的民族语言不管不问。作为研究者来说，在精通一两种语言的同时对各种语言的事实要比较敏感，这是很重要的。要探求人类认知和语言的普遍特性，要发现不同民族的认知和语言的不同特点，这两方面都不能离开对多种语言的考察。

第二，要注意理论与实际相结合，特别要与中国语言、中国语言学的实际相结合，这已经是老生常谈了。任何一个国外的理论流派介绍到中国来，都有一个如何与中国的实际相结合的问题。中国的实际包括中国语言学的传统和现状，也包括中国丰富的语言资源，包括历史的和现在的、汉语的和民语的、共同语的和方言的。历史证明，外来的东西只有与本土的实际相结合，才能开花结果，不然就只能是昙花一现。

三、 语言事实的解释： "假设" 与 "实证"

认知语言学派注重对语言事实的认知解释，其中有一个方法论的问题值得探讨，那就是对语言事实的解释应该依据"逻辑先后"还是"历史先后"。沈家煊（2008）对此提出了自己的见解。他提出了一个语言研究的基本原则，即共时的理论分析并不因历史事实不符而被推翻。例如吕叔湘先生在《汉语语法分析问题》（1979）中谈到语法的最小单位是选用"语素"还是"词素"时说："语素的划分可以先于词的划分，词素的划分必得后于词的划分。"吕先生还特别加以澄清："这里说的'先'和'后'指逻辑上的先后，不是历史上的先后。"这段话应该这样理解：逻辑上必得先有词才有词素的划分，如先有"信任"一词才能划分出词素"信"和"任"来。但是汉语历史上不是先有双音词"信任"而后有"信"和"任"的，而是恰恰相反，先有"信"和"任"而后才有"信任"。这一历史事实并不能用作证据否定共时的逻辑分析，即先有"信任"一词才能分出词素"信"和"任"。

类似的情形在语言研究中是十分常见的。例如沈家煊（2006）针对"生成语法"主张"王冕死了父亲"是通过移位派生而成的观点，提出它的生成方式应该是糅合和类推。具体说就是认为"王冕死了父亲"是从"王冕丢了某物"这样的句子类推而来的，而类推是通过"王冕丢了某物"和"王冕的父亲死了"这两个构式的糅合来实现的。论文发表之后引起了一些不同的意见，其中主要的一个反对意见是说糅合和类推得不到历史事实的支持或者跟历史事实不符，"王冕死了父亲"这种句式出现之前好像还没有"王冕丢了某物"的说法，先出现的构式不可能以后出现的构式作为类推依据。其实这里所说的"生成方式"（generation）有特定的含义，是指共时研究中假设的组词造句的抽象机制，不是指历时研究中某个词语或句子产生和形成的具体过程。用"糅合说"来取代"移位说"是共时研究中对句子"生成"的一种假设，即假设逻辑上先有"王冕丢了某物"和"王冕的父亲死了"，而后才有"王冕死了父亲"。这一假设并不因为历史上"王冕丢了某物"可能比"王冕死了父亲"晚出现而被推翻，因为参与糅合的两个成分实际是两个概念结构，我们只不过是拿"王冕丢了某物"和"王冕的父亲死了"分别当作表达这两个概念结构的典型的语言形式而已。

上述案例说明的是一个问题的两个方面：一方面共时研究提出的假设除了要有充分的共时证据和合乎逻辑的论证，最好也有历史材料的佐证；另一方面共时研究提出的假设并不因为缺乏历史材料的佐证或跟历史材料相悖而被推翻，因为也许我们一时还没有发现这种佐证而已。就两种"先后"来说，逻辑先后最好跟历史先后相吻合，但是并不因为与历史先后不合而被否定。

四、 语法研究的目标："解释"和"预测"

"认知语言学"认为，形式和意义之间的关系既不是完全任意的，也不是可以完全预测的，而是一种"有理据的约定俗成"（motivated conventions）。为此，沈家煊（2004）明确指出：对语法结构可以作出充分的解释，但只能做到不完全的预测。

语言符号及其序列都是形式和意义的匹配，但形式和意义之间既不全是一一对应的关系，也不全是毫无对应的关系，而往往表现为一种"扭曲关系"。

造成这种扭曲关系的原因之一是语言演变，即形式和意义演变的"不同步"：形式的演变滞后于意义的演变，形式发生演变之后旧有的意义还会部分保留。语言的演变永不停顿，形式和意义之间的扭曲对应就是常态（沈家煊，1999）。既然形式和意义之间往往是部分的、不完全的对应，那么我们也就能而且只能对语法现象做出部分的、不完全的预测。这种部分的、不完全的预测可依靠单向蕴涵式来表达：

X→Y：如果 X 为真，那么 Y 也为真；反之则不然。

比如汉语"的"字结构转指中心名词的种种语法现象，可以用一个认知的"概念转喻模型"作出统一的解释，具有较强的概括性。但是我们仍然不能做到完全的预测，具体说在概念转喻模型中，凸显的概念才能来转指不凸显的概念，但语境能改变概念的凸显程度。

例句

a. 我的眼睛大，她的不大。b. 我的眼睛比她的大。

a. 瑞宣的手很热，她的冰凉。b. 瑞宣的手碰到了她的，冰凉。

虽然都是比较对照，但两个"的"字结构（如"我的"和"她的"）在 a 句里分处在两个小句中，在 b 句里共处在同一小句中。两个成分处在一个单句中要比分处两个小句的距离近（指实际距离和心理距离），因此一个对另一个的影响力大，容易影响另一个的凸显度。我们虽然不能绝对预测一定的语境是否一定能允许某一转指，但我们也可以用一个单向蕴涵式作出一种弱预测：对上述句式而言，如果 a 这样的句式允许转指，b 这样的句式一定也允许转指；反之则不然。

语言研究不可能做到完全预测，这是语言学这门科学的研究对象的性质所决定的。凡是复杂和开放的系统都无法做到充分的预测。语言是一个复杂系统，是许许多多方面的因素互相作用和综合的结果。复杂系统永远也不可能达到均衡的状态，它总是处在不断展开、不断转变之中。如果这个系统确实达到了均衡状态或稳定状态，它就变成了一个死的系统。语言是个开放系统，处于不断的演变之中，语言的形式和意义之间因而是一种不完全的对应的关系。跟气象科学、进化科学、地质学和天文学一样，语言虽然不能做到完全的预测，但仍然不失为一门科学。

第二章

范畴化与原型理论

第一节　范畴与范畴化

　　范畴（categories）和范畴化（categorization）是两个重要的概念，是认知语言学研究的重要内容之一。人类在对其赖以生存的世界进行不断的认识和改造的过程中，范畴化作为基本的认知能力具有非常重要的作用。人们认识事物时首先会提出这样的问题："这是什么?"即我们将其归为哪个范畴的问题。这种将事物进行分类的心理过程就是我们通常所说的范畴化，范畴化的产物就是认知范畴（cognitive categories）或曰"概念范畴"（conceptual categories）。例如，颜色范畴"红""黄""绿""黑""白"等，语法范畴如名词、动词、形容词、副词等。美国著名学者 Nida 在其《语际交流中的社会语言学》（1999）中说："语言在模拟世界方面也是很重要的，按照语言分类，我们很容易地就能为我们生存的环境建立起各种言语模式。我们把 cats 归入 felines（猫科）、mammals（哺乳类）、animals（动物）；把 dogs 归入 canines（犬科）、哺乳类、动物。我们还把生物按照种、属、科、目、门分别归入不同的层次。我们还可以做'二十个问题游戏'，在二十个问题的范围内，猜出人类经验中的几乎任何东西。这种游戏一般是从具有明显特征的类别开始发问——如 animal（动物）、vegetable（蔬菜）、mineral（矿物）等"。这实际上也是范畴与范畴化问题。

　　在社会中，我们也有社会范畴，如种族、国籍、地域、年龄、性别、阶级、职业、城市与乡村、性格、生活方式等。这里，我们要谈的是如何把别人的概念范畴化。根据我们的经验，为了某些目的，我们会把不同的人分为中国人、美国人、英国人等。范畴化是必要的，否则我们就很难与陌生人相处，也无法预料人们将有什么样的举止。要是我们不能预料人们在社会中的举止，我们自己也就不知道怎么做，该做什么。在美国，人们有不同颜色的头发，比如浅颜色的、淡黄色的、黑色的、红色的等。许多美国人就是根据发色对人作出不同的范畴化的。例如，他们认为，红头发的人感情易于冲动，性情暴躁，身体强健，有进取心，好争论等。虽然这些说法没有什么具体的证据，也可能不是事实，但是许多美国人仍然深信不疑。

英语中的 category 一词有悠久的历史，可以追溯到拉丁语的 categoria 以及希腊语的 kategoria，其最初的意思是"控告，罪名"（accusation，如 Murderer），后来为"断言"（assertion，如 You are a murderer），然后成为"判断"（predication，如 He is a murderer），最后在逻辑学、哲学、数学等领域中具有不同的特殊意义，用来指各种不同的特殊的类或者集合。亚里士多德从语法宾位关系的研究入手，认为范畴是词义中最高的种，或关于现实陈述的种，同时范畴又是存在规定性的最高的种。亚里士多德的范畴就是作谓语的词之最高的类或种，就是范畴，凡事物之属性、特性、属种（定义）就是亚里士多德所说的十大范畴之一。

从认知的角度看，范畴化是所有高级认知活动（如思维、感知、行为和言语等）的基础。范畴化无处不在，我们每时每刻都在进行范畴化，都在使用范畴。范畴化能力是人类最重要的认知能力之一，它在日常生活中起着非常重要的作用，"没有范畴化能力，我们根本不可能在外界或社会生活以及精神生活中发挥作用。理解我们是怎样范畴化的，对于理解我们是如何思维和怎样起作用具有重要意义，因此对理解是什么使我们成为人也具有重要的意义"（Lakoff，1987），"在用以前的经验来指导解释新经验时，范畴化能力是必不可少的：没有范畴化，记忆实际上是无用的"（Jackendoff，1993）。

由于许多学科对范畴化的实验研究，范畴化已从背景走到了前台，成为研究的一个焦点，如在认知心理学中，由于 E. Rosch 的开拓工作，范畴化已成为主要的研究领域。人工智能中的模式识别（pattern recognition）实际上也是一种范畴化，模式识别的过程就是判断一个模式属于哪一类的过程，即归类过程。从认知的角度看，归类的前提就是模式分类（pattern classification），即把代表每个样本的特征向量分成若干类型，从而可以制定每个样本所对应的类别。而研究分类是研究认知的一个核心问题，或者说，识别就是再认知（recognition），要想弄清楚识别就必须先弄清认知的过程，其中包括人是如何在大脑中建立类别（范畴）系统的。认知语言学与范畴化更是紧密相关的，其总的研究策略都可用有关范畴化的问题来概括（文旭，2001a）。认知语言学认为，语言的功能和结构与非语言技能和知识之间存在密切的关系。因此，语言作为人类认知的产物以及为人类认知服务的工具，很可能在结构和功能方面反映了较为普遍的认知能力，而其中最重要的认知能力就是范畴化能力，即在不同中见到相似的能力。研究范畴化的过程对于深刻理解语言形式所表达的意义具有重要的价值。我们也有足够的理由认为，语言自身的结构范畴在许多方面与非语言世界中的范畴是类似的，即它们之间存在着象似性。

就语言学而言，它在两个层次上与范畴化相关：第一，像其他领域的研究者一样，语言学家也需要用范畴化描写研究的对象。例如，人们发出的声音可以分为语言的声音和非语言的声音；语音单位可以分为元音或辅音，口音或鼻音，塞音或擦音等；词可以分为名词、动词和形容词等；句子可以分为合乎语法的或不合乎语法的句子等；第二，语言学家所研究的对象，如音素、语素、词、短语、句子、语篇等，不但自身构成范畴，而且也代表范畴。例如，语音形式［bed］不但可以表示它是一个词，一个名词，一个由"辅音＋元音＋辅音"结构构成的音节，而且还表示现实世界中的一套区别特征，并且还把这套特征归于 bed 这一范畴；介词 in 表示实体之间的一种内外关系，介词 on 表示实体之间的接触关系，由此可见，语言学在方法论和本质上与范畴化密切相关。拉波夫（Labov, 1973）指出："如果要说语言学是什么的话，它就是研究范畴：研究语言如何通过把现实分成孤立的单位和单位的集合，从而把意义转变为语音。"对语言学家来说，有关范畴化研究的一些重要问题包括：范畴在现实世界中有没有基础，或者说它们是不是人类心智的结构？范畴的内部结构是什么？人们是怎样学习范畴的？人们如何把实体归于范畴？范畴之间存在什么关系？这些问题或假设虽然在认知科学，特别是认知心理学里得到了研究，但它们的研究已迫使语言学家不得不重新思考并阐明这些问题。

对认知语言学来说，范畴化的研究具有更深层的含义：认知语言学理论基础的一个重要来源就是对范畴化问题的重新思考，可以说这在很大程度上促成了这门新兴学科的诞生。Lakoff 曾经说过，认知科学家在范畴化问题上的新发现是促使他从生成学派向认知学派转变的一个重要原因。此外，对于语言学家来说，范畴化是一个非常重要的问题，因为词的用法和语言使用都是以范畴化为基础的。由此可见，认知语言学把范畴和范畴化问题作为自己研究的首要对象就不足为奇了。由于语言的理解和产生无疑会涉及认知过程，因此范畴化必然是发生在大脑中的事情，并且由范畴化而来的认知范畴可以被理解为贮存在大脑中的心理概念，这些概念一起组成了"心理词典"（mental lexicon）。但遗憾的是，我们无法直接接近认知现象，因此，有关心理词典中范畴的所有说法只能是假设的。这样的假设只能用哲学、生理学、心理学以及语言学等相关学科来研究、验证，而语言行为以及其他人类行为则是验证这些假设的重要证据。

第二节 认知语言学的范畴观

一、 范畴化的经典理论

范畴化的经典理论（the classical theory）之所以经典，其原因有二：一是它可以溯源到古希腊哲人亚里士多德；二是在 20 世纪的大部分时间它主宰了心理学、哲学和语言学，特别是自主语言学（autonomous linguistics），如结构主义语言学和生成语言学。亚里士多德是古希腊哲学的集大成者，被称为古代最博学的人物。在《形而上学》中，他区别了事物的本质和偶然特征。本质就是使某一事物之所以成为该事物的那些东西；偶然特征在决定一个事物时不起任何作用。他举了一个例子来说明本质和偶然特征的区别："两脚的动物"是人的本质，但皮肤的颜色、文化的不同却是偶然特征，因为确定一个实体是不是人并不依赖皮肤的颜色和不同的文化。用现代的话说，说某个 X 是一种 Y，就是把 X 这个实体归于 Y 这个范畴。以下就是亚里士多德关于范畴化的经典理论的基本假设（Taylor，1995）：

（1）范畴是由必要和充分特征联合定义的。亚里士多德的其他假设来自于他的矛盾律和排中律。矛盾律认为，在同一时间里，在同一个意义上，对同一个问题作的两个相反的判断不能都是真的。因此，一个事物不可能既是这样又不是这样，不可能既具有某一特征又不具有该特征，不可能既属于某个范畴又不属于这个范畴。排中律则认为，在肯定和否定之间必须选择其一，非此即彼，不能都否定。因此，一个事物必须是要么是这样要么不是这样，要么具有某一特征要么不具有这一特征，要么属于某个范畴要么不属于这个范畴。

（2）特征是二分的。可见，特征就是一个或有或无的问题。在定义一个范畴时，要么有某个特征，要么没有这个特征；一个实体要么具有这个特征，要么不具有这个特征。

（3）范畴有清晰的边界。

（4）范畴内的所有成员地位相等。一个范畴一旦建立起来，它就把世界分为两组实体，一些实体是这个范畴的成员，其他实体则不是这个范畴的成员（例如，有了"狗"这个范畴，就有了不是狗的其他动物）。不可能存在某个实体在某种程度上属于这个范畴的情况。如果一个实体具有某个范畴的所有特征，那么它就是该范畴中的一个成员，否则，就不是该范畴的成员。一个范畴里不存在隶属度（degrees of membership），也就是说，范畴里的成员没有优劣之分。

亚里士多德的范畴化理论在 20 世纪的主流语言学中产生了很大的影响。这一理论首先应用于音系学，后来又应用于句法学和语义学的研究中。各种区别特征被用来定义各种语言范畴。例如，在音系学中，可以根据某些区别特征来区分不同的元音和辅音。英语中的元音音素/i/就可以用特征描述为［元音性］、［高元音］和［前元音］，而/u/却被描述为［元音性］、［前元音］和［后元音］。许多音系学家在自己的研究成果基础上对亚里士多德的范畴化理论进行了丰富与完善，提出了更多有关区别特征的假设：

（5）特征是最基本的。

（6）特征是普遍的。

（7）特征是抽象的。

（8）特征是与生俱来的。

特征是最基本的，就是指特征是音系学中的最终成分或原子成分，不能再被分割，例如特征［前元音］（［FRONT］）就不可再被分成更基本的成分。特征是普遍的，是指人类所有语言的音素范畴是用来自于一个普遍的特征总藏（feature inventory）中的特征定义的，这些特征适应于人类所有语言，例如［前元音］、［高元音］以及［后元音］等特征可以用来描写所有语言的元音音素。特征是抽象的，是指特征与语音的物理特性之间只存在间接的关系，这实际上是关于特征的本体地位问题。特征是与生俱来的，这与转换生成语法传统密切相关，因而成了争议最多的一个问题。

正是由于范畴化的经典理论在音系学中得到了广泛运用，取得了许多成就，这一理论在句法学和语义学中也受到了青睐。句法学中的词汇范畴，如词的分类，语义学中的语义范畴，如词义可以用语义特征来分析等，都是经典理论的具体运用。例如，Nida（1975）和 Leech（1985）就采用了语义成分分析法（componential analysis）对词义进行分析。例如，bachelor 一词可以分析为［人］、［阳性］、［成年］以及［未婚］四个语义成分（semantic components）或语义特征（semantic features）；child 可以分析为［人］和［未成年］两个语义特征。利用特征分析法对范畴进行分析当然有其优点。

（1）说明词语之间的命题关系。例如，bachelor 与 spinster, boy 与 girl, husband 与 wife 等成对词之间的关系就在于，一个具有特征［阳性］，另一个具有特征［阴性］。利用特征分析方法，我们就可以获得词语之间的各种关系，如意义内包关系（meaning inclusion）或上下义关系（hyponymy），如 man

的意义具有特征［人］、［成年］和［阳性］，因此内包在 bachelor 的意义中，man 就是 bachelor 的上义词，bachelor 就是 man 的下义词。反义关系，如上面的 bachelor 与 spinster，boy 与 girl，husband 与 wife 就是三对关系反义词或称换位反义词（conversives），它们彼此对立，但又相互依存，这正是由特征［阳］与［阴］造成的结果。

（2）利用特征可以定义词语的自然类别。例如，我们可以利用特征［人］定义表示人一类的名词，可以利用特征［非动物］定义非动物类的名词。这样的自然类别在词语之间的搭配中就会构成一些选择限制。例如，并不是任何名词都可以作主语，英语中可以说 John admires me，但不可说 Sincerity admires me，因为 admire 这一动词需要具有［人］这一特征的名词作主语。形容词与名词的搭配亦如此，我们可以说 infant teacher（幼儿教师）以及 infant food（婴儿食物），但不能说 infant bachelor，因为 infant 具有特征［未成年］，而 bachelor 具有特征［成年］，这就彼此产生了矛盾。

（3）利用特征分析可以解释某些句义以及句子之间的语义关系。如下例：

例句 1

a. This man is a bachelor.

b. This bachelor is a man.

c. This bachelor is my sister.

例句 1－a 属于综合性，1－b 属于分析性，而 1－c 却是矛盾的。1－a 要真实，就要求 this man 在现实世界中所指称的那个人必须是一个单身汉；1－b 的真实性不受现实世界中的事态的影响，因为单身汉就是一个 man，不会是一个 woman；1－c 之所以是矛盾的，是因为 bachelor 的一个特征［阳性］与 sister 的一个特征［阴性］是彼此对立的、不相容的。

例句 2

a. John is a bachelor.

b. John is a man.

例句 3

a. John is a bachelor.

b. John is married。

例句 4

a. I am an orphan.

b. I am a child and have no father or mother.

此外，利用特征也可以解释句义之间的许多关系，如蕴涵关系（2－a 蕴涵2-b)、矛盾关系（3-a与3-b矛盾）以及同义关系（4-a与4-b同义）等。

由此可见，范畴化的经典理论并非完全错误，实际上我们经常就是那样进行范畴化分析的。但是，那毕竟是范畴化的一小部分。经典的范畴化理论虽然在语言学中产生过巨大的影响，取得了很大的成就，但仍然存在一些问题，例如：一个范畴内的所有成员是否都必须具备共同的一组充分必要特征；词义能否简化为一套最基本的语言特征的组合；区别一个人的语言知识与非语言知识是否有理可据；人们能否不依赖对世界相关事物的认识而理解一个词的意义（即概念范畴）。这些问题已为许多学者所注意，我们完全有理由可以认为，特征的数量可能会是无穷的，特征的分析也可能因人而异。此外，把一个人的语言知识与百科知识分开也是不现实的。Cruse（1986）指出："任何试图在一个词的意义与关于该词的非语言所指的'百科'事实之间划一条接线都是相当任意的。"他还认为，词义的成分不一定有必要充分条件的地位。范畴化的经典理论者认为特征是事体的客观标志，是固有本质，同一范畴的全部成员具有共享的特征，这些特征具有客观性、二分性、不可分解性、普遍性、抽象性、先天性。他认为特征具有分析性。经典理论是客观主义心智观的中心，范畴只能通过其成员共享特征来定义，这些共享特征是客观存在的，范畴也是客观存在的，与人的认识无关，这就意味着在宇宙中存在一个超验逻辑，一种与人类心智和经验无关的理性。

经典理论对现实中的某些范畴现象是具有一定解释力的，对结构主义语言学和形式主义研究也起到了很大作用，但是运用其理论来解释更多的自然界现象和社会界现象时，常显得力不从心。由此可见，范畴的经典理论所存在的这些问题都还有待于进一步深入研究。

二、 范畴化的典型理论

范畴化的经典理论受到了认知科学的有力挑战。Labov 对 cup、mug、bowl 和 vase 等范畴的研究；Rosch 对 furniture、vehile、bird 等范畴的研究，都证明经典理论有不妥之处。Rosch 还提出了"典型理论"（prototype theory），认为大多数自然范畴不可能制定出必要和充分的标准，可以认为必要的标准往往不是充分的；范畴的成员之间的地位并不相同，典型成员具有特殊的地位，被视为该范畴的正式成员，而非典型成员则根据其与典型成员的相似程度被赋予不同程度的非正式成员地位。例如，在"鸟"范畴内，"知更鸟""麻雀"常被视为典型成员，而"企鹅""鸵鸟"等则为非典型成员；在"水果"范畴里，"橘子""苹果"常被视为典型成员，而"芒果""西葫芦"等则为非典型成员。当然，一个范畴的典型成员会因不同的人、文化、地理位置而有所不同，但一个范畴中总有典型的成员。

认知语言学认为，语义是一种心理现象和认知结构，它不存在于语言系统内部的聚合与组合关系之中，而是根植于说话人的知识与信仰系统里，必须最终按心理现象来描写。认知语言学关心的一个最重要的问题是范畴化的性质。然而，对词语的多义性及其模糊性的研究，范畴化的"经典理论"或称"亚里士多德理论"已无能为力。因为在经典理论中，一切特征都是二分的，范畴有明确的边界，范畴内的成员地位相等。显然，用该理论来分析丰富多彩的自然语言的语义是不切合实际的，它必然会遭到人们的摒弃。于是，Cassirer、Putnam、Rosch 等学者提出了另一种解释语义的理论，即典型理论。他们认为，人们只有掌握了一个词的典型时，才算获得该词的意义。

典型理论有其哲学上的根源，那就是维特根斯坦的研究。他在《哲学研究》中指出，日常语言中的一些词如德语的"Spiel"（游戏、比赛、赌博……），并不能用一组共同的语义特征来包含所有的义项，并且其所指范围的边界也是不清楚的、模糊的。他还根据游戏活动提出了"家族相似性"（family resemblance）这一隐喻，用来研究上述日常语言中的现象。他说："我想不出比'家族相似性'更好的表达式来刻画这种相似关系：因为一个家族的成员之间的各种各样的相似之处：体形、相貌、眼睛的颜色、步姿、性情等，也以同样方式互相重叠和交叉。——所以我要说：'游戏'形成一个家族"（《哲学研究》中译本，1996）。他还推测，人们是从个别事例出发，再依据相似性的原则类推出其他事例而学会一个范畴的全部所指的。

如果维特根斯坦的看法是正确的，并且有普遍的意义，那么词义根本不可能通过必要条件和充分条件来定义，至多能找出典型意义（prototype meaning）。典型理论的代表人物之一是加利福尼亚大学的心理学家 Rosch。她（1975）认为，词的意义是不能完全用一组语义特征来说明的，词或概念是以典型（即最佳实例的形式）储存在人的头脑中的。人们在理解一个词或概念时，主要就是从典型开始。同属于一个范畴或一个概念的各个成员，其典型性有所不同：有的是典型，处于一个类的中心，我们用它来鉴别其他成员；其他成员则视其与典型的相似程度而处于从典型到最不典型的某个位置上。用模糊学的观点来说，成员与范畴之间的关系不是要么属于要么不属于的关系，而是一个渐进的隶属过程。例如，在思维活动中涉及"鸟"的概念时，我们可能最会想到 robin（知更鸟）和 sparrow（麻雀），而不会想到 ostrich（鸵鸟）和

penguin（企鹅）。根据《牛津现代高级英语词典》，"鸟"的释义为：feathered creature with two legs and two wings, usable to fly（具有双腿双翼、有毛的动物，通常能飞）。或许是因为"鸵鸟""企鹅"不能飞，所以它们属边缘现象。这表明，"鸵鸟""企鹅"与"知更鸟"等不能在同等程度上表示鸟的概念。但毫无疑问，"鸵鸟"和"企鹅"是属于鸟类。因此，人们对一个概念的理解不仅包含着典型，而且也包含隶属度，Rosch 将后者称为"范畴隶属度"（degree of category membership），它表明允许同类中的各个成员偏离典型的距离。Rosch 因此认为，概念就是由典型和范畴隶属度这两个因素构成的。它们紧密地结合在一起，而典型起着核心作用。典型理论是否成立，关键在于这种典型和范畴隶属度有多大的心理现实性。1975 年，Rosch 在美国做了这样一个问卷调查，她给被试呈现属于不同语义概念的许多词语，让他们就其代表相应概念的程度，由高到低予以等级评定，以 1 为最高。结果她发现，在每个概念的范围内，不同词语在其代表相应概念的程度上有着不同的等级评定。如在"水果"概念内，部分成员的等级评定如表 2 - 1 所示：

表 2 - 1 "水果"概念内部成员的等级评定

水果	橙子	苹果	香蕉	桃子	梨	杏	梅	葡萄	草莓
等级	1	2	3	4	5	6.5	8	9	11

从此表可以看出，在美国人心目中，"橙子"有最高的等级评定，"草莓"的等级评定最低。这证明自然概念中确实存在着典型和范畴隶属度。此外，她还做了另一个实验，她让被试写一些包括有类名的句子，如关于"鸟"的句子如下：

例句 5

I heard a bird twittering outside my window.（我听见一只鸟在窗外叽喳叫。）

例句 6

Three birds sat on the branch of a tree.（三只鸟栖在树枝上。）

例句 7

A bird flew down and began eating.（一只鸟飞下来开始吃东西。）

然而，她用各种鸟的名称如 robin、penguin、ostrich、toucan 等去代替句中的 bird 一词，并要人们评定这些句子是否切合实际。如果用 robin 代替 bird，上面三个句子皆合情理；但如果代之以 chicken（鸡），则觉得句子很奇怪，不合情理了。但毫无疑问，"鸡"也属于鸟类，因为鸡的远祖"原鸡"就是一种鸟。《辞海》注："鸡，鸟纲，雉科家禽。"《现代汉语词典》（第 5 版）（以下简称《现汉》，2006）中"鸟"词条注："一般的鸟都会飞，也有的两翼退化，不能飞行。如燕、鹰、鸡、鸭、鸵鸟等都属于鸟类。" Rosch 的这一实验也间接地说明了一个范畴中的不同成员，其范畴隶属度是不同的。在另一次判断是非的实验中，Rosch（1975）还发现被试在判断"A penguin is a bird"比判断"A sparrow is a bird"的时间要长。这也说明，某一范畴在心理上的特征，就是该范畴的典型加上范畴隶属度。

应当指出的是，在确定一个范畴的典型时，不同地区、时间、文化背景等方面的因素可能会造成一定的差异。Cruse（1990）指出："在认知发展过程中出现的范畴典型显然受熟悉程度和经验的影响：在南极长大的人对于鸟的典型的认识跟在亚马逊河流域或者在撒哈拉沙漠地区长大的人就不一样"。我国北方的人有可能视"苹果"为"水果"的典型，而南方人则可能视"橙子"为典型；巴西人最可能会视"足球运动"为"球类运动"的典型，而美国人则可能会视"篮球运动"或"棒球运动"为典型。但一般而论，一个范畴总会有其典型的。

范畴化的典型理论对于一个多义词所建立的语义微系统也具有较强的解释力，是以典型成员为中心，通过家族相似性不断向外扩展，词义也具有这样的特点，以中心意义为基础不断扩展形成了一个意义链，构成了一个语义网络，在一个概念网络内部各成员之间的地位并不相等，因此在一个语义微系统中，各义项的地位也不相等，可见典型理论也可以用来描写由一个多义词所建立的语义微系统。

因此，典型理论认为范畴不是建立在共享特征之上的，没有一组特征能够准确界定范畴中的成员，范畴是建立在纵横交错的相似性网络之上，是建立在"属性"之上的；范畴化主要是依靠人类的经验和想象力，一方面是感知、动觉活动、文化，另一方面是隐喻和意象图示，不可能根据抽象的无意义的符号运作而获得范畴意义，只能根据认知模型来定义范畴，而不是共有特征。认知语言学家坚决摒弃了客观主义的研究方法，强调人类经验能力和认知能力；典型理论认为范畴的边界是不确定的、模糊的，范畴具有开放性，反映了人类具有一定的主观能动性。

第三节　范畴化的基本层次

一、 自然语言的概念分类及系统性

（一）基本层次范畴的属性

对客观事物范畴化或者分类的结果往往是一个层级系统，这在科学分类中体现得尤为明显。例如生物学的分类将生物按门、纲、目、科、属、种等层次划分出层层隶属的类。科学研究追求客观精细的目标，因此其分类不会主观地认定某个特定的层次比其他层次更加重要。认知人类学家将通俗分类学（folk taxonomy）与科学的生物分类学比较的结果显示，体现在自然语言中的概念分类在这一点上完全不同。很多民族语言在对生物分类时，焦点都是放在"属"（genus，generic）这个层次的概念上，其名称最丰富，形态最简单，区别最清楚。

心理学家 Roseh（1977，1978）的实验研究也证实，人类概念层级中最重要的不是较高层次的范畴如"动物、家具、交通工具"，也不是较低层次的范畴如"波斯猫、扶手椅、敞篷跑车"，而是位置居中的"猫、椅子、汽车"。由于这个层次的范畴在人类认知中的基本地位，它们被称作基本层次范畴（basic level categories）。认知科学研究表明，人类的大部分思维是在基本层次范畴上进行的，具有典型的基本层次范畴是人们用来对周围的具体事物进行分类的工具。因此，对基本层次范畴的研究已成为认知语言学的一个重要组成部分。

既然基本层次如此重要，我们有必要了解它的一些特征。

第一，正是在这个层次上，才有行为互动的特征模式。例如，叫你描述如何与动物交流，如果你不知道所说的动物是鳄鱼或者是仓鼠（hamster），这就相当困难。同样，叫你描述家具，如果不知道具体是哪些家具，你也很难描述清楚。但是，如果这些涉及的是猫、狗、马、牛、老鼠，或者是椅子，那么该任务就相对容易些。

第二，正是在整个层次上，可以形成一个清晰的视觉意象。这与第一个特征在原则上有些相似。例如，想象一下"餐具"或"交通工具"的样子，而不是指某种具体的类型，这肯定很难。但是，如果叫你想象一下"餐叉"

（fork）或者是"卡车"（lorry）的样子，这就容易多了。

第三，基本层次上的词语，人们在日常生活中经常使用。说话人经常会觉得这些词语就是所指的"真实"名字。假设 A 和 B 两人都坐在家里，A 突然听到外面有声音，并说 What's that? B 向窗外看去，发现花园里有一只"德国牧羊犬"（alsatian）。B 如何回答呢？在下面三个选择中，通常会选 b，而其他两个则需要特殊的语境才可以。

例句 8

a. It's an animal.

b. It's a dog.

c. It's an alsatian.

第四，在基本层次上可以创造"最好"的范畴。好范畴能使下列特征最大化：（a）与邻近范畴的区别；（b）范畴内的相似；（c）信息性，也就是说，我们知道某个东西属于这个范畴时所获得的信息量。例如，如果我们把"动物"分为"雌"和"雄"两类，这将产生两个清晰的范畴，在某些语境中可能有用。但根据上面的标准，它们并不是好范畴，因为（a）与邻近范畴的区别只限于一个特征，（b）内部的同类性也同样受到限制。结果，相对于雄老鼠，一只雌老鼠与雌象更相似，尽管大象与老鼠不属于同一个范畴。根据上述标准，动物最好再分为像猫、狗、牛、狮子、长颈鹿等这样的范畴。

第五，基本层次范畴上的名字在形态上倾向于简单，并且是"原始的"，也就是说，它不是通过隐喻延伸从其他范畴派生来的。例如，英语的 spoon 是一个基本层词语，其他所有更具体的范畴有更复杂的名字，如 teaspoon, table-spoon, soup spoon, coffee spoon 等；chair 是一个基本层次词语，其他所有更具体的范畴有更复杂的名字，如 deckchair, armchair, wheelchair, high chair, rocking chair 等。

Lakoff（1987）还将基本层次范畴的特点归纳为如下 10 条：

（1）可以感知范畴成员相似外形的最高层次。

（2）能通过一个心理意象反映整个范畴的最高层次。

（3）人们采用相似运动神经操作与范畴各成员相互作用的最高层次。

（4）主体能够以最快的速度确认范畴成员的层次。

（5）范畴成员最经常使用的层次。

（6）儿童命名和理解的第一个层次。

（7）最先进入语言词汇的层次。

（8）在拼写上具有最短的基本词项（lexemes）的层次。

（9）词汇在中性语境下使用的层次。

（10）我们的绝大部分知识得以组织的层次。

上述特征充分表明了基本层次范畴在认知上的重要性，可以概括为四个方面：

第一，感知方面。基本层次范畴在感知上具有相似的整体外形，能够形成反映整个类别的单个心理意象，人们能最快地辨认其类属。例如所有"猫、椅子、汽车"的外形大体相似，你一闭上眼睛就能形成这些事物的单个意象；但不同"动物、家具、交通工具"的外形差别甚大，人们难以形成单个意象，只能想象出一个基本层次范畴成员的意象作为其代表。

第二，功能方面。基本层次范畴是人们能运用类似的运动机制与这些范畴成员打交道的最高层次，也就是说，属于同类的成员可引起人们在行为上大致相同的反应。例如与"猫"相关的运动反应是抚摸、逗玩、喂食等，与"椅子"相关的运动反应是坐在上面或搬动，与"汽车"相关的运动反应是乘坐或驾驶；但人们对"动物、家具、交通工具"这一上位范畴却并不会产生共同的、具体的运动反应。

第三，言语交际方面。基本层次范畴常常是用较简单、常用、中性的词表达。这些词产生的年代早，也是儿童最早习得的；这些词的语义比较凸显，较少依赖语境提示；这些词的意义比较单纯，没有什么特别的附加色彩。例如"猫、椅子、汽车"这些基本层次范畴的词汇就具有上述特点。

第四，知识组织方面。人类的大部分知识都是在基本层次上组织起来的。当有人问你对"猫、椅子、汽车"的了解时，也许你会滔滔不绝，把基本特征表述完整；但若问及上位概念"动物、家具、交通工具"时，你的回答就显得笼统，或过于概念化；若问及下位概念"波斯猫、扶手椅、敞篷跑车"时，你可能能说出一些相关知识，但肯定不会那样明确、清晰、完整。

（二）词汇范畴化的层级系统

基本层次范畴的概念基本上就是我们传统词汇研究中归为"基本词汇"的集合，具有全民性、稳固性和能产性的特征。这是因为这些基本词汇大多是由单一词项构成的单词；这些基本词汇与上位范畴、下位范畴的词汇相比使用频率更高；这些基本词汇比其他层次的词汇具有更强的隐喻生命力。Taylor（2003）认为：在没有具体原因时，我们总是在基本层次上讨论事实，这正是由于基本层次范畴的词汇具有凸显性，成为在不需要描述细节时的必然选项。这也是区别基本层次范畴和非基本层次范畴词汇的一种简单而又快捷的方法。上位范畴（superordinate category）的最大特征就是缺乏具有普遍特征的整体形象，所以对于上位范畴的成员我们很难通过完形结构来把握。Ungerer &

Schmid（2001［1996］）将上位范畴成员的特点归纳为以下四点：

（1）上位范畴是辅助性的，因为它们必须以基本范畴为基础来获取完形和大部分的特征，所以被称为寄生范畴化。

（2）上位范畴的确包含一个或几个整个范畴都适用的特征，这些特征为上位范畴的存在提供了动因，若要凸显这些特征时，我们便使用上位范畴，这就是上位范畴的凸显功能。

（3）与凸显功能密不可分的是上位范畴的聚合功能，这一功能可以使上位范畴根据某些特征聚集下一层级的范畴，这个过程可以在不同层级上反复进行，得到一个包括不同词汇范畴的全方位的层级结构。

（4）产生于日常范畴化的经验层级，既不是完整的，也不是完全一致的。由于语言使用者的认知需要，这些经验层级允许空缺或以不同的层级路径构成。正是这一点使经验层级从根本上有别于科学分类法。

下位范畴（subordinate category）是对基本层次范畴的进一步细化。因而它们的完形结构和基本范畴的结构有很强的相似性，它们都是围绕着原型结构建立起来的，都聚集了各自下属类别的特征。这些特征中，只有部分特征是属于下位范畴自身的，大多数特征是属于基本层次范畴的。如：

树→松树 柳树 桃树

种→套种 轮种 抢种

美→健美 秀美 俊美

李福印（2009）将下位范畴、上位范畴以及基本层次范畴之间的联系和区别进行了归纳（表2-2）。

表2-2　范畴之间的联系和区别

范畴层级	参数			
	属性	结构	功能	形式
上位层次范畴	一个或很少的范畴属性	家族相似性结构	聚合与凸显功能	复合词
基本层次范畴	大量的范畴属性	原型结构	指向世界的"自然"通路	单纯词 派生词
下位层次范畴	大量的范畴属性 凸显具体属性	范畴成员之间高度的同源性	具体指向功能	复合词 短语词

二、 范畴层次与词语组配的选择性

(一) 范畴层次与韵律形式

从汉语的情况来看，既然词汇范畴化具有层级性，那么这种层级性必定会反映在词的特征上：从内部来说涉及词的韵律形式，从外部来说涉及词的搭配功能。王灿龙 (2002) 从认知的角度对汉语单、双音节词的属性及其韵律形式做了有益的分析。他认为对汉语来说，绝大部分单音节词是最原始的词，同时也是最稳固、使用频率最高的词。从词的认知语义方面来看，单音节词有两个方面的特点：第一，表示基本层次范畴；第二，具有原型性。单、双音节的韵律形式差异与它们在句法、语义上的差异具有对应性。

比如双音节名词跟与之对应的单音节词相比，这些双音节名词的语法特征明显发生了变化。例如：

a. 一枝花 一根草/＊一枝花草 ＊一根花草

b. 一抔土 一块地/＊一抔土地 ＊一块土地

c. 一张纸/＊一张纸张

d. 一本账/＊一本账本

事实表明单音节名词具有典型的名词语法特征，而这些单音节名词作为语素参与构成的双音节名词，其语法特征却有所丧失，或者说弱化了。这种情况对于并列式 (如 "花草") 或补充式 (如 "纸张") 复合名词来说，尤为突出。另一方面，从语义的虚实来看，单音节名词通常都可指称客观世界的某类事物，它对该类事物进行概括，人们可以在词与事物之间直接建立一种语义关联；在人的认知世界，有一个具体可感的关于该事物的 "意象" 与词相对应。在适当的条件下，词可以激活意象，意象可以激活词。而双音节名词则不同，它不是两个语素的简单相加，它的语义也不是两个语素义之和。因此双音节词的语义应是对两个语素义的更高层次的抽象，它既与语素义相关联，同时又获得了一种语素义所不具备的抽象义。在认知世界，虽然也能建立一个与双音节词相对应的关于事物的 "意象"，但该意象既不是直接的，也不是清晰的，甚至还是无界的。如人们看到 "花" 或 "草"，能很快激活大脑中 "花" 的意象或 "草" 的意象，但看到 "花草" 时，却不能在大脑中直接搜寻到 "花草" 的意象，而只能通过 "花" 的意象和 "草" 的意象，进行二次加工。因此从总体上说，单音节名词的语义大都很具体、很直接、很明晰，双音节名词的语义一般都较抽象、较间接、较模糊。可见一般来说，单音节名词属于基本层次范畴，而双音节名词（并列式、补充式）则往往是上位层次范畴，属于集合名词概念。两者在原型性方面的差异在句法、语义上的映射是语法功能的弱化。又比如双音节动词跟与之对应的单音节动词相比，它们的语法范畴特征都有不同程度的变化。

事实表明双音节动词跟单音节动词在范畴层次和原型性方面同样也有较明显的对立。单音节动词具有典型的动词语法特征，而由这些单音节动词作为语素参与构成的双音节动词，其动词的语法特征都弱化或部分丧失了。从表义方面看，作为基本层次范畴的单音节动词通常表示的都是人或事物（含动物）的基本动作，除表示心理活动和关系属性外，单音节动词表示的动作都较强，而且动作义也都很具体。在人的认知世界，有一个明晰的、有界的关于某一动作的意象与表示该动作的动词相对应。而双音节动词（并列式为主）属于上位层次范畴，由于它是两个语素的结合，无论其中的两个语素或某一语素的动作性多强，整个词的语义只能是两个语素义的最大公约数，这样所得的语义就相对比较抽象、比较间接。

在此基础上王灿龙着重分析了动宾结构的单双音节组合的类型。他认为从理论上说，动宾关系的结构对单双音节的选择应有下面4种类型：

①单+单（1+1）；②双+双（2+2）；③单+双（1+2）；④双+单（2+1）。

考察语言事实，这4种单双音节选择的类型在实际语言运用中都有表现，所不同的是，前三种类型最为常用，而且人们习以为常，即使对于一些不成立的语例，也觉得理所当然；第④种类型相对比较少见，不少研究者都注意到了这一现象。王灿龙对这种现象的解释是：在语域和认知域中，单音节动词与单音节名词的距离，以及双音节动词与双音节名词的距离，比单、双音节动、名词之间的距离要近得多，根据相邻原则和相似原则，一般情况下，人们就更倾向于将单音节动词与单音节名词或双音节动词与双音节名词组合在一起，形成动宾关系。由此看来，动宾关系1+1和2+2是常规形式，可以看作是无标记组合形式；与此相对，1+2和2+1是有标记组合形式。

必须指出的是，有标记式与无标记式是相对的，它们同样必须遵循相邻原则和相似原则这两个认知原则的要求。依据前面的分析，单音节词表示基本层次范畴，其语义较具体；双音节词表示上位层次范畴，其语义较抽象，这是就总的情况而言的。实际上基本层次和非基本层次、具体和抽象只是两极，中间有一个逐渐过渡的地带；在这个过渡地带，单音节词和双音节词都有分布。也就是说，对于不同的单音节词或双音节词，其语义的具体或抽象程度是不一样的。

先看1+2式，例如：运木料/＊砍木料、洗衣服/＊洗服装。上述对立表明："砍"的动作义比"运"更具体，而"木料"的事物义较抽象，因此"砍"不宜与"木料"组合；与"衣服"相比，"服装"的事物义较抽象，而"洗"的动作义较具体，故"洗"不宜与"服装"组合。这说明1+2式仍然遵循相邻原则和相似原则。至于2+1式的情况有点复杂。语料显示进入这类结构的双音节动词动作义都比较抽象，大多是表示心理活动的动词，如"尊重（人）""相信（鬼）"等。这类动词的两个语素一般都不能独立成词，整个词是表义的唯一选择。当单音节名词与这类动词组合成动宾结构时，单音节名词在该结构式中被激活的语义并不是其基本语义，而是某种引申义或比喻义。比如"尊重人"，"人"在这里的语义，绝不是"能制造工具并使用工具进行劳动的高等动物"所表现出来的自然属性义，而是"人"作为社会动物所应有的社会属性义，如人格、权利、地位等。也正因为如此，在通常情况下我们不说"尊重猫""尊重狗"。从这个角度来看，2+1式同样是遵循相邻原则和相似原则的。所不同的是，它们表现在更深的层面上。

（二）词语组配与优选规则

词语组配合格度本来就是一个相对概念，合格与不合格之间没有绝对的界限，从完全合格到完全不合格形成一个非离散的连续统。为了便于说明词语组配的优选规则，我们以表2-3中的动名述宾组配为例加以阐述：

表2-3　词语组配的优选规则

	动词	名词
上位层次范畴	种植/购买	树木/房屋
基本层次范畴	种/买	树/房
下位层次范畴	抢种/代买	松树/旧房

依据上表，动词和名词之间述宾组配的合格度分析如下（→为同一层次范畴的横向组合，↘为上位层次范畴与下位层次范畴的下向组合，↗为下位层次范畴与上位层次范畴的上向组合）：

→组合	种植树木、种树、抢种松树
	购买房屋、买房、代买旧房

续表

↘组合	＊种植树、种松树
	＊购买房、买旧房
↗组合	＊种树木、抢种树 ＊买房屋、代买房

根据组配结果认定，我们可以归纳出如下几条原则：

（1）同一层次范畴组合的优选性。

同一层次范畴组合的优选性，指处在同一认知范畴层次上的动词和名词的组合属于最佳选择。如"种植树木、种树、抢种松树""购买房屋、买房、代买旧房"。语言中两个语言单位的结合体是否为一个相对完整的、正确的表意单位，人们通常都能通过语感来判断它。如果该结合体在人们的心理上构成了一个"完形"，人们就会感觉这种搭配合乎语感。而判断"完形"的依据就是认知上的"相邻原则"和"相似原则"，即认知范畴层次及韵律形式上的"相邻"和"相似"。从这个角度来说，人们在进行述宾组配时，一般倾向于把认知范畴层次上相匹配的动词和名词搭配在一起。$V_1 + N_1$ 的搭配是基本层次范畴之间的搭配（种树、买房）。$V_2 + N_2$ 是非基本层次范畴之间的搭配，其中并列式双音词处于上位层次，是"通指＋通指"的搭配（种植树木、购买房屋）；偏正式双音词处于下位层次，是"特指＋特指"的搭配（抢种松树、代买旧房）。

（2）基本层次范畴下向组合的合理性。

基本层次范畴下向组合的合理性，指基本层次范畴的动词与相邻下位层次范畴的名词组合具有合理性，如"种松树""买旧房"。这里反映了一个值得注意的现象：按认知语言学的范畴化理论，汉语中的单音节词最具原型性，属于基本层次范畴。这对动词来说具有现实意义，然而对名词来说就值得反思。由于社会的发展，新事物的大量涌现，客观事物区别性特征需要通过增加信息来识别，人们对常见事物认知范畴的把握在向下位层次延伸。换句话说，名词基本范畴层次的认知重心在下移。比如"树/松树、柳树、桃树""菜/青菜、菠菜、白菜""船/渔船、游船、客船""枪/手枪、猎枪、气枪"等等。这些下位层次的概念已经相当于基本层次范畴的概念，它们更具典型性特征。因此，在现代汉语基本认知范畴层次上，动词和名词的表现不平衡，名词概念的基本范畴的认知层次有下移趋势，而动词滞后。这是导致动词与相邻下位层次名词的组合具有相当合理性的内在动因。至于"种麦—种麦子、买房—买房子""种稻—种水稻、买米—买大米"都能说，与上述优选规则并不矛盾，因为"麦子、房子"与"水稻、大米"虽然是双音节形式，但还是属于基本层次范畴，这是汉语词汇双音化倾向（派生法或添加无意义语素）的结果。

（3）下位层次范畴上向组合的限制性。

下位层次范畴上向组合的限制性，指下位层次范畴的动词与基本层次范畴的名词组合限制极大。如"抢种树""代买房"可以说，但合格度不高，除非这类三字组有熟语化倾向，并且处在对举格式中，可接受度就高一些，如"勤读书、苦练功""深挖洞、广积粮""多做事、少说话"等。这是因为具备了这些条件，后边的双音节述宾组合融合度高，整个三字组的结构被分析成1+2，深层的认知与表层的韵律相匹配。假如不具备这些条件，后边的双音节述宾组合的融合度不高，可接受度就差。因为这会导致三字组的三个成分呈离散状，我们难以判断他们之间的关系。比如"抢种树"，可以分析为"抢种/树""代买/房"，认知上能接受，但韵律上不协调；也可以分析为"抢/种树""代/买房"，韵律上协调了，但单音节"抢"在语义上难以站得住。这说明"抢种树""代买房"这类三字组是有标记形式，使用不自由。

（4）基本层次与上位层次的不可组合性。

基本层次与上位层次的不可组合性，指基本层次范畴的概念与上位层次范畴的概念之间不具备组合的条件。比如" * 种植树"" * 购买房"和" * 种树木"" * 买房屋"。以往认为"种植树、购买房"之所以不合格，是因为2+1的韵律模式不适合构成述宾短语，然而事实上符合条件的"种树木""买房屋"（1+2述宾）也不合格。这就说明韵律还只是表层现象，背后的动因还是与认知规律有关。依据动词、名词典型性的等级序列，我们发现基本层次范畴的概念与上位层次范畴的概念具有本质差异，互相之间距离较远，界限比较森严，不具备"相邻"和"相似"条件，组合缺乏认知基础。这样看问题就能解释为什么我们说"洗衣服"，不说"洗服装"；说"砍木头"很自然，说"砍木材"就有点别扭。

第三章

意象图式

第一节　意象图式的概述

一、意象图式的定义

意象图式的定义有许多不同的表述，但是其核心理念是相同的：我们人类具有自己的身体，我们无时无处都处于各种各样的活动之中，如观察周围的环境、走路、吃饭、睡觉、购物、读书等，我们的身体始终处于和外部客观世界的接触和互动之中。意象图式就产生于这些看似无关的活动之中，这样我们就可以用意象图式来理解这些活动，构建意义，进行推理，从而把离散的活动互相联系起来。人们在与客观外界进行互动性体验的过程中获得意象图示，它可根据心理学常讨论的感觉、知觉和表象来解释，这三者的递进关系就表示了人们认识世界初始阶段的一般规律。感觉指当前作用于我们感觉器官的客观事物的个别属性在头脑中的反映，它是认识的最简单形式。客观世界是我们感觉的源泉，感觉是客观事物个别属性作用于我们感觉器官的结果。知觉则是比感觉更为复杂的认识形式，指当前作用于我们感觉器官的事物的各种属性在头脑中的总体反映，是各种感觉的总和。感觉和知觉都是以当前事物为基础，而表象则指在没有客观事物的情况下留在人们头脑中的印象，是感觉和知觉的心智表征。图式则是指人们把经验和信息加工组织成某种常规性的认知结构，可以较长期地储存于记忆之中。人们通过在现实世界中的互动性体验形成了基本的意象图式，也就形成了认知模型，多个认知模型构成理想化认知模型。认知模型和理想化认知模型主要是意象图式。人类在此基础上进行范畴化，建立范畴；概念对应于范畴，从而获得了概念，同时也获得了意义。以下是一些有代表性的学者对意象图式的阐述：

Johnson（1987）：意象图式是感知互动及感觉运动活动中的不断再现的动态结构，这种结构给我们的经验以连贯效应。

Gibbs & Colston（1995）：意象图式一般可以定义为空间关系和空间中运动的动态模拟表征。

Oakley（2007）：简单地说，意象图式是为了把映射到概念结构而对感性经验进行的压缩性的再描写。

Ungerer & Schmid（1996）：意象图式是来源于我们在日常生活中与世界的互动经验的简单而基本的认知结构。

上述意象图式概念的定义实质上大同小异，相对来说其中 Ungerer & Schmid 的定义简明而准确。

二、 意象图式的特征

意象图式是人们遵循相同的认知过程形成的，根据学者们的研究，意象图式具有如下共同特征。

（1）意象图式是一种高度抽象的模拟。

因为意象图式是通过空间关系经过高度抽象而获得的，因此绝大多数意象图式可以用线条等简单图形表示。图形本身并不是意象图式，它只不过是一种高度抽象的心理经验的模拟。但是这种图式在解说时可以给人一种具体的感觉。由于意象图式是从无数个事件中高度概括抽象而来的，因此这样的意象图式也可以和许多语域相联系，这些表达意象图式的简图有助于记忆和该意象图式有关的语言表达。

（2）意象图式属于语域的范畴。

语域（domain）是认知语言学中的一个重要概念。Langacker（1987）把语域定义为刻画语义单位特点或描写概念特征的认知语境，并认为绝大多数概念都蕴涵其他概念。例如我们定义"手指"的时候，我们要提及"手"，我们定义"手"的时候，我们要提及"胳膊"。因此"手"是"手指"的语域；"胳膊"是"手"的语域；最终"空间""时间"和"运动"是"身体"的语域。他认为意象图式是一种语域，是语域的一个下层范畴（a subtype of domain），因此意象图式可以和语域一样组织概念。

（3）意象图式具有正负参数。

Krzesowski（1993）认为几乎所有的意象图式都具有一种特征：在表达隐喻意义时呈现出肯定或否定的意义，称为"正负参数"（plus – minus parameter）。例如在意象图式中心—边缘（CENTER – PERIPHERY）中，中心（CENTER）往往具有肯定意义，边缘（PERIPHERY）则具有否定意义；在意象图式平衡（BALANCE）中，保持平衡（BALANCE）含有积极意义，失去平衡（IMBALANCE）含有消极意义。

（4）意象图式具有静态与动态特征。

Cienki（1997）认为意象图式可以呈现为静态与动态两种特征，因为绝大多数意象图式既表示一种状态又表示一种过程。例如我们从 A 点向 B 点运动时，我们以一种动态的形式经历 PATH（路径）的意象图式，但是从 A 点连接 B 点的道路是静态的 PATH（路径）意象图式。意象图式 BALANCE（平衡）也是一样，表示状态时是静态的，balance 是名词；表示动作时是为了保持平衡，是动态的，balance 是动词。

意象图式是人们通过对相似关系的多个个例反复感知体验、不断进行概括而逐步形成的一种抽象的框架结构，是介于感觉与理性之间的一个重要环节，是运用了完形、动觉、意象三种互动方式认识外界事体间关系而获得的一种认知模型，是集聚在一起的知识单元，是构成心智的基本元件，是认知能力的一种表现形式，也是形成句法构造、获得意义的主要方式，是一个抽象的语义原则。人们为了认识事体、理解世界、获得意义、建构知识，就需要多次运用意象图式来对外部世界中事体间的同一关系进行反复对比、分析、抽象，从而形成一个完善的意象图式，并具有相对的稳定性。意象图式作为一种新的认知模型储存于记忆之中，随着认知的发展，可以不断根据新信息来扩充或修正已建立起来的图式，为其后的信息处理提供了基础。

第二节 "意象" 理论与汉语研究

一、 意象概念和语义结构

Langacker 的 "意象"（image、imagery）概念是为描写语义结构（以及直接映射语义结构的句法结构）而设的。由于他把语义结构看作在语言规约作用下的概念化的产物，故其语义分析是从概念化过程、心理经验、认知处理等角度进行的。他对心理经验的分析在很大程度上是与认知心理学的一般看法相符的。例如他把心智看作心理过程，把思维（thought）看作复杂的神经活动的事件（event），可最终归结到电化学活动。事件定义为具有任何程度的复杂性的一次认知运作，任何这类事件都会留下某种有助于再现（recurrence）的神经化学遗迹。再现具有渐进的强化效应，多次持续的再现使得一个事件类（event—type）变得越来越固着（entrenched），以至于可将它作为一个整合体轻易地唤起，这个事件类便具有了单位的地位。这时该事件构成了一个已确立的常序（routine），一旦激发便可或多或少地自动进行下去。实施这样的常序的过程便称作激活（activation），而常序的激活本身也是一个认知事件。心理经验便由一连串这样的事件构成，同时激活的常序可协同形成更高一个层次的常序，经验就以这样的方式形成越来越复杂的结构。

Langacker 认为，心理过程的这种活跃的、结构化的特性也体现在感知方面。复杂的感知事件包括比较、扫描、选择、叠置、再认等类型。他认为，由刺激导致的感觉表现与相应的感觉意象实际上是同一事件类的两种不同的例（token），尽管前者为后者提供了建构的基础，但后者在高级认知活动中更为重要。为此他区分两种等价的认知事件：自主的（autonomous）认知事件和周边关联的（peripherally connected）认知事件，前者指自主形成的感觉意象，后者指由直接刺激引起的感觉活动。前者之所以是自主的，除了因为它们并无直接刺激之外，更因为许多这类事件甚至并无相应的周边关联事件（如感情意识及抽象概念）。Langacker 对意象的上述理解是与心理学上经典的心象概念类似的，我们可称之为"意象1"。

Langacker 认为，为思维和表达的目的，我们具备以不同的方式（通过构成不同的意象）去理解和把握某个感知到的情景的能力。对于同一情景，可以通过选择不同的属性加以注意，调整这些属性的显著性（salience），从不同的视点（perspective）去观察，以及作不同程度的抽象化和具体化，来形成不同的意象。例如，下面四个句子描述的是相同的情景，但各自构成不同的意象。

例句1

a. The clock is on the table.（钟在桌子上。）

b. The clock is lying on the table.（钟横躺在桌子上。）

c. The clock is resting on the table.（钟在桌上待着呢。）

d. The table is supporting the clock.（桌子托着那个钟。）

其中 a 是最自然的说法，它提供了一个概括的格局，后三个句子则凸显了其不同的侧面，如 b 注意的是钟与桌面水平轴呈直线排列的关系，c 强调的是其空间关系中的静态性质，d 则凸显了桌子对施加于钟的引力的阻碍。Langacker 认为语义结构的基础正是这个意义上的"规约意象"。他声明，在通常情况下当用来分析具体语言现象时，若非特别指明（如加上特定的修饰语），其意象概念是他自己独有的（idiosyncratic），我们可称之为"意象2"。意象2

强调的是以不同方式理解情景的能力，如何体现这些不同方式就成为其意象描述的重点。Langacker 是用以下一些具有心理学意义的概念去分析意象的：注意（attention）、调焦（focal adjustment）、视点（perspective point）、抽象（abstraction）、辖域（scope）、基底—侧面（base - profile）、图形—背景（figure - ground）、射体—界标（trajector - landmark）等。

二、 意象图式和扫描方式

（一）总括扫描和次第扫描

Langacker 也常常用示意图来呈现根据上述概念分析意象的结果。例如，图 3 - 1 显示的是 Langacker 对英语里 enter、into、in 这三个词的述义所作的分析（tr 为射体，Im 为界标）。

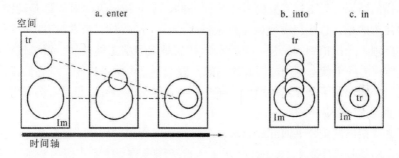

图 3 - 1　Langacker 对英语里 enter、into、in 的述义分析

a 和 b 体现的是对某个共同的情景，即某一物体进入某一容器所作的不同方式的描写。a 是对动词 enter 体现的［ENTER］这个过程述义的空间刻画：相对于一个界标（大圆圈），某个射体（小圆圈）在一定的时间内与它的关系由外变内。其间涉及无数个成分状态，为方便起见仅列出三个作为代表，用方框显示。每个状态都由空间域里界标和射体的关系所构成，界标之间的虚线反映出它们在不同状态中的等同关系，射体之间的虚线亦然。图中可看出射体相对于界标的位置在不同状态中产生了变化，而界标的位置未变。各个状态之间的虚线代表了其间的联系，即以依次连缀的方式映射到时间域。所有状态在时间上的映射就构成了［ENTER］这个过程的时间侧面，用时间轴上的粗线表示。

b 体现了介词 into 的意义，它和 enter 反映的情景其实是相同的，不同之处在于扫描（scanning）的方式不同。按 Langacker（1987）的理解，扫描指的是在建构一个复杂的场景时所作的认知处理，它是将某个比较标准和一个对象关联起来，并记录其间差异的操作。这种操作类似于我们用目光跟踪一只飞鸟的轨迹或一条小路的走向。扫描的方式有两种，一种是"总括扫描"（summary scanning），一种是"次第扫描"（sequential scanning）。总括扫描的成分状态尽管也是次第相连，扫描时却是以累积的方式平行地激活的，复杂场景的所有方面同时呈现出来，也就是说，所有状态组合起来作为一个单一的完形被感知。次第扫描的成分状态则是一个接着一个被处理，尽管为形成一个一致的经验，状态之间的关联也必须被感知到，但这些状态不被处理为共现的，扫描它们所得到的资料是依次得到而不是同时呈现的，这种扫描的结果定义出时间过程。作一个简单的类比，总括扫描就像是看一幅静止的图片，而次第扫描就像是看电影。显然 a 里的动词 enter 勾勒的是过程，其意象是次第扫描的结果；b 里的介词 into 勾勒的是关系，是总括扫描的结果。

c 里的介词 in 所代表的述义侧面也是关系而非过程，它与 into 一样也是总括扫描的结果，只不过 c 里的射体是静态的，而 b 和 a 里的射体都是动态的。值得注意的是，总括扫描很难准确地图示，b、c 虽然看起来都只有一个方框，但不能理解为扫描到的只是一个状态，其实是多个状态的叠加。可以这样看：若 a 体现的各个状态都用透明胶片描画，假定用五个状态代表，将它们依次迭合起来，便形成了 b 显示的图形。同样 c 代表的图形也可以想象为描画多个静态画面的透明胶片的叠加。

必须指出的是，上面的示意图由于具有视觉图像的性质，容易被误解为真实意象的描摹。实际上 Langacker 从未把这类图形称作意象，因为头脑中的意象是难以用这种简单方式摹画出来的。这类图示只是语言学家对人们运用构成意象的能力的具体认知行为的一种描述和呈现方式，我们可以称之为"意象3"。Langacker（1987）认为这个意义上的意象至少具有如下一些特性：

（1）它不一定是视觉意象，还可以是其他类型的感觉意象及动觉意象，更重要的是它不一定必须和某个感知领域直接相联系；

（2）这种意象绝非具有丰富细节的"心理照片"，它是不同程度抽象的结果，具有图式性或概括性；

（3）即使是视觉意象，也时常是可以描述，却难以图示的。例如我们无法画出一个"三角形"的视觉意象，能画出来的要么是一个等边三角形，要么是某个特定形状的不等边三角形。

（二）意象图式及其示意图

Langacker 在意象分析中提出的射体、界标、侧面等各种概念，以及作为

"意象3"的示意图，也常为其他不少认知语言学家用来分析语言中的各种意象及其结构，尤其是用来描述其中体现的空间关系。

　　Lakoff（1987）在分析 over 时采用了图示法呈现其意象图式。Dewell（1994）认为 Lakoff 对这个多义范畴的分析过于繁复，其图式涉及了许多不必要的特征，如界标的形状及各种子图式，他提出了一个简单而统一的修正方案。这一方案的关键是将射体的路径修改为弧形。图3-2 显示的是他对 over 的三个较简单的意义的分析：

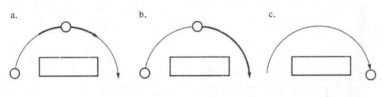

图3-2　Dewell 对 over 的分析

　　Dewell 提出了一个中心图式，即射体以弧形的射线越过地标，其优势在于可以通过侧面勾勒方式的区别及意象图式的转换，在此图式基础上推导出能描述 over 各种意义的所有图式。a 是将中心图式作为基底，勾勒射线的中心区域，它解释的是 over 体现的基本意义；b 勾勒的是射线向下的半段，解释的是 over 在 Sam fell over the cliff（山姆摔到悬崖下了）里的意义；c 勾勒的是射线的终点，解释的是 over 在 Sam lives over the bridge（山姆住在桥的那一头）里的意义。

三、 意象识解和汉语研究

（一）形容词的性质、状态和变化

　　国内学者现在也开始在句法研究中，采用意象图式的分析来解释一些句法差异现象。比如张国宪（2006）以意象分析的方法阐释了汉语形容词的情状特征。他认为根据西方语言学家处理命题情状分类时所遵循的惯例，现代汉语的形容词用［±静态］（static）这一组区别性特征，可以分为静态和动态两大类型。如果把视角转向形容词所述性状与时间的疏密程度，可以将情状类型分得更为细腻，表现出三种情状：性质、状态和变化。从情状与事件表述的关联性上看，性状对应着恒定事件，行为对应着动作事件，过程对应着变化事件（因为过程的核心机制是性状或行为的转变）。形容词的情状主要表述的是恒定事件，但也能表述变化事件，其中静态形容词擅长于表述前者，动态形容词擅长于表述后者。性状与变化是两种性质完全不同的情状类型，但两者之间并不存在不可逾越的鸿沟，事实上各情状间是息息相通的，有着十分密切的联系。性质、状态和变化作为客观世界的物象，在人的感知世界（认识）中聚现为三种迥异的"意象"，不同的"意象"表征对语言形式化有直接的影响。然后他运用意象分析方法论证了这种差异。

1. 性质情状和状态情状之间的关联

性质和状态都属于静态形容词范畴，两者在概念内涵上所反映的情景是相同的，差异只表现在所勾勒的侧面有所不同，这种不同无疑导源于扫描方式。也就是说，不同侧面的勾勒会在我们头脑中形成两种迥异的"意象"，可用图3-3来表示：

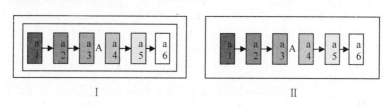

Ⅰ   Ⅱ

图3-3 不同侧面的勾勒

图Ⅰ凸显（用粗线表示）的是整体A，而作为整体的部分a1—a6则被背景化。在感知上，图Ⅰ用的是总括扫描，情景里尽管a1—a6也是次第相连的，但扫描时却是以平等的方式被同时激活，也就是说a1—a6作为一个单一的完形被整体感知。图Ⅱ则不同，作为部分的a1—a6被凸显，而作为整体的A则被背景化。这里运用的是次第扫描，整体A的构成部分a1、a2、a3、a4、a5、a6等不被处理为平行式的同现，而是一个接一个被依次处理。不难理解，"性质"意象的形成受益于整体扫描，与时间无关；而"状态"意象的形成则是次第扫描的结果，有时间的背景。如性质形容词"白"是整体投影得来的，记述的是属性；而状态形容词"洁白、雪白"等显然是依次处理的产物，描写的是状态。性质（属性）的确立是从相关的状态中抽象概括的结果，是一个典型范畴，性质存在于状态之中，物质世界中不存在脱离状态的性质。沈家煊（1999）发现性质形容词所形容的名词通常是类名，状态形容词所形容的名词通常是个体名。是否可以说，这种语义关联的根源本质上来自于感知上的扫描方式。

2. 静态情状（性质情状、状态情状）和动态情状（变化情状）之间的关联

形容词的典型特征之一是程度量，在概念内涵上静态情状和动态情状所表

现出来的量性情景迥然不同：前者表述的是事物的静态恒定量，而后者表述的则是事物的动态变化量。也就是说，静态意味着程度量的守恒，动态意味着程度量的异变。由于静态情状在量性侧面勾勒上执行了不同的扫描方式，所以性质情状表现出弥散性，以对事物的属性进行刻画；状态情状则表现出固化性，适宜于描写个体事物的临时状况。由于性质存在于状态之中，状态的时间背景决定了性质有非稳定性的可能，而程度量极小值或极大值的实现都可能引发事物"质"的异变，汉语中表述这种性质异变的语言形式就是动态形容词。这里要说明的是，尽管状态情状和变化情状都是次第扫描的结果，但两者仍有不同：前者属于一种次第的"定格"扫描，时间只是背景，并没有动向，所以状态情状在时间结构中所呈现的情状仍是静态的；后者则是一种次第的"连续"扫描，时间的必有和动向的必备是连续观测的充要条件，动向性的时间使得变化情状在时间轴的任意点上都表现出异质性，所以在时间结构中呈现的情状是动态的，过程意味极为显著。

综上所述，性质、状态和变化三者属于不同的情状类型，但又休戚相关。可以作一个简单的比附：性质意象犹如是一幅全景图，状态意象犹如是一张张有内在联系的动画图片，变化意象的获得则是将动画图片用时间这一摄影机进行连续拍摄的后果。

（二）"在＋处所"的动词量标取值

张国宪（2009）还从心智扫描的角度来诠释"在＋处所＋动词"和"动词＋在＋处所"两种格式的不同识解方式。以往对于这两种格式，如"小猴子在马背上跳"和"小猴子跳在马背上"的差异的研究，主要集中在"在＋处所"的语义功能和语法意义两个方面，从而忽略了事件对构式形成、遴选的作用以及构式自身的意义。他认为这两种构式源于不同的识解方式，反映了不同的认知路径，而"在＋处所"的句位实现是心智上的"焦点"和概念描写中的"凸显"的语言化后果。遵循体验哲学的观点，概念的形成主要与人类对客观世界的类属划分相关，而其划分又是以范畴化为基础的。因此，概念不可能是对客观世界的忠实刻板的复制，它必定带有言者的主观色彩，即具有一定的主观性。由此概念内涵上相同的情景，可以有不同的勾勒侧面（profile）。比如"中国在日本的西边"和"日本在中国的东边"描绘了两国的空间地理情景。不过，这儿并非只给出上述意义，还反映了言者的认知路径。似乎可以说，前句的"中国"是言者勾勒的侧面（目的物），而"日本"则是陪衬物或背景（参照物），用以确定目的物的空间位置。后句恰好相反。由此可见，目的物和参照物不是物体在客观世界中的固有属性，而是人们在认识空间情景时施加于物体身上的主观产物。因此，对情景进行语言编码时，除了信息传递之外，还涉及人的思考过程与思考方式、日常行为范式以及文化差异等。不过就情景的侧面勾勒而言，则更易发轫于日常的感知经验，是心智扫描的结果。然后他以"在＋处所"的动词量标取值为例具体描绘了这种心智扫描的主观性差异。

如"小猴子在马背上跳"通常会被识解为一种连续的没有终点的运动事件，其实就是源于言者对动作"跳"进行次第扫描的心理解读。由于次第扫描着眼于行为的连续性，而行为的连续又需有一个含有一定时间长度的动作过程平台来聚现。所以动作过程的长短对于次第扫描的实现以及行为意象的形成有着一定的影响：动作过程较长的动作容易满足次第扫描的需要；与之相对，动作过程特别短的动作则难以进行次第扫描；而对于绝大多数动作过程"适中"的动作而言，听者往往会用动作的行为数量来伸延其动作过程的长度，以弥补其动作长度上的天然缺陷。比如"跳"，按照《现代汉语词典》（第五版）的释义，是"腿上用力，使身体突然离开所在的地方"，"跳"显然是一个难以支撑占据相当长时间维度的动作。如果我们把"一起一伏"视为"跳"的语义原型的话，那么"小猴子在马背上跳"往往被视为拥有多次"一起一伏"，以满足次第扫描对动作过程的需求。这正是听者理解"小猴子在马背上跳"时"跳"呈现反复动作的心理诱因。

而"小猴子跳在马背上"就难以被识解为一个连续的运动事件，这正是因为言者在对事件进行语言编码时运用了总括扫描，动作被视为一个有起点和内在终点的有界行为。与次第扫描形成镜像相比，动作过程越长越难以实现总括扫描，而动作过程越短则越易于用总括扫描的方式观测。

例句 2

a. 在院子里刷车

b. *车刷在院子里

例句 3

a. *书在水里掉了

b. 书掉在水里了

"刷"的动作过程长度要高于"掉"，所以在句法的合法度上"在＋处所"遵循着从动前构式到动后构式的流向选择，而动词"掉"对构式的选择则恰好相反。从这里我们不难领悟，心智扫描其实包括了依据"图形—背景"来构建情景的能力。次第扫描的情景建构是将"部分"前景化的结果，而总括扫描则相反，其情景建构是将"部分"背景化的后果。不同侧面的勾勒会在我们头脑中形成两种迥异的"意象",凭借语言直觉我们不难感悟,"小猴子在马背上跳"是对动作的描述,而"小猴子跳在马背上"的注意窗（windows of attention）则未必在动作上。

综上所述,各种语言都有自身建构句型的策略和能力,使其适合各种情景表述的需要,汉语也不例外。按照构式语法的观点,意象认知差异是构式赋予的结果。因此,听者对于上述两个句子动作意象的不同感悟完全可以归结为是构式造成的,是通过构式解读出了言者的心智扫描方式。

第三节 意象图式的属性和类型

一、 意象图式的本质属性

Johnson 和 Lakoff 的意象图式概念建立在以下认识的基础上:作为动物的人类具有与自然界相联系的身体,故我们的意识和理性必然与身体在环境中的定位及其与环境的互动行为相联系。意象图式正是在身体经验的基础上形成的基本认知结构,它是联系感觉与理性的一道桥梁。Johnson（1987）指出:为使我们能具备有意义的、相互联系的经验,能理解它们并对之进行推理,我们的行为、感觉、知觉活动中一定存在着模式和常规。意象图式正是上述活动中一再出现的模式、形状和规律。这样的模式作为有意义地组织起来的结构,主要体现在我们空间的身体运动,我们对物体的操纵,以及我们的感知互动层面。它给我们的经验赋予了一致性和结构性。为强调自身经验的基础,Johnson 将意象图式称作"孕于身体的图式",他尤其强调意象图式的动态特性,故将它严格地定义为"具有类似意象的抽象结构功能的一种动态模式",尽管它具有确定的结构,却不应理解为固定的静态意象。Lakoff（1987）也将它称作"动觉意象图式"。其动态特性体现在两个方面:其一,它是一种连续不断的活动的结构,我们是根据这种活动来组织并理解我们的经验,而不是把它当作一个被动的容器注入我们的经验;其二,它具有很大的韧性,可以在完全不同的情境中以各种各样的形式体现出来。也就是说,它能系联起大量具有一再出现的相同结构的经验。

下面以 PATH（路径）这个简单的图式为例,说明意象图式的基本特质。如图 3-4 所示:

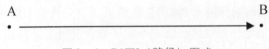

图 3-4　PATH（路径）图式

　　典型的意象图式往往包含成分和关系，即具有内部结构，一般说来其成分的数目都较少，关系也较简单。"路径"图式就很好地体现了这一特点。它由三个成分组成，即源点 A、终点 B 和其间代表路径的一条实线，其中的关系是从 A 点移动到 B 点的动力向量关系。这个图式反映的是一种一再出现的结构，它可体现在一系列看来很不相同的事件里：某人从一处走到另一处/把球扔给玩伴/送人一件礼物/一拳打到对方脸上/冰融化为水。

　　这样的事件可以千差万别，但其中的基本部分和关系是相同的。值得注意的是这个图式在"冰融化为水"中体现的是隐喻性：A 点和 B 点分别代表两种物质状态（固态和液态），以及两种状态变化的过程（在时间轴上冰从固态到液态水的渐变过程）。从这个例子可以看出意象图式具有以下几个方面的重要特性。

　　第一，意象图式比心理学家所说的心象更为抽象。心象常常是与环境相关的较具体的意象，需要有意识的努力才能形成，而意象图式则与特定环境无关，而且其形成和呈现也是无意识的。意象图式也比 Lakoff（1987）所说的"规约的丰富意象"更加抽象，后者指的是人们心目中的杯子、马、大象、帆船之类的事物意象及吃意大利比萨饼之类的行为意象，它们也是与环境无关，可下意识地呈现出来的意象，但仍比意象图式具体得多，而且受知识的限制。意象图式则完全独立于任何特定的社会文化知识。

　　第二，意象图式可超越任何特定感知方式而独立存在。它主要附着在感觉运动的层面，与我们对空间位置、运动、形状的感受相关。Gibbs & Colston（1995）则用心理学术语将它定义为"空间关系和空间位移的动态类比表征"，认为它可以同时是视觉的、听觉的、动觉的和触觉的。

　　第三，意象图式是一个心理认知上的完形结构。尽管它由可辨识的部分和关系组成，却是一个内部一致的、有意义的统一体。它是我们获得意义结构的主要方式。

二、　意象图式的类型

　　Johnson 和 Lakoff 列举了一些基本的意象图式：环、容器、平衡、迫动、阻碍、除阻、使能、吸引、路径、系联刻度、合并、分裂、匹配、叠加、反复、接触、过程、表面、物体、集群、反作用、线性序列、上—下、前—后、近—远、满—空、整体—部分、中心—边缘、可数—不可数。

Johnson 认为人类的理解和推理正是凭借着这样的意象图式进行的，各色各样的图式交织起来构成了经验的网络系统。他认为，每个图式都可以从身体经验、结构成分、基本逻辑几个方面去界定。Lakoff（1987）在 Johnson 的基础上重点分析了其中几个主要的图式：

（1）容器图式。

身体经验：人体就是一个容器，它有内外之分，我们不断地摄取某些东西（空气、食物、水等）进入这个容器中，也不断地从中排出某些东西（汗液、排泄物、血等）。日常生活中的容器几乎无所不在，我们也无时无刻不在与它打交道：从一个房间走进另一个房间，从盒子里拿出铅笔，把手放进口袋，把垃圾扔进垃圾桶，身子钻进汽车等。

结构成分：三个成分，即内部、外部和边界。

基本逻辑：一个物体要么在容器里面，要么在外面，即 P 或非 P；若容器 A 在容器 B 里，X 在 A 中，则 X 也在 B 中，也就是说，包容关系是传递的，这正是布尔逻辑中类或集合概念的基础。我们对容器构型的经验还可自然地推导出此图式的一些逻辑蕴含来，例如包容关系往往保护被包容的物体免受外力的影响，容器内的行为往往受到边界的制约，被容物的位置也固定在容器的位置，容器也会影响人们对被容物的观察等。

（2）部分—整体图式。

身体经验：人体就是由部分构成的整体，如神经系统、循环系统、消化系统、感知系统等器官和躯干、肢体、头颅等构造。我们一生都能意识到自己身体的完整性及身体部件的存在状况，并能操纵这些部件。为了生存我们还必须观察、意识到其他物体的整体—部分结构。

结构成分：一个整体，若干部分，一个体现部分如何构成整体的构型。

基本逻辑：这个图式是不对称的：如果 A 是 B 的部分，B 就不是 A 的部分。它是不自反的：A 不是 A 的部分。不可能有这样的情况：即整体存在而所有部分都不存在。若部分存在于特定构型中，此时并仅在此时整体存在；但部分可以全部存在，却不一定构成整体；若部分被毁，则整体也被毁。若整体处于位置 P，则部分亦处于位置 P。这个图式的一个常见但并非必要的属性是：部分是相邻的。

（3）中心—边缘图式。

身体经验：我们的身体中心成分是躯干和内脏，边缘成分是手指、脚趾、头发等；树木的中心成分是其主干，边缘成分是枝桠和叶片。中心被看作比边缘更重要，这是因为：第一，伤害中心部分比伤害边缘部分后果更严重（往往导致生命危险）；第二，根据中心部分确认个体的身份往往比根据边缘部分更有效。掉了叶子的树仍被看作同一棵树，剃了头发或断了一根手指头的人也还是同一个人。因此，边缘被视为依附并取决于中心，相反则不然：躯体的循环系统可以影响头发的健康，但掉头发并不会影响循环系统。

结构成分：一个实体，一个中心，一个边缘。

基本逻辑：边缘依赖并取决于中心，而不是相反。

(4) 系联图式。

身体经验：我们出生时就由脐带与母体相连。在婴儿和幼儿期，我们时常由父母拥抱牵引，也会抱住或抓住其他物体以固定自己的位置。在日常生活中，为使两个物体相连，我们会使用绳子之类的系联物。

结构成分：A 和 B 两个实体，其中的系联关系。

基本逻辑：若 A 被系联于 B，A 就受制于 B，取决于 B。这种关系是对称的：若 A 与 B 相连，则 B 也与 A 相连。

综上，既然意象图式规定并制约了人类的理解和推理，那么语言中意义的形成就可以从意象图式的角度加以描述和解析。近年来认知语言学家的大量实证研究说明，利用意象图式及其隐喻的观念可以对语言中错综复杂的语义现象（尤其是多义现象）作出简单而统一的解释。Johnson（1987）曾引述了 Lindner 对英语里 600 多个带上 out 的动词的研究，只要用少量原型性的图式结构便可解释所有相关格式的意义，包括像 pick out（挑选）、spread out（陈列）、leave out（忽略）、pass out（昏厥）之类似乎彼此毫无关系的隐喻意义。Lindner 归纳出 out 的三个核心意义，它们都可分析为容器及路径图式的组合与变形：

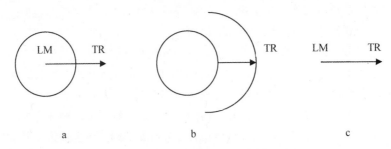

图 3-5　Lindner 对 out 的分析

a 代表了 out 在 John went out of the room（约翰走出房间）、Pick out the best theory（选出最好的理论）等说法中的意义；b 解释的是 Pour out the beans（倒出豆子）、send out the troops（派出军队）、Hand out the information（发布信

息）等一系列说法；c 则很好地解释了 The train started out for Chicago（列车驶向芝加哥）的含义。

三、 意象图式的转换

意象图式的转换（image schema transformations）指的是人们在利用意象图式进行概念化的过程中注意焦点的变化。当一个人的注意力集中在一个在草地上运动着的高尔夫球时，他利用的是动态的路径意象图式，一旦该球停止，他的注意力就会停在球上。人们抽象推理能力取决于将认知范畴映射到更高一层的概念范畴的能力，这就是对抽象事物概念化的过程，而概念化的过程包含了意象图式的转变过程。Lakoff（1987）曾提出过以下四种类型的意象图式的转变：

Path - focus - to - end - focus：想象移动物体走过的路径，之后注意力集中在物体停止的地方。

Mutiplex - to - Mass：想象某地点有一群物体，他们逐渐开始向四周移动，直到每一个物体都成为单一的独立的物体。

Trajectory：在头脑中跟随一个不断移动的物体。

Superimposition：想象一个大的球体和一个小的管子，逐渐把管子变大直到球体能装进管子，再逐渐缩小管子直到能装进球体。

Lakoff（1987）指出，意象图式之间存在着这些非常自然的关系，这样的关系促动了大量多义现象的出现。他把这种关系称为"意象图式的转换"，认为它对辐射范畴的形成起到了关键性的作用。

（1）路径←→终点。

a. Sam walked across the street.（山姆走过街那边。）（路径）

b. Sam lives across the street.（山姆住在街那边。）（终点）

（2）可数←→不可数。

a. All men are mortal.（所有的人都不免一死。）（复数）

b. All gold is yellow.（所有黄金都是黄的。）（不可数）

（3）零维←→一维。

a. Sam ran through the forest.（山姆跑着穿过森林。）（零维）

b. There is a road through the forest.（一条路穿过森林。）（一维）

（4）自反←→不自反。

a. The book fell apart.（书散架了。）（自反）

b. He stood apart from the crowd. （他站在人群外。）（不自反）

（1）a 里介词意义的焦点落在路径上，而（1）b 里的相同介词勾勒的侧面则是路径的终点。这样的多义现象非常普遍，其经验基础十分明显：我们的目光常常沿着其路径追踪一个移动物体直到它停下来，这时注意的焦点就自然地落在其终点上。此外，物体沿着某个路径移动也往往是为了到达某个终点。日常经验里这种较普遍的现象使路径到终点的图式转换成为一个非常自然的语义引申原则。（2）里的"复数"指的是个体事物可以称数的属性，这种事物在英语里用可数名词指称；"不可数"指的是混沌一团，不可称数的物质的特性，英语用不可数名词指称。(2)a、(2)b 是这种转换的典型例子。（3）体现的是这样的转换：当感知到一个连续移动的物体（零维的射体）时，我们会用心眼或肉眼注意到它留下的轨迹（一维的线型射体），因此这样的转换是十分自然的。（4）里的"自反"指的是这样一种情况：某个图式由两个结构成分和一个关系构成，若这个关系不是存在于两个成分之间，而是存在于某个成分及其自身之间，则这个图式就是自反的，否则就是非自反的。这两种图式的转换来自这样的经验：作为两个独立实体的射体和界标之间若存在某种可感知的关系，那么同样的关系也可能存在于同一实体的不同部分之间，或者存在于同一实体的先后两个不同的位置之间，这时同一实体的不同的部分或位置被分别视为界标和射体。以上这些例子说明，意象图式的转换绝不是任意的，它是我们的感觉、动觉和空间经验的直接反映，体现了我们在心理空间里操纵抽象结构的能力。

第四章

构式语法

第一节　构式语法出现的背景

构式语法有很深的理论渊源。国际语言学界普遍认为构式语法显然是从格语法演化而来的。格语法（case grammar）是 Fillmore 20 世纪 60 年代末和 70 年代初提出的句法语义研究模式，对于语法研究具有重要意义。此后 Fillmore 又在此基础上建立了框架语义学理论，不但成为认知语言学的重要组成部分，也为构式语法的语义建构作了重要补充。构式语法的另一渊源是 Lakoff（1977）建立的格式塔语法（gestalt grammar）。在格式塔语法中，没有转换生成语法中深层结构向表层结构的转换，而是被动（passive）、词序（word order）等模板（template）作为一个整体，涵盖了一个句式的深层结构和表层结构。这种把句子结构视为整体而不是各个部分的组合的思路，成为构式语法理论的基础。

构式贯穿了语言的各个层面，打破了传统的模块式语法观（modular grammar）。转换生成语法采用的模块式语法观是一种"词汇加规则"（word and rules）的模式，即把语言知识分为语音（phonology）、句法（syntax）、语义（semantics）各个不同的模块，不同的模块之间靠连接规则（linking rules）沟通。在这种模式中，语言的基本单位是词汇（lexicon），词（word）具有语音、句法、语义信息，并受这三个层面的规则制约，组成短语和句子。句子的意义是由构成它的词的意义组合而成的，而且这一模式不包括语用范畴。

Fillmore 等人认为，这一模式只能解释语言中常规的现象，但不能解释语言中的习语。比如 kick the bucket 这个习语，模块式语法观无法解释 kick，the，bucket 这三个词如何根据语音、句法、语义的规则组成这个习语的形式，构成它的意义。因为无法解释，习语被视为例外，或语法的附属品。但是 Fillmore 等人并不认为习语只是语法的附属品，而是希望能通过研究习语，从新的角度揭示语言的运作机制。他对前面提到的模块式语法观或"词汇加规则"

的模式提出质疑，反对把语言知识进行分层（layering），反对词汇根据句法规则组成、词汇意义组合构成短语或句子意义的观点。据此，他们做出了这样的结论，提出了构式语法观：

我们似乎已经发现，语言使用者的大部分能力应描述为一个信息群的集合，这个信息集合同时包括：形态句法模式、描述这些模式所依据的语义阐释原则，在很多情况下还包括具体的语用功能，这些形态句法模式的存在就是为这些语用功能服务的。

Langacker 为代表的认知语法认为构式是 a structured inventory of conventional linguistic units（Langacker，1987）。也就是说，构式是有结构的习惯性语言表达单位库，而习惯性语言表达单位就是构式，语法就是由大小不同的构式组成的。在此基础上 Langacker 提出了他的构式定义：

构式是一个语言表达式（可以是任何大小），或者是一个从许多语言表达式中抽象出来的图式，该图式能够代表这些语言表达的共性（以详略度而言，该图式可详可略）。(2007)

Goldberg 在她的代表性专著《构式：论元结构的构式语法研究》（1995：006）中明确说明，构式语法在很大程度上来源于框架语义学（Fillmore，1975，1977，1982，1985）和基于体验的语言研究方法（Lakoff，1977，1987），因此她所采用的语义研究方法强调 Langacker（1987，1991）所提倡的以讲话者为中心的对情境的"识解"（construal）。她还明确地概括了构式语法理论的三个特征：

(1)在构式语法中，词库和句法之间没有严格的分界线。词汇构式和句法构式的内部复杂性有所不同，在语音形式的表述上也有所不同，然而词汇构式和句法构式实质上是同一类明确表达的数据结构：两者都是形式和意义的配对。

(2)在构式语法中，语义和语用之间也不存在严格的分界线。焦点成分、话题性以及语域等信息和语义信息一起都会在构式中得到表达。

(3)构式语法是生成性的而非转换性的。因为该语法力图解释为什么语法允许无穷的合乎语法的表达式存在，同时也力图解释为什么还有无数的其他表达式不合语法。在构式语法中不存在底层句法形式或语义形式，不存在底层向表层的转换，是单层次的语法理论。

第二节　构式语法的理论假设

陆俭明（2007）在为 Goldberg 的代表作《构式：论元结构的构式语法研究》中译本（吴海波译）所写的序言中指出：

从句法的角度说，构式语法理论提出了这样一种思想：一个个的语法格式，并不是如转换生成语法学派所说的那样由生成规则或普遍原则的操作所产生的副现象（epiphenomena）。换句话说，"句法不是生成的"；词汇项和语法结构两者之间没有绝对的界线；每个句法格式本身表示某种独立的意义，不同的句法格式有不同的句式意义。显然，构式语法理论，是在对转换生成语法理论批判的基础上产生的。这种理论是以认知语言学为理论背景的，符合认知语言学"整体大于部分之和"的完形原则；特别是与菲尔墨（C. J. Fillmore）的"框架语义学"（Frame Semantics）具有内在的联系。

近些年来，陆俭明对构式语法相当关注，对于该理论的评价、该理论对汉语句式研究的意义都有独到的见解，并在此基础上提出了"构式—语块"的研究思路。本节主要参考了他的相关研究成果。

一、 构式语法理论的评价

（一）构式语法理论的贡献

构式语法提出了一种新的语法理论，对于语言研究显然有其特定的贡献，对汉语句式研究也有颇多启示，陆俭明（2004）将构式语法理论的贡献归纳为以下五个方面。

（1）这种理论可以帮助我们来解释一些先前不好解释或先前想不到去解释的语法现象。譬如汉语里不能说"饭吃人"，只能说"人吃饭"，那是因为汉语里只有［施事—动作—受事］格式，没有［受事—动作—施事］格式。可是事实上就有"这锅饭吃了十个人"［受事—动作—施事］这样的说法，这该怎么解释？汉语中"NPL + V + 着 + NP"是个多义构式，其中 NP 既可以是受事（台上摆着鲜花），也可以是施事（台上坐着主席团），这是为什么？这些问题过去都不去深究的，甚至是想不到的。有了这种"构式语法"理论就可以回答这些问题。

（2）有助于我们去进一步探索影响句子意思的因素，去进一步探索句子意思的组成。原先我们认为，整个句子意思的组成可以描写如下（陆俭明，1987）：

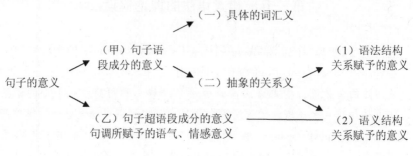

图 4 - 1　句子意思的组成

现在看来，上述描写显然不全面。因为"句子语段成分的意义"除了"具体的词汇义""抽象的关系义"之外，还应有一个"抽象的句式义"，即构式产生的语法意义。

（3）有助于我们说明各种不同句式产生的原因与理据——由于各个句式本身能表示一定的语法意义，所以为了表达的细腻，人们在交际过程中就不断创造新的表达格式，也即句式，来满足表达的需要。

（4）可以避免将句式的语法意义误归到句中某个虚词头上。如误将"SVOV 得 R"句子（如"小张吃饭吃得饱极了"）表示的肯定语法意义归到"得"的身上；再如不少人将复句所表示的并列关系、递进关系、让步转折关系或条件关系等语法意义归到复句中"也"的身上。

（5）更重要的一个方面，那就是将扩大我们语法研究的视野，引起我们对以往语言理论的反思，开拓"构式"研究的新领域，从而将有助于我们把汉语研究引向深入。

（二）构式语法理论的局限

构式语法理论值得借鉴，但不能盲目运用，也应看到这种理论还很不完善，甚至还存在某些局限。对于构式语法理论的局限性，陆俭明（2008）提到了以下四个方面。

（1）Goldberg 认为凡是形式和意义的匹配体就都可以看作构式，因此她所说的构式包括了从复句到语素的不同单位。按照这种看法，语言成了一个由长度不等、复杂程度不等的一个个构式所组成的清单。这与她谈到"语言组织的相关心理原则"时所提出的"最大经济性原则"好像是矛盾的。该原则接受 Haiman（1985）的意见，认为"不同构式的数量应尽可能最小化"，但是 Goldberg 把一个个语素、词、成语、短语结构都看成了构式，而且按照她对构式的定义，一个个具体的句子也该看作是构式，这一来，构式的数量还小得了吗？可以说是无穷的！

（2）Goldberg 否认"转换"说，将一个个构式孤立化，而忽视了所指相同的构式之间的相关性。于是构式与构式之间的联系，特别是句法层面构式与构式之间的相关性，都给抹杀了。可是语言事实告诉我们，语言中存在着类似同义词现象的同义句式现象。

例句 1

a. 弟弟打破了我的杯子。

b. 弟弟把我的杯子打破了。

c. 我的杯子被弟弟打破了。

d. 我的杯子弟弟打破了。

a、b、c、d 所指相同——我的杯子由好变破，打破杯子的是弟弟。但由于表达的需要，采用了不同的构式，而每种构式表示不同的特殊的语法意义，从而造成各个句子意思不同，各个句子的表达功能也不同。怎么看待 a、b、c、d 各例就成了问题。Goldberg（1995）一方面强调理据性推理的重要性，认为"新信息可被分析为已知信息的变异"，"一个系统中的成分会互相影响，在语义上和句法上相联的构式之间存在非对称的承继联系"，而且还允许"多重承继"；另一方面又不承认构式的"转换性"，两者似乎是矛盾的。

（3）Goldberg 放弃投射的观点和与之相关的组合规则，认为"词库和句法之间没有严格的分界线"；Langacker（2005）甚至认为没有必要制定句法组合规则之类的规则。这样就等于取消了句法组合理论。而这无论从语言教学、自然语言处理以及对语言本身种种现象的解释，都是不利的。

（4）Goldberg 将构式的范围弄得过于宽泛，以致造成了自身不可克服的矛盾，有些地方恐怕难以自圆其说。比如 Goldberg 把语素也看作是一种构式。语素是语言中最小的音义结合体。那么语素这种构式跟句法层面上的构式，显然会存在着"在要素上无法统一"的问题。按 Goldberg 的说法，构式是形式和意义的配对。那么语素这类构式（如语素"涩"）其形式是什么？我们只能说是"语音形式"。然而，句法层面的构式，其形式显然不是指其语音形式，应该是指形成构式的词类序列和形成构式的语义配置。可是这一来，对构式的"形式"的理解就会存在概念上的本质差异。

二、 "构式—语块" 理论假设

在对构式语法进行客观评价的基础上，借鉴构式语法理论的合理性，结合汉语句式研究的实际，陆俭明（2004，2008，2009）提出了"构式—语块"的研究思路。

（一）构式语法理论的启示

陆俭明认为构式语法理论的提出，确实可以促使我们去进一步思考一些汉语句式问题。

例句2

a. 十个人吃了一锅饭。

b. 一锅饭吃了十个人。

c. 十个人坐一条板凳。

d. 一条板凳坐了十个人。

如果按照传统的观念，上述各例的语义关系将会分别被分析为：

a. 施事—动作—受事

b. 受事—动作—施事

c. 施事—动作—处所（存在处所）

d. 处所（存在处所）—动作—施事

其实，上述各例都是一种表示容纳性的数量结构对应式，不管各句按传统的观念怎么看待，动词前后的这些词语的语义角色性质，都可以统一概括为：容纳量—容纳方式—被容纳量。

很显然，这种特殊的句式虽有动词，但具有"非动态性"（张旺熹，1999）的特点，因此句子所凸显的不是一般表示事件结构的句式里所理解的语义关系。如果从表示事件的结构这个角度说，b 根本就不能说；而 a 得说成"这十个人吃了一锅饭"。"这十个人吃了一锅饭"是表示事件结构的句式，"十个人吃了一锅饭"是表示容纳性的数量结构对应句式，两者表示的句式意义完全不同。正是因为两者所特有的句式意义的不同，因此句中动词的语义角色的性质也就不同了。

例句3

a. 村民们修了个观景亭。

b. 男劳力修观景亭，女劳力植树。（＝用男劳力修观景亭，用女劳力植树。）

c. 山顶上修着观景亭。（＝山顶上有观景亭。）

d. 山顶上修着观景亭。（＝山顶上正在修观景亭。）

e. 五里地修一个观景亭。（＝每五里地修一个观景亭。）

f. 五个月修了一个观景亭。／一个观景亭修了五个月。（容纳量与被容纳量关系）

g. 工人们修观景亭修了一身汗。（重动句）

上述 a—g 的谓语动词都是"修"。应该看到也应该承认 a—g 各句所表示的语法意义是各不相同的，我们有理由认为 a—g 不能看作是一个句式，得看作七个各不相同的句式。现在需要我们进一步思考的是：

第一，我们应该怎样描写说明谓语动词都是"修"的这七个不同句式？

第二，能否认为这七个不同句式是由统一的动词"修"的论元结构由于所受到的制约条件不同而采用不同的配位方式所形成的不同句子格式？如果答案是肯定的，那么 a 和 b、c 和 d 里动词"修"前论元的语义角色是否相同？如果说是相同的，那么怎么解释它们各自所表示的不同的语法意义？如果说是不同的，这是否就违反了论旨准则（H—criterion）？

第三，虽然 a—g 各句动词都是"修"，但由于表达功能性质不同，所以能否认为 a—g 各句实际是论元结构性质各异的不同句子格式？如果回答是肯定的，也将带来一个新的问题：允许不允许同一个动词可以形成不同的论元结构？

总之，构式语法理论的提出，促使我们对论元结构理论去作进一步的思考。就汉语研究来说，按照构式语法理论，我们需要重视对一个个具体句式的研究，而且要从具体句式所表示的语法意义来考察分析句式内部词语之间的语法关系与语义关系。而具体的句式不能只限于跟基本论元结构相关的那些句式，应该包括所谓的"变式"，甚至可能包括由于语用因素所造成的句式。现代汉语里到底有多少种句式？哪些句式只需运用以 Chomsky 为代表的形式学派的理论方法就可以作出较好的解释？哪些句式难以用形式学派的理论方法作出解释，而得用"构式语法"的理论方法来加以解释？这些问题的思考和解决，将进一步推动汉语语法研究的深入发展。

（二）认知层次与语块组模

1. 认知层次与"构式义"

从功能学派的观点来看，构式语法强调特定构式表达特定的构式义，而选择特定的构式来表达特定的构式义，正是说话人对特定交际情景的一种"识解"，其基础显然是感知、认识的结果。问题是构式义是哪儿来的？构式义是由什么赋予的？关于这个问题，Goldberg 也有她的一些看法，但并没有专门论述。陆俭明（2008）引用他的博士生王黎（2005）提出的"认知—言语过程"假设加以阐述：人从感知客观世界到最后用言语把感知所得表达出来，这中间一共可以分为五个层次。下面以"存在事件"为例：

客观存在：一个湖面，一条船，船底与湖面相接触。

第一层：客观"存在"事件

客观存在的事件通过感觉器官感知而形成认知图式（观念框架）——船在湖面上

↓

第二层：认知域"存在"认知图式

认知图式投射到人类语言层面形成意义框架——存在物，存在处所，存在方式

↓

第三层：语言里"存在"意义框架

意义框架投射到一个具体语言（如汉语）而形成构式——处所词语＋动词＋着＋名词

↓

第四层：汉语"存在"构式

根据构式意义的需要在词库中物色具体词语构成具体句子——湖面上漂着一条船

↓

第五层：汉语里的存在句

构式——NPL＋V 着＋NP

以上当然也还只是一种假设。这一假设告诉我们，作为现实世界客体或状态的空间存在并不是直接在语言中投射的，而都得通过人的认知域。这一假设为我们提供了一种思考的基础；而且从实际的话语交际中，我们确实也可以体会到，说话者与听话者在下列认识上取得一致才能进行正常的、顺畅的交际：人对客观世界的认知在认知域里将形成一个观念框架，这个观念框架在语言里投射为某个特定的语义框架，这个特定的语义框架又一定通过某种语言的特定的构式来加以表达，这个特定的构式为能准确表述语义框架的内容，就在词库中选择最恰当、合适的词语，选择最恰当、合适的词语组合规则，最终形成交际需要的句子。

2. 语块组模与"构式"

在上述"认知—言语过程"假设的基础上，陆俭明进一步提出了"构式—语块理论"假设。所谓"语块"（chunk），即结构中的句法语义单元，是人类信息处理能力的实际运用单位（陆丙甫，2008），也是构式的构成单位。按"构式—语块理论"假设，每个构式都由若干个"语块"构成，语言中的句子或句法结构，既不是像传统的语法分析所认识的那样，都框定在"主—谓—宾""施—动—受"这样的范围内；也不是如 Chomsky 所认为的那样，凡是以某个动词为核心的句法结构都是由这个动词的论元结构转化来的。事实上"NPL + V 着 + NP"这种存在构式，内部实际的语义配置不再是"处所—动作—施事/受事"，而是"存在处所—两者联系—存在物（构式义：存在方式）"。

"把"字句是一个致使构式，内部实际的语义配置不再是"施事—把 + 受事—动作—情状"，而是"致事—役事—致使方式—致使结果"。表示容纳量与被容纳量之间数量关系的构式，内部语义配置实际不是"施事—动作—受事"或"受事—动作—施事"，而是"容纳量—容纳方式—被容纳量"。

构式内部语义配置的每一部分语义，都以一个语块的形式来负载。存在构式、"把"字句构式和容纳量构式的语块构成分别如表 4-1、表 4-2、表 4-3 所示。

表 4-1　存在构式的语块构成

存在处所	存在方式	存在物
NP$_L$	V 着	NP
台上	坐着	主席团
台上	放着	玫瑰花

表 4-2　"把"字句构式的语块构成

致事	役事	致使方式	致使结果
NP	把 + NP	V	C
张三	把玻璃	踢	碎了

表 4-3　容纳量构式的语块构成

容纳量	容纳方式	被容纳量
NP_q	V 了/能 V/V 不了	NP_q
十个人	吃了/能吃/吃不了	一锅饭
一锅饭	吃了/能吃/吃不了	十个人

陆俭明强调，对于汉语里的一些特殊句式可以用"构式—语块"语法理论来分析、处理。但"构式—语块理论"还不是一个成熟的理论，还要做些基础性的研究，解决如下问题：

第一，在句法平面上，现代汉语到底可以概括为多少种构式？最常用的构式有哪些？哪些是口语构式？哪些是书面语构式？哪些是口语、书面语通用的构式？

第二，先从最通用、最常用的构式研究起，具体研究：每种构式表示什么样的独特的语法意义？每种构式内部的语义配置是怎么样的？每种构式可以分析为几个语块？

第三，一个构式，具体是如何选择所需的词项的？一个构式，内中是否有关键性的词项？同一个词项，何以能在不同性质的构式里凸显不同的词义内涵？试以汉语动词"坐"为例进行分析：

a. 事件构式：主席团刚坐下（"坐"实现其基础的意义内涵，"主席团"与"坐"是"施事—动作"关系）。

b. 存在构式：台上坐着主席团（"坐"实现其作为存在方式的意义内涵，"主席团"与"坐 [着]"是"存在物—存在方式"关系）。

c. 容纳与被容纳数量关系构式：三个人坐了四个座位（"坐"实现其作为容纳方式的意义内涵，"三个人"与"坐 [了]"是"容纳—容纳方式"关系）。

第四，我们必须承认语言中存在着同义构式，或者严格地说存在着近义构式。例如：

a. NPL + V + 着 + NP（墙上挂着画）。

b. NP + V + 在 + NPL（画挂在墙上）。

c. NP + 在 + NPL + V + 着（画在墙上挂着）。

d. NPL + 有 + NP（墙上有画）。

e. NPL + 有 + NP + V + 着（墙上有幅画挂着）。

第三节　构式语法与汉语句式

Goldberg 等人提出了构式语法的理论，强调特定的句式表达特定的意义。不过这种现象并非由她和 Fillmore 等首先发现的，在语法研究中早就有人注意到了。即以汉语句式研究来说，王力先生早在 20 世纪 40 年代就将"把"字句称为"处置式"，认为该句式"表示处置"，这实际说的就是"NP［施事］ + 把 + NP［受事］ + VP"这一"把"字句式的语法意义。朱德熙先生（1981）认为"NP_L + V 着 + NP"是个歧义句式，可以分化为 C_1 和 C_2 两式，C_1 式表示存在，表静态（如"墙上贴着标语"），C_2 式表示活动，表动态（如"台上唱着戏"），实际也就指出了"NP_L + V 着 + NP"是有关联的不同句式，而各个句式各自表示不同的语法意义。朱先生将这种语法意义称为"高层次的语法意义"。自从认知语言学，尤其是构式语法理论被引进汉语研究，不少学者借鉴构式语法理论，对汉语的句式进行了重新审视，提出了新的分析和解释。下面仅介绍一些有代表性的研究成果。

一、双谓词构式

双谓词构式即通常所谓的连动式，形式上由（S） + VP_1 + VP_2 构成。按照认知范畴观，任何构式都是一种句法范畴，具有范畴的一系列特征，这是研究构式首先必须关注的要点。汉语连动式历来是汉语句式研究的重点，争议也较大，主要对连动式的界定以及各类变体的归属有不同的看法。究其缘由，是没有从范畴观的角度把握连动的属性。

高增霞（2006）对汉语连动式进行了全面考察，指出连动式也是一个典型范畴，并提出了先后顺序的三个层面，分析了汉语连动式的典型性特征。由于连动式是对三个不同层面的先后顺序临摹的结果，所以连动式各个成员的典型程度也不同，先后顺序的三个层面与连动式的典型性之间的关系具体表现为：

①客观层面的先后顺序：典型的连动式；
②逻辑层面的先后顺序：非典型的连动式；

③认知层面的先后顺序：边缘的连动式。

（一）客观层面与典型连动式

典型的连动式临摹了客观层面上的先后关系，即连用的动词或动词结构表达了时间轴上具有先后关系的几个动作或事件。这种连动式的两个动词都可以放到"先……后……""……完了（接着就）……""……之后……"这类表示时间先后的语义框架中理解，主要有以下几种情况：

a：先后序列动作：下午吃了饭看电影、他画完了把瓦碴子一扔、听了哈哈大笑

b：来/去—动作：前来拜访、去看病

工具—动作：借把起子用一下、找个塑料袋装上、坐火车回上海

处所—动作：上街买菜、不时放在耳朵上听听

对象—处置：做饭吃、给支烟抽抽、抱过孩子使劲亲了一口

a类两个动词之间不存在一种内在的、必然的关系，只是单纯地表示先后发生的两个动作或事件。V_1往往只用来表示V_2发生的时间，如"吃了饭"仅仅是用来说明"看电影"发生的时间，是连动式最具有原型性的成员，可以描写为［先后］。时间关系是先后说出来的两个动作、事件之间存在的最基本的一种关系，但正是因为最基本，也最容易被忽略。两个事件紧接着发生了，人们总是首先认为这两者之间有某种条件、因果、目的等关系。而条件、因果、目的等关系与时间先后关系是一种蕴含关系。因此尽管时间先后关系是连动式最具有原型性的语义关系，但并不是连动式最显著的语义关系，人们更喜欢把这种结构形式用来表达或理解成目的、结果等更高一层的语义关系。例如"他吃了这种药死了"，也许说话人只是在客观地报道现实中确实先后发生的两件事情，并不想说明两者之间有除了时间之外的关联。但是在听到这样一个句子的时候，人们一般会判断"他吃了这种药"是造成"死了"的原因，自然地认为这两个事件之间有一种因果关系。这样的关联常常是不自觉的，所以从跨语言的角度说，典型的连动式表达的是因果关系。

b类包括四种情况。这些连动式前后两个动词之间在论元上有一种内在的关系：如后三种V_1的宾语为V_2增加了一个论元，如工具、对象、处所等；前一种V_1"来/去"是比较特殊的动词，V_2就是其动作的终极目标，相当于"来/去"过程的终端，可以说V_2就是V_1的目的。而且这四种连动式所表达的前一个动作都是进行后一个动作的前提，而后一个动作是前一个动作的目的，如"借（起子）"是"用（起子）"的前提，而"用"又是"借"的目

的，所以这些连动式的语义可以概括为"前提—目的"关系。这是现代汉语最典型地体现了先后动作的语义关系，是连动式的最具有代表性的成员，可以描写为［先后］［目的性］。

（二）逻辑层面与非典型连动式

这类连动式临摹了逻辑层面上"现象＋意义"的先后顺序，按照 V_2 的特征可分为三种：

a. "表示"类：鼓掌表示欢迎、向群众挥手示意

b. "想/要"类：叫着想挣开要死的人、抓着绳子要往下跳

c. 肯否联结类：坐着不动、拉住伯父不放手

这类连动式的特点是，结构上一般由两部分构成，两部分的语序比较固定，而且都有较明显的结构特点。a 类的 V_1 常常是身体行为动词，如"鼓掌""挥手"等等，后面 V_2 指出这种具体动作所表示的含义。b 类形式上是"V 着 ＋想/要……"，"V 着"在上下文中一般不作为前景，但是在这里"V 着"是作为前景出现的，后面接续的动词结构表达的是一种非现实的动作行为。c 类前面是肯定形式，后面是否定形式，往往是故意违反人们预期的一种行为动作。从语义上看，这几种连动式两个部分表达的意思大体是互相补充、互相说明的，V_2 都是解释说明 V_1 的意愿所在。如 a 类 V_2 前都有或者可以加上"表示"来理解，b 类、c 类 V_2 前都有或者可以加上"想/要"来理解。前后两个部分都具有明显的目的关系，但是 V_1 与 V_2 之间没有论元关系。

这类非典型连动式还具有以下一些特征：V_1、V_2 之间不具有［先后］特征，不能放在表示时间先后的语义框架中理解，例如"鼓掌表示欢迎"，不可以理解成"先鼓掌后表示欢迎"；这种连动式在时间轴上只实现了一个动作，虽然 V_1 还是动作动词，但 V_2 都是意义比较抽象的动词，如"欢迎、要、想"等，或者是表示非现实动作的否定形式；V_1 可以允许带"着"表现持续态，但不能用来说明 V_2 发生的时间。

（三）认知层面与边缘连动式

这类连动式临摹了认知过程"背景＋目标"的先后顺序，主要指表"同时"的"V_1 着 ＋V_2"格式。

例句 1

a. 大妈端着一盘炒鸡蛋送上桌。

b. 李东宝举着那支完整的烟说。

c. 刘志彬端着脸盆出去洗漱。

V_1 是状态动词的 "V_1 在 (N) +V_2" 和 "V_1 着 (N) +V_2" 非常相近，也可以归到这一类。这两种格式常常在一个句子里出现，同时对主要的动词或动词短语有修饰作用。例如：

杜大星却对这样的安排表示不理解，抱着被褥、眨着眼睛、站在门口问盛洁为什么不跟自己睡在一起。

这两种类型的连动式，虽然 V_1、V_2 都是动作动词，都可以表达一个具体动作，但是它们在时间轴上只占据了一个节点。这说明 "V_1 着 V_2" 表现出来的只是一个单一事件。这个事件由 V_1 和 V_2 两个部分组成，但是两部分在语义上有主次之分，V_1 只作为 V_2 的背景出现，自然也不具有表明 V_2 发生时间的作用。所以这类连动式也不具有 [先后] 特征，其特征可以描写为 [同时]。

综上所述，按照先后顺序的认知基础可以把连动式分为典型性程度不同的三种类型。典型连动式表达的是时间轴上先后发生的两个动作，非典型连动式在时间轴上只实现了一个动作，边缘连动式虽然可能包括多个动作，但是也只对应着时间轴上的一个点。

二、双及物构式

双及物构式即传统句式研究中的双宾语句，形式上表现为 (S) + VP + NP1 + NP2。由于传统研究对双宾语句的考察立足于结构形式的 "分解"，因而在范围界定上标准不一，没有一个令人满意的统一解释。构式语法认为任何构式都是一个整体范式，特定构式义是不能从动词或相关成分的意义简单推导出来的。张伯江（1999，2008）用构式语法的理论对汉语的双及物构式进行了深入的探讨，提炼出构式义对传统双宾语句进行了统一的解释。

（一）"双宾语结构" 和 "双及物构式"

张伯江认为现代汉语的双宾语问题一直没有得到很好地解决，主要是它的范围界定不尽合理，以往的研究多是从 "位置" 角度定义的。如马庆株（1983）将该格式定义为 "述宾结构带宾语"，把动词后面出现的名词性成分都看作宾语，这宾语类型就既包括一般承认的受事等成分，同时也包括处所、时间、工具、数量等外围语义成分，计有十余种。例如：①给予类（送你一支笔），②取得类（买小王一只鸡），③准予取类（我问你一道题），④表称类（人家称他呆霸王），⑤结果类（开水烫了他好几个泡），⑥原因类（喜欢那个人大眼睛）等。李临定（1984）将该格式定义为"谓语动词后边有两个独立的名词性成分的句式"，着眼于动词的语义类型，分为"给"类、"送"类、"拿"类、"吐/吓"类、"问"类、"托"类、"叫"类、"欠/限/瞒"类等。这些描写所覆盖的事实，为我们研究双宾语结构的内在机制提供了很好的基础，但这样为双宾语式界定和分类，有三个关乎句式性质的问题还没有得到解决：

第一，这样的界定和分类，让我们找不到适合所有类型的一条或几条句法特征，双宾语式除了"VNN"这个词序特点以外，几乎是个毫无内在联系的类别。

第二，在这样的范围内，似乎也无法看出能够进入这一格式的动词有什么可以概括的特点，尤其是人们习惯用双宾语式和"三价"动词相互界定，不能不说有循环论证的嫌疑。

第三，此前也没有看到对双宾语句式的概括的语义描述。

为此，张伯江按照构式语法的主张，提出汉语里存在着一个叫做双及物的语法结构式，其结构形式为 V + N₁ + N₂，其核心构式义为"有意的给予性转移"。以"张三卖邻居一套旧家具"为例，最自然的解释是"张三有意把自己的家具通过出售的方式转让给邻居"，这就是"有意的给予性转移"。为了突出这个构式整体的句法语义独立性，他提出放弃带有强烈结构分解色彩的"双宾语"的说法，而使用"双及物构式"（ditransitive construction）这个术语来指称讨论的对象。前者是分解的视点，后者是整合的视点。

（二）双及物构式及其隐喻引申类型

张伯江进而集中讨论了构式义制约下的构式隐喻机制。他认为"给予义"是由句式带来的，未必来自每一个个别的动词。观察出现在句式中的动词，可以发现既有自身表示给予义的，也有从给予的方式角度体现给予义的，更多的则是本身并没有狭义的给予义而借助句式表示给予的。给予方式的隐喻主要有以下几种类型：

（1）现场给予类。

这一类动词有：给、借、租、让、奖、送、赔、还、帮、赏、退、优待、援助、招待、支援等。它们都符合双及物式的原型特征，尤其值得注意的是，由于这些动词都在语义上要求有明确的方向和目的，所以不需要特意事先规定其目的物，因此都不能变换成"A 给 RVP"式。

（2）瞬时抛物类。

这一类动词有：扔、抛、丢、甩、拽、塞、捅、射、吐、喂等。它们本身语义并不要求一定要有一个接受者，但用在双及物构式里，由于固有的方向性特点，所以目的性十分明确；又由于固有的短时特点，所以现场性也是必然的。使用上的句法特点与上一类相近，往往不必事先规定目的物。

（3）远程给予类。

这一类动词有：寄、邮、汇、传等。它们由于语义上涉及远距离间接交予，目标性有所弱化，句法上可以加上前置的"给"短语。

（4）传达信息类

这一类就是描述把物质空间的给予过程投射到话语空间的现象，是明显的"给予"类引申。这一类动词有：报告、答复、奉承、告诉、回答、交代、教、提醒、通知、托、委托、责怪等。他们虽然一般也具有现场性和目标性，但由于给予物不是具体的物质，所以人们一般不把这种给予看得很实，故而下面的句子一般不说。

（5）允诺、指派类。

这一类动词有：答应、许、拨、发、安排、补、补充、补助、分、分配、批、贴、准等。它们的特点是其交予的现实要在不远的未来实现，反映在句法上，可以观察到它们变换为结果目标式要受一定的限制。

（6）命名类。

这一类动词有：称、称呼、叫、骂等。它们的给予物是一个名称，但动词本身没有明确的给予意义，给予意义是由句式带来的，所以动词不能以任何形式与"给"相伴。

综观上面描述的 2—6 五种引申方式，可以说都是从第 1 类呈放射状引申出来的。其中最为主要的是两点：一是从现场给予到非现场给予的隐喻，二是从物质空间到话语空间的隐喻。这两种方式共同作用导致上述种种引申途径。

三、处置义构式

处置义构式与汉语的"把"字句密切相关，所谓"处置义"是一种构式义，对构式语法来说，确认构式义是构式能否成立的关键。"把"字句被称为

"处置式"最早是王力（1943）提出来的，但是一直有人对"把"字句的语法意义是表示"处置"提出质疑，也一直有人想取消"处置式"这个名称，但始终没能取消。沈家煊（2002）指出：这说明"把"字句有"处置"意味的判断还是基本符合我们的直觉，问题的关键在于要区分两种有联系又性质不同的"处置"：一种是"客观处置"，一种是"主观处置"。表述如下：

客观处置：甲（施事）有意识地对乙（受事）作某种实在的处置。

主观处置：说话人认定甲（不一定是施事）对乙（不一定是受事）作某种处置（不一定是有意识的和实在的）。

客观地叙述甲对乙进行了处置是一回事，主观上认定甲对乙进行了处置又是另一回事，主观与客观之间可能一致也可能不一致，共有四种情形：

①客观上甲处置乙，说话人只是客观地报道这一处置。例如：

他喝了一碗酒。他打了她一顿。

②客观上甲处置乙，说话人主观上也认定甲处置乙。例如：

他把那碗酒喝了。他把她打了一顿。

③客观上甲未处置乙，而说话人主观上认定甲处置乙。例如：

他把大门的钥匙丢了。他把这句话又想了想。

④客观上甲未处置乙，说话人主观上也未认定甲处置乙。例如：

他丢了大门的钥匙。他又想了想这句话。

②和④是主客观一致的情形，①和③是主客观不一致或不完全一致的情形。不管客观上甲是否处置乙，只要说话人是这么认定的，就用把字句②和③，说话人不这么认定，就用动宾句①和④。"主观处置"的核心是"说话人认定"，可以肯定的是动宾句的主观性弱于对应的"把"字句。

按照 Lyons（1977），"主观性"（subjectivity）是指语言的这样一种特性，即在话语中多多少少总是带有说话人"自我"的表现成分，也就是说话人在说出一段话的同时还表明自己对这段话的立场、态度和感情，从而在话语中留下自我的印记。研究表明，语言的"主观性"主要表现在三个方面：说话人的情感，说话人的视角，说话人的认识。沈家煊认为"把"字句的主观性在这三个方面都有体现，并通过"把"字句与动宾句的比较加以论证。

（一）"把"字句表达说话人的情感

"把"字句的"主观性"首先体现在说话人的"情感"上，这就是所谓的"移情"（empathy）现象。Kuno（1987）对"移情"的定义是"说话人将自己认同于他用句子所描写的事件或状态中的一个参与者"。就"把"字句而言，说话人移情于一个处置事件的参与者，常见的结果是，在说话人的心目中，施事成了责任者，受事成了受损者。

例句 1

这是书误了他，可惜他也把书糟蹋了。(《红楼梦》42 回)

这是宝钗在婉言劝诫黛玉，说男人读了书反倒变得更坏。前半句是动宾句，后半句是"把"字句。因为说话人（宝钗）"可惜"的是"书"，"书"在说话人的心目中是受损者，"他"是使"书"受损的责任者。正因为有一个参与者（受事）在说话人心目中是受损者，所以"把"字句常常有不如意的含义。吴葆棠（1987）收集"把 NV 了"（V 为光杆单纯动词）句式的例句 62个，其中 61 个动词是表示违愿或丧失义的。

例句 2

a. 把首饰当了／＊把首饰赎了

b. 把书还了／＊把书借了

c. 把钢笔丢了／＊把钢笔拾了

对"把"字句这种语义倾向性的合理解释仍然是说话人把受事看作同情的对象：人一般寄情于想得到而没有得到、得到了而又失去的东西。完全失去的东西又比部分失去的东西更容易获得同情，因此有"他把汤喝了"和"他喝了汤了"语义上的差别。可见"把"字宾语"完全受影响"并不是使用"把"字句的根本动因，根本动因是受事成为说话人的移情对象。受事完全受影响比部分受影响更容易成为移情对象，但是部分受影响的受事如果是移情对象也可以用"把"字句，意义上受"都"字管辖的受事必须作"把"字句的宾语（他把汤都喝了／＊他都喝了汤了），这应看作是主观移情这个动因最终"语法化"的结果。

移情对象主要是说话人"同情"的对象，同时也可以是"钟情"的对象。

例句 3

先把这个派了我罢，果然这个办得好，再派我那个。(《红楼梦》24 回)

这是贾芸对凤姐说的话。贾芸想方设法求凤姐，想得到在园子里种花种树的"这个"差事，凤姐却拿明年还有烟火灯烛的"那个"差事来搪塞他。贾芸知道那个烟火灯烛虽是件大事，却可望而不可即，因此一心想得到的还是眼前"这个"差使。"这个"是说话人贾芸钟情的对象，因此用作"把"字句的宾语，"那个"不是钟情的对象，因此用作动宾句的宾语。刘一之（2000）曾比较"你去遛遛马"和"你去把马遛遛"两句的语义，认为前句的含义是

"你的精神就好了",后句的含义是"马的精神就好了",解释十分正确,因为"把"字句里的"马"显然是说话人钟情的对象。

此外,处置对象还可以成为说话人"厌恶"的对象,但多见于祈使句。

例句 4

把他杀了!把这些旧衣服赶快卖了吧!

同情、钟情、厌恶这三种情感都跟主观认定的"受损"有关:同情于 X 是说话人认为 X 已经受损,钟情于 X 是说话人不愿意 X 受损,厌恶 X 是说话人愿意 X 受损。

(二)"把"字句表达说话人的视角

说话人对客观事件和状态的观察角度或是加以叙说的出发点叫做"视角"(perspective)。"横看成岭侧成峰",对同一事物由于视角的变化就会形成不同的心理意象。同样是半瓶酒,乐观者说还有半瓶,悲观者说只有半瓶,这是对同一客观"量"由于不同的视角形成的不同主观体验。"把"字句经常体现说话人对受事量的主观判断。

例句 5

a. 将些衣服金珠首饰一搂精空。(《儒林外史》)

b. 把几个零钱使完了。(《儿女英雄传》)

吕叔湘(1948)指出,这几句中"把"字宾语里的"些"和"几"不是偏称性的,而是描写性的,可以说是跟英语 the little 和 the few 相当。同样是"一些"或"几个",在英语里说话人主观上觉得少就用 little 或 few,主观上觉得量还不少就用 a little 或 a few。可见上例中"把"字宾语都表示一种主观上的小量。"一"是个特殊的数词,主要表示小量,但也能表示大量。带"一"的"把"字宾语表示主观大量的例子如下:

例句 6

a. 知道了她的情况,就把一群马扔在草场上,挨家挨户为她寻找出路。(《灵与肉》)

b. 几个馋人,一顿就把一件新棉袍吃掉了。(《落魄》)

"把"字句对量的主观判断还可以是针对动作或性状的。朱德熙(1956)指出,状态形容词"表示的属性都跟一种量的观念或是说话的人对于这种属性的主观估价作用发生联系"。比较状态形容词和性质形容词用在"把"字句的情形如下:

例句 7

a. 把嘴张得大大的

b. 把嘴张大

例句 8

a. 把东西抢得精光

b. 把东西抢光

尽管谓语动词都是复杂形式，但 a 中的句子是自由的，b 中的句子是黏着的，不能独立使用。这显然是因为状态形容词的主观性比性质形容词强。

"把"字句的视角主观性还表现在动词的"体"（aspect）上。"了"和"过"都是体标记，单纯的动词能加"了"构成"把"字句，但不能加"过"构成"把"字句，相反动宾句用"V 过"能独立成句，用"V 了"不能独立成句，形成互补分布。例如：

例句 9

a. 我吃了野菜。

b. 我吃过野菜。

c. 我把野菜吃了。

d. ＊我把野菜吃过。

合理的解释是用"V 了"比"V 过"的主观性强。吕叔湘《现代汉语八百词》（1980）在比较"过"和"了"时指出，"V 了"总是和"现在"相联系，"V 过"不一定和"现在"相联系：

例句 10

a. 这本书我只看过一半。（现在没在看）

b. 这本书我看了一半了。（现在还在看）

因此"V 过"只是客观地报道曾经发生一个事件，用了完成体的"了"，在叙述一个过去事件的同时还表示出说话人的视角：说话人从"现在"（即说这句话的时刻）出发来看待这个事件。

（三）"把"字句表达说话人的认识

语言的"主观性"还表现在说话人对客观事件的"认识"上，这种"认识"主要跟语言中的情态范畴有关，所以被"认识情态"（epistemic modality）。和对应的动宾句比较，"把"字句往往有动作或事件出乎意料的含义。所谓"出乎意料"，是说话人觉得出乎意料，或是说话人认为听话人会觉得出乎意料，从认识上讲就是说话人认为句子表达的命题为真的可能性很小。马真（1985）和王还（1985）都指出，"把"字宾语为无定名词的句子"都含有出乎意外的意思"，表示一种"意外的行动"。例如：

例句 11

我要向他借支钢笔，他却把一支铅笔递给了我。

通常动作前不存在、通过动作而后存在的所指对象不能成为"把"的宾语，如"生了个孩子""盖了一间屋""织了件毛衣"等，因为从客观上讲，我们不可能对还不存在的事物进行某种处置。但是如果动词带上后附成分，使动作成为一种"意外的行动"，客观处置因而变为主观处置，那就可以用"把"字句了。例如：

例句 12

小张把个孩子生在火车上了。

例句 13

你总不能把房子盖到别人家去吧。

相反的情况是，"把"字宾语是专名（明显是定指成分）时，前面却经常加上"（一）个"（不定指的标记），这跟"把"字宾语应该是定指成分的说法是矛盾的。例如：

例句 14

偏偏又把个老王病倒了。

例句 15

怎么忽然把个晴雯姐姐也没了。

朱德熙（1982）的解释是：老王虽然是一个确定的人，可是说话人没有想到生病的会是老王，而不是别人。从这一点说，老王又不是已知的，所以前面要加"一个"。可见关键在于"说话人没有想到"，是主观性决定了"（一）个"的增添。因此，说"把"字宾语一般是定指的，这并没有触及问题的实质。实质是，定指成分代表说话人认定听话人可以识别的事物，也就是说"定指"跟"指示"（deixis）有关。而"指示"本质上具有主观性，跟说话人的视角有关。

不少人指出"把"字句的宾语具有话题性，曹逢甫（Tsao 1987）称之为"次要话题"。话题应该是定指的，但是经常遇到"把"字宾语不定指的情形（如专名前加"一个"）。问题的实质是，话题代表说话人要对其作出说明的那个事物，是说话人叙说的出发点，同时话题也容易成为说话人移情的对象。不定指成分虽然不像话题，但只要是移情的对象就也可以充当"把"字宾语。

四、 强调义构式

强调义构式指汉语中的"连"字句，构成形式为"连 XP + 都/也 + VP/
AP"。构式的语法价值在于，构式一旦被规约化，参与构式的成分就会被泛
化，从而形成从典型到非典型的趋势，而非典型成分的参与反而使构式更具典
型意义。这是构式研究的一个新的亮点，值得进一步探索。

（一）典型"连"字句的构式特征

"连"字句是汉语中表达强调义的典型句式。例如：

例句 16

a. 连老王都敢吃老鼠肉。

b. 老王连老鼠肉都敢吃。

经众多学者研究（白梅丽，1981；周小兵，1990；崔希亮，1990；刘丹
青、徐烈炯，1998；徐烈炯，2002；蔡维天，2004），学界对"连"字句的句
法构造、句式意义、预设、蕴涵、会话含义、关联作用等有了较深的共识：

（1）"连"字句都包含一个说话人的主观预设（presupposition）：进入该
句式的"连 NP"里的 NP（或 VP、小句）都处在一个可能性（可预期性）等
级尺度（scale）的低端，比起该尺度中的其他成员来说是最不可能有 VP 的行
为或 AP 的属性的对象。如 16 - a 句的预设："老王"是设定的一群人（包括
老王在内的一个集合）中最不可能敢吃老鼠肉的一位；16 - b 句预设："老鼠"
是设定的食物集合中最不可能敢被吃的。可能性的低端很可能正是词汇意的顶
端，所以周小兵（1990）又称这个 NP 为"分级语义系列"的"顶端"。如
"他连大象也拉得动"，大象是动物重量的顶端，拉动大象是可能性的低端。

（2）句式的字面义（断言 assertion）所讲的事实却是这一可能性最低的行
为或属性倒（出乎意料地）为真。如 16 - a 句的字面义是老王却（出乎意料
地）敢吃老鼠肉。句子的强调意味就是由预设中的"极不可能真"和断言中
的"真"之强烈反差造成的。因此，句子的言外意（implication）是：其他对
象（在可能性等级尺度中高于 NP 这个低端的成员）更会是 VP/AP 了。

（3）"连"所标记的成分在语类上以名词为主，但也可以是动词或小句，
所以标为"连 XP"更合理，当然以 NP 为优势语类；从成分来看可以是施事、
受事等核心论元或时间语等外围题元，甚至还可以是类似紧缩复句的分句，并

且可以出现在句子主语的前面。

例句 17

连喝醉了他都不出声，他会坐在僻静的地方去哭。(《骆驼祥子》23 章)

刘丹青(2005)认为，上面这些共识都是合理的，可以用来分析解释大部分强调性"连"字句。然而，实际语料中还存在着不少另类的"连"字句，其句法结构和强调作用与典型"连"字句并无二致，但却无法套用上面这些共识来分析解释。最突出的问题是，我们无法为这些"连"后的 XP 找到一个可以构成等级尺度的成员集合。

例句 18

a. 他吵，小福子连大气也不出。(《骆驼祥子》18 章)

b. 她穿上以后连路都走不了啦。(《黄金时代》8 章)

在 18 - a 句中，不存在比"大气"更可能"不出"的东西，在 18 - b 句中，没有比"路"更走不了的东西。另一方面，这些句子又和典型的"连"字句一样都表达强调意义，即具有相同的句式意义，据此它们应归为同一种句式。显然学界关于"连"字句预设、等级尺度(分级语义系列)、关联作用等的总结，都难以贴切地解释这些非典型"连"字句。

(二)非典型"连"字句的生成机制

对于这类非典型"连"字句的存在动因和生成机制，刘丹青从构式语法的角度进行了解释。他认为，典型"连"字句要表达的是一种跟预设形成鲜明反差的事实，通过预设与断言的强烈反差而达到强调的表达效果。造成反差的手段，是用"连"标示相关事件中预设可能性等级低端。事实证明"连"引出的 XP 可以是多种语类(名、动、形、小句、介词短语等)，也可以是各种语义角色(从核心论元到外围题元乃至偏句)。这些"连"后的 XP 虽然词类属性和语义属性不一，但有一个共同点，都是能充当话题的成分，因为"连"在句法上是话题标记，要求其后的 XP 有话题性。汉语是话题优先语言，句子里有话题的句法位置。话题位置能容纳的词类和题元种类范围较广，这也为"连"字句的词类和题元选择提供了较大的余地。

但是，假如预设可能性的低端恰好是谓语核心，那么麻烦就来了。"连"虽然能介引谓词和小句，却不能标示谓语核心。因为"连 XP"的话题性使得它有个强制性的句法要求，要求后面出现由谓词充当的述题。假如谓语或谓语核心带上了"连"，后面就没有述题，这样的"连 XP"就违背了"连"字句的基本句法要求。如"老王敢吃老鼠肉"，我们可以说"连老王都敢吃老鼠肉""老王连老鼠肉都敢吃"（为了话题性将受事放在动词前），但不能说"老王连敢吃老鼠肉"。这就给"连"字句的适用范围造成了一个缺口，非典型的"连"字句基本上都是为了弥补这个缺口、扩大"连"表达范围而出现的。这可以看作非典型"连"字句的存在动因。至于如何弥补，要结合这类句子的生成机制来认识。

（1）假如需要突出的预设中等级低端性的谓语是助动词带实义 VP，而助动词是能够单独作谓语，那么可以将实义动词短语用"连"话题化。

（2）假如需要突显的等级低端是整个 VP，将整个 VP 作为受事成分用"连"引出，在后面谓语核心位置用"干、做"之类虚义形式动词，以"连"后的 VP 为支配对象。

（3）用"连"构成同一性话题，即让谓语动词用在"连"后，同时在后面再重复那个动词。

（4）假如谓语部分是离合词，可以将整个离合词放到前面充当"连"引出的同一性话题。

（5）假如需要用"连"突出其可能性低端位置的是包括宾语在内的整个谓语，而宾语本身并不是预设中的低端，但因为句法上名词的话题化优先于谓词的话题化，因此还是让没有话题性和对比性的宾语用"连"话题化。实际上在动宾结构不太复杂时也可以将整个动宾结构话题化来构成同一性话题。

刘丹青指出，表达功能的话题化，使得典型的"连"字句的可分析性特征弱化了，整体构式义凸显了。这种现象用构式语法就能得到较好的解释："连 XP 都 VP/AP"是一个固定的构式，任何成分只要进入这个构式就能用来表达一种与预期形成强烈反差因而带有强调义的句子意义，其中 XP 是专门表示预设中最不可能行 VP 之事或具 AP 之质的对象的位置。因此，非典型"连"字句的强调义来自整个构式的表意作用，具有不可分析性，因而是更典型的构式句。

第五章

语言符号象似性

第一节 象似性与任意性的争论

一、 语言符号任意性及其反思

(一) 语言符号任意性的原则

传统语言学理论对我们正确理解语言本质和特征起到了很大的作用，也为当代语言学理论的发展奠定了坚实的基础，提供了很有效的分析手段，但随着语言研究更加深入、语料收集更为丰富、理论流派不断更新、交叉学科的迅猛发展，语言学家们不再满足传统的语言理论和分析方法，对流行近一个世纪的"语言符号任意性支配说"提出质疑。关于名称和所指事物之间的关系，一直是哲学家探索的一个命题。中国早在百家争鸣的战国时代，学者们就进行了关于名实问题的争论，讨论名称和它所代表的事物之间的联系，著名哲学家荀子对此作出了精辟论断：

名无固宜，约之以命，约定俗成谓之宜，异于约则谓之不宜。名无固实，约之以命实，约定俗成谓之实名。(《荀子·正名》)

荀子的意思是说，语言符号的形式和意义的结合完全取决于社会的约定俗成，而没有什么必然的、本质的联系。这个观点成为学界的定论，确认了名称和所指事物之间的关系。

无独有偶，在西方也发生了同样的争论。古希腊哲学家柏拉图在其《对话录》里就记载了人们对这个问题的两种不同看法。一派认为，名称和事物之间存在着自然的联系，正确的名称描摹了现实的本质属性；另一派则认为，两者的联系完全是人为规定的，具有任意性。柏拉图留下的这个著名的"克拉底鲁问题"(problem of cratylus)，即我们对世界的经验到底是如何转化、映现在语言里的，让后代的哲学家思索了几千年而仍不得其解，争论一直持续到今天。Simone（1995）将争论中的前一种观点称为柏拉图范式，后一种观点称为亚里士多德范式。事实证明，明显占上风的是亚里士多德范式，这导致"语言符号的任意性"成为大多数人心目中不证自明的真理。"任意性"的概念来自十五世纪哲学家 Locke，他强调词的指示性是通过"纯粹任意的强加"产生的。美国语言学家 Whitney 声称"语词与观念之间内在而必然的联系完全是不存在的"。

语言学界公认，"语言符号任意性"的观点在语言研究中的确立主要应归功于 Saussure。在《普通语言学教程》里，Saussure 就语言符号的性质提出了两个重要的基本原则。其中第一个原则就是：

能指和所指的联系是任意的，或者，因为我们所说的符号是指能指和所指相联结所产生的整体，我们可以更简单地说：语言符号是任意的。（Saussure《普通语言学教程》中译本 1980）

然而，当我们今天立足认知语言学来重新审视 Saussure 的观点时，我们发现人们对他这个论断的理解有一定的片面性。事实上 Saussure 对这个问题的态度是非常审慎的。"任意的"一词按 Saussure 的解释是指"不可论证"。在其《普通语言学教程》里，他用了整整一节的篇幅对任意性的概念加了一个重要的注解，即"符号可能是相对地可以论证的"，并明确指出应该区分绝对任意性和相对任意性。一个没有动因，或者说不可论证的符号是绝对任意的，比如法语的 vingt（二十）；而一个有动因的符号则是相对任意的，比如法语的 dix-neuf（十九），因为它会使人想起它赖以构成的要素和其他跟它有联系的要素（dix"十"加 neuf"九"）。他进一步指出，限制任意性的可论证性包含在要素之间相互组合的句段关系及要素与要素聚合成类的联想关系里。他甚至相当明显地暗示，绝对的任意性主要是不可再分析为更小单位的词汇的属性，而相对的可论证性则是语法的属性。

Saussure 的这种看法至少在表面上与后来的认知语言学家的句法象似性观念是类似的，因为认知语言学家主要探讨的正是在符号的组合关系与聚合关系中的象似性特征。可惜的是 Saussure 似乎仅仅把可论证性看作语言组织的有序性，即他所说的"秩序和规律性"，未能更深一层地剖析这种相对任意性的实质和来源。

Saussure 之后的结构语言学家将任意性的观念往前推进了一大步，如 Hockett 就明确提出"非象似性"是人类语言交际的基本特征之一。不过，将任意性观念推到极致的应是 Chomsky 的天赋性假说。他在《论形式和功能的表现》（1981）一文中提出："我们对这个世界的解释部分地植根于从心智结构本身衍生出来的表现系统，它并不以任何直接的方式反映外部世界的事物的形式。"

这就是说，语言形式和它所代表的外在事物的形式毫无关系。在他看来，动物交际的本质是象似性的，而人类语言的机制则完全不同。根据这样的理解，不仅单个符号所指与能指之间的关系是任意的，其排列组合构成的语言结构和与之相关的非语言向度上的结构之间的关系也是任意的。既然人类语言的组织结构无法找到外在的动因，那么解释的机制只能是内在的，语言能力就自然而然地被视为人类心智的一个独立属性了。

（二）语言符号任意性的反思

西方学术研究史表明，在语言学之外柏拉图范式并未因其对立观念的盛行而销声匿迹，相反却在符号学界得到持续的关注。符号学家的视野远超自然语言的范围，他们广泛研究了宗教、文学、艺术等人类文化活动甚至动物交际活动中的符号行为，而这些符号能指所指之间的象似关系常常是显而易见的。这些研究也不可避免地涉及人类语言，其中有些还相当深刻。

美国功能学派鼻祖之一的 Bolinger（1952、1965）很早就提出语序安排存在着自然的原则。Jakobson（1965）引用凯撒大帝的一句名言：veni, vidi, vici（我来，我见，我征服）。

他指出了这样一个语序现象：子句的相对语序决定于它们所描述的事件的时间顺序。这项观察得到了 Greenberg（1966）所作的共性研究的支持，他提出，在人类语言中，若其他一切条件都相同，那么子句在叙述中的顺序一定和它们所描述的事件的次序相同。没有一个已知语言在讲一件事时是以倒叙为常的。在此，语言结构的安排显然取决于概念领域的结构，这正是后来的认知语言学家所说的组合关系上的句法象似性。

聚合关系上的句法象似性也很早就有人注意到。Benveniste 在 1946 年就指出了一个有趣的现象，即不少语言里的单数第三人称代词的形式和第一、第二人称代词不平行。例如匈牙利语和新几内亚语里，单数第一和第二人称代词通常都带有某种人称附缀，而第三人称代词却没有人称附缀。其实类似的现象也存在于上古和中古汉语里，只不过"缺席"的不是语缀，而干脆是第三人称代词本身。上古汉语只有第一、第二人称代词，没有真正的第三人称代词；若要指称第三人，只能借用指示代词"彼、其、之"等。近现代汉语的第三人称代词"他"在六朝以前也还是"其他"的意思。这个假设能得到很多语言里事实的支持，如日语、朝鲜语和蒙古语的第三人称代词也来自指示代词，并至今仍与后者同形。法语、俄语的第三人称代词及英语第三人称代词的复数形式也都是来源于指示代词（徐丹，1989）。由此我们甚至可以提出一条可能具有普遍意义的假设，即在任何一种语言里，其人称代词系统若存在"三缺一"

的现象，所缺的一定是第三人称代词。显然，非零形式和零形式在此的对立反映了非第三人称和第三人称在概念领域里的对立，即第一和第二人称是交谈的直接参与者，第三人称则不是。古代阿拉伯语言学家对三种人称的命名正好反映了其实质：第一人称被称为"说话者"，第二人称被称为"听话者"，而第三人称被称为"缺席者"，也就是说，第三人称代词语缀的"缺席"象似地反映了概念领域里不参与交谈的第三者的缺席。（张敏 1998）

二、 语言符号象似性的认知观

（一） Peirce 的符号及"象似符"

象似性的概念最早是由著名符号学家 Peirce 于十九世纪末提出的，他（1932 ［1902］）首先对象似符作出了一般性的界定，并在此基础上明确指出：在每一种语言的句法里，都存在着由约定俗成的规则所辅佐的合乎逻辑的象似符（icon）。

他还分析了符号和它的所指对象之间存在着三种不同的关系。

第一，若符号和它的所指对象之间的联系靠的是各自性质上的某种相似性，这种关系就是象似的关系（iconic relation）。例如地图作为代表实际地形的符号，其形状和实际地形有着明显的相似关系。

第二，若符号仅仅是通过它与对象之间的某种关联（如时空相邻的关系、因果关系）而指向它的对象，则两者之间是引得性的关系（indexical relation）。例如蓝色条纹的水兵服和它代表的水兵身份之间并无任何实质上的相似性，前者能代表后者是因为它们常常出现在一起；淋湿的马路代表下过雨了，前者是果，后者是因。

第三，若符号和对象之间的联系完全靠规约，则它们之间是标志性的关系（symbolic relation）。典型的例子就是自然语言里的语词，例如英语"book"这个符号与其指称物"书"的关系。

根据这些关系将符号分为三种："象似符"（icon）、"引得符"（index）和"标志符"（symbol）。值得注意的是，Peirce 对象似符的分析还包含以下三个重要的思想：第一，界定象似符的所谓"相似性"（likeness）并不是客观的、基于逻辑的，而是一个"心理事实"（mental fact），即感知中的相似性。Peirce 认为任何东西都可以是代表任何东西的象似符，只要前者看起来像后者，并被用作后者的符号；第二，从某个角度说，象似符和引得符可视为标志符的次类，这是因为任何符号都是规约的结果，按 Peirce 的说法，任何符号和所指对象之间都必须有一个解释者（interpretant）；第三，象似符和标志符之间的界线也不是绝对的，而往往是一种程度上的差别，没有一种象似符和它的所指对象完全相像，这种"纯象似符"（pure icon）在现实中根本不存在。因此，可以说所有的象似符号都是不完全的，Peirce 将它们称作"亚象似符号"（hypoicon）。显然 Peirce 对符号的这种分类是想反映出符号在"自然性"（naturalness）方面的三种不同的程度：从最自然的象似符，到自然性稍低的引得符，到最缺乏自然性的标志符。他的这些观点和后来的认知语言学家的看法十分接近。

（二）Haiman 的结构及"图像象似符"

近些年来，功能语法学家扩展并深化了 Peirce 的符号象似性的观念，其中影响最大、最全面的是 Haiman 的研究。他认为，人类自然语言里的象似符主要是"影像"和"图样"，尤其是后者。按 Haiman（1980）的定义，"影像象似符"（imagic icon）是在某些特性上（不一定是视觉特性）与其所指称的事物相像的单个符号。比如照片、塑像、绘画，以及象形汉字都属于这种象似符的范畴。很明显，影像是一种代表单个简单事物的象似符。"图样象似符"（diagrammatic icon）则是一种代表复杂事物或复杂概念的符号。某个图样包含一些构成成分，它所代表的事物或概念也包含一些构成成分。这个图样的构成成分并不一定和相应指称对象的构成成分具有任何相似关系。也就是说，图样的每个成分单独看都可能是一个标志符而非象似符；不过，图样成分之间的关系却和其指称对象的成分之间的关系是相似的。工艺图、地图及由指事和会意方式造成的汉字都属于这种象似符的范畴。

Haiman（1985）以数字系统为例说明图样象似性的确切含义。虽然每一个阿拉伯数字单个地看都是没有象似性的标志符，但它们彼此的排列方式则具有图样象似性。若把一条街上的建筑物都标上阿拉伯数字作为门牌号码，某个建筑物的位置和它的门牌号在数字序列上的位置是对应的。如 45 号应在 44 号和 46 号之间，正像阿拉伯数字序列上 45 在 44 和 46 之间一样；而且 45 号和 48 号之间的距离一定比它们各自与 118 号之间的距离更近，正像基数 45 和 48 所代表的数量差距比它们各自与 118 之间的数量差距更小。这个简单的例子可以很好地说明语言里的情形：语言里的单词（就像上例中的阿拉伯数字）本身往往是任意性的标志符，但将它们组织起来的语法（就像给建筑物编排门牌号码的规则）却具有图样象似性。因此，体现在语法里的图样象似性才是人类语言象似性的主要形式（及句法象似性），也正是在这个意义上，Haiman 提出了"语言类似图样"（languages are like diagrams）的观点。

其后，Givón（1994）进一步完善了 Haiman 的系统，并提出了象似性的三条规则，这成为公认的"图样象似符"的基本类型：

（1）数量象似性（quantity iconicity）：意义越多，越不易预测；越重要；形式就越多。

（2）距离象似性（proximity/distance iconicity）：功能上、概念上和认知上距离越近，形式上的距离也越近。

（3）顺序象似性（sequence/linearity/order iconicity）：在其他条件相同的情况下，叙述的顺序对应所描述的事件的顺序。

下面我们将把近年来认知语言学关于句法象似性的研究成果分别归入这三个类加以介绍和评析。

第二节　数量象似性原则的分析

按照 Givón（1994）的界定，数量象似性（quantity iconicity）指的是：意义越多，越不易预测；越重要，形式就越多。这一条规则的外延比较宽泛，重要性和可预测性的内涵也较复杂。显而易见的有两种典型：一种是语言形式的复杂程度；另一种是词法和句法构造中的重叠（重复）现象。下面分而述之。

一、复杂象似动因

Croft（1990）指出，从类型学的角度去考察各种语言，我们发现这样一个明显的趋势：相对简单的概念（如单个语素、单纯词、简单短语、单句）普遍由相对简单的形式表达，而相对复杂的概念（如多个语素、复合词、复杂短语、复句）则普遍由相对复杂的语言结构表达，处于两极之间的概念的表达形式则依语言而不同。这种趋势反映了语言结构和它所代表的外部世界概念结构的平行性，因而是象似性的一种表现。语言形式的复杂性反映了概念上的复杂性，这种观念早就是著名的标记理论的一个重要方面：有标记的语言形式通常在结构上和语义上都比无标记的形式复杂。这一事实在形态丰富的语言里体现得最为充分，不少学者在不同语言中都找到了大量证据。

（一）形态层面的复杂象似性

Jakobson（1965）注意到，在各种印欧语言中，表示形容词的原级、比较级和最高级意义的语素在音素的数目上是依次递增的。如英语里表示形容词程度量递增（原级、比较级、最高级）的三个变体，在形式上音位数依次为 0、2、3（-o、-er、-est）。例如：

big - bigger - the biggest high - higher - the highest

其实类似的情形在汉藏语里也存在，如藏缅语族的珞巴语里，类似英语形容词的三级分别由 o、yong 和 yongjup 表达，形式一个比一个长。又如苗瑶语族的苗语里，形容词有一种增音变化，原形表示较纯的性质，第一式变形的形式是将原来的元音换为高元音 u，再重复原来的音节，它表示"不纯"的性质；第二式变形的形式是在第一式的基础上加上两个音节，第三个音节为第一音节的重复，第四音节为 ta，这种形式表示不纯的程度进一步加强（王辅世，1985）。

在汉语的某些南方方言里，形容词重叠的次数与程度量等级相对应。如四县客话里，形容词有 A、AA、AAA 三种形式，表示程度的递增。从概念上看，不含程度意味的性质是较简单的，程度越高，概念就越复杂（罗肇锦，1988）。

Greenberg（1966）曾提出一条著名的语言普遍特征：名词的复数在所有的语言里都用某种非零形式的语素表示，而单数在有些语言中仅用零形式表示，双数和三数几乎从不采取零形式。也就是说，世界上有复数形式比单数形式长的语言，却没有单数形式比复数形式长的语言。语言里的这项普遍特征显然不是偶然的。当单数和复数形成对立时，前者在概念上要比后者更简单，所以前者要用简单的形式表达。如英语名词单数由零形式表示，而复数则由非零形式表示。

Matthews（1991）指出，拉脱维亚语的单复数各自都用一个语素表示，但复数标记比单数标记更复杂；进一步的观察显示，在这类语言中，表复数的形式所包含的音素都比表单数的形式更多，或至少相同，而没有更少的。

（二）句法层面的复杂象似性

复杂概念和复杂形式的对应并不仅仅反映在形态学上，它在句法里的反映也是相当明显的。修饰性结构就是一个很典型的例证。在任何一个语言里，若形式 X 修饰形式 A，XA 在概念上一定比 A 复杂，而 XYA 则比 XA 复杂，XY-ZA 比 XYA 复杂。Givón（1990）从语言表达式越长表达的概念信息量越大这个规则出发，认为语言成分的量与被处理信息的重要性和可预测性是相对应的。

例句 1

a. On the Brighton train from Victoria I met her. （在从维多利亚到布赖顿的火车上我遇见了她。）

b. On the Brighton train from Victoria I met the girl from next door. （在从维多利亚到布赖顿的火车上我遇见了隔壁的女孩。）

c. Just imagine! Last night on the Brighton train from Victoria I met this fair—haired, fragile, just unbelievably beautiful creature. （没想到昨晚在从维多利亚到布赖顿的火车上我遇见了这个金发、纤弱、漂亮得简直令人无法相信的尤物。）

上述实例的对比表明，如果所指的人是确定的、不显得重要的、也不是出乎预料的情况下，我们倾向于使用体词性成分中最简单的形式，如第一个句子的代词 her；第二个句子中出现的是修饰性结构 the girl from next door（隔壁的女孩），显然表达了概念的重要性与意外性；第三个句子中，信息量激增的语言表达式 this fair—haired, fragile, just unbelievably beautiful creature，当然与更加独特的概念重要性及意外性相匹配。在更普遍的层次上，量的象似性原则解释了为什么人称代词通常比完全的名词短语要短，为什么代词的原型形式往往比强调符号的重要性对比形式要短。

我们认为，句法层面的复杂象似性，不仅体现了语言结构和它所代表的外部世界概念结构的平行性，还与句子的表达功能以及合格度密切相关。汉语中有一种表自致使义的动结构式，如"妈妈洗累了""小王等急了"。若要出现"受事"成分，可以采用动词拷贝的形式，就变成"妈妈洗衣服洗累了""小王等通知书等急了"。

这类构式可以变换为另一种构式，即通过动词的使动用法，将施事成分后置，受事成分作为句子的话题主语，条件是这个受事成分需要扩展，增加信息量。信息量不足（如光杆名词），句子可能不成立；信息量越充分，句子的合格度就越高。如：

例句 2

妈妈洗衣服洗累了。

→＊衣服洗累了妈妈。

→这件衣服洗累了妈妈。

→这一大盆脏衣服洗累了妈妈。

从构式的语义角色来分析，上述实例使动变换的结果是，施事成分既是致使者，同时也是被致使者，两者的语义角色重合，而受事成分则充当了"致使因"的角色。它们在句中成为话题，凸显了致使的原因，换一句话说，这类构式的变换是为了凸显致使义产生的动因。沈家煊（2005）在论述"语用逻辑"时，曾指出凡是"A 单向蕴涵 B"的逻辑推导式，A 蕴涵 B，那么从信息量来说 A > B。如"白马"蕴涵"马"，那么"白马"的信息量大于"马"。上述变换构式的实例显示：语言成分的"扩展"体现了句法层面的复杂象似性，虽然在句法功能上是等价的，但信息量的"递增"在语义上却不等价的，它直接关涉到构式的条件；递增的信息量凸显了致使的动因，"理由"越充分，事实越合理，构式的合格度就越高。

二、 重叠象似动因

在现实生活中，我们会将两个或多个相同的物体归在一起，会在一段时间内重复相同的动作，会表达某种状态的程度的加深。若语言在词法和句法构造上用重叠或重复的形式去表达这些意义，我们就可以说这种结构是以象似的方式构造而成的。语言成分的重叠或重复显然增加了成分的数量，是语言形式复杂化的表现；而语言形式的"量增"，必然导致概念意义的"量增"，只是这种"量增"不一定是简单的量的增加，体现的是一种范畴量的变化。由此产生了不同的语法意义。

不少学者早就注意到语言里的这种象似特性。Sapir（1921）就曾提及重叠含有"不证自明的象征性"。Lakoff & Johnson（1980）举例说，在英语里 He ran and ran and ran and ran（他跑啊跑啊跑啊跑）跟 He ran（他跑了）相比，前者表示的动作量更大；He is very very very tall（他非常非常非常高）跟 He is very tall（他非常高）相比，前者表示的程度量更高。和英语不同的是，重叠在很多其他语言里不仅仅是一种临时的组合，而是一种语法化了的词法或句法机制。在相当多语言里，当重叠用于名词时单数会变为复数或表集合概念；用于动词时表示动作的持续或完成；用于形容词时表示性质状态的增强。所有这些变化都表示同一范畴量的增加，即物量、动量、程度量的"量增"。

（一）实词的重叠象似性

重叠作为一种语法手段，在汉语里有着丰富的表现。重叠象似动因是戴浩一基于对汉语的观察首先明确提出的，他（1993）将重叠象似动因定义为："语言表达形式的重叠（重复）对应于概念领域的重叠（重复）"。

汉语大多数的量词、形容词、动词都有重叠形式，这些形式所表达的意义有一个共同点，即包含有某种非重叠式所不具备的量的观念。

（1）量词及数量结构的重叠形式。

单个量词的重叠式包含"每一"的意思，如：个个都很好、次次都参加、家家都把红旗挂。

数量结构的重叠式有各种表述形式，这些表述有一个明显的共同点：它们都表示相同的事物或动作在量上的叠加或重现。

（2）单音动词的重叠形式（AA）。

动作的量可以从动作延续的时间长短来看，也可以从动作反复次数的多少来看。动词重叠式既可表示时量短，又可表示动量小。

至于哪些动词重叠后能够表时量，哪些动词重叠后能够表动量，哪些动词干脆不能重叠，这与动词在概念领域里时相方面的特征密切相关。从概念上看，动作可以从能否延续及能否反复这两个角度去判别它们在体方面的特征。用这两个标准去衡量，汉语动词的次范畴可以分出以下三类。

A类：能够延续，能够反复的动作。如：看、唱、坐、学、读、吃。

B类：不能延续，但能够反复的动作。如：眨、关、碰、见、插、摔、戴。

C类：既不能延续，又不能在短时内反复出现的动作。其中包括：a. 瞬间完成而通常又不会经常发生的动作，如：死、上吊、跳河；b. 产生瞬间心理状态变化的动作。如：懂、忘、明白、发现；c. 包含结果意义的动作。如：看见、打开、缩小、打碎。

从形式上看，不能重叠的动词正是那些表示既不能延续又不能反复的C类动词：＊死死、＊上上吊、＊跳跳河、＊忘忘、＊懂懂、＊看见看见、＊打碎打碎。而能够反复的动作动词一般都能重叠，B类动词重叠式一般表示动量，如：眨眨眼睛、见见朋友、戴戴这顶帽子。A类动词重叠式通常既可表时量也可表动量。

显然延续的动作和反复的动作之间的共同点就在于，两者都被感知为同质过程的复现，只不过在前一种情况下复现的过程之间没有可感知的边界，后一种情况下则有可感知的边界。这里归纳出来的共同点可以得到汉语里某些语法现象的论证。例如，动词在表延续和表反复时都能带"着"，如"他眨着眼睛""他看着书"都能受"不停""不断""一直"等表持续的词语修饰，如"他一直在眨眼睛/他不停地眨眼睛""他一直在看书/他不停地看书"。从形式上看，动词重叠式的本质正是同质形式的复现（同一个动词一连出现两次）。这表明语言形式的结构以象似的方式对应于概念的结构。

（3）汉语并列式形容词、动词重叠形式（AABB）。

有形容词的 AABB 式，如：大大小小、长长短短、高高低低。这种格式里的 AB 两个成分通常是意义相反的，其重叠式 AABB 强调的是某种参差不齐的状态。值得注意的是，这类重叠式所修饰或描述的事物必须是多于两个的。如"明明暗暗的灯光"暗示看见的灯光非常多；若只有一盏较亮的灯、一盏较暗的灯，是不能用这一形式来修饰的。同样，若一个套房里只有一间大房，一间小房，我们也不能说"这里的房间大大小小的"。显然形式上的重叠反映了概念域里事物的"重叠"。

又如动词的 AABB 式：来来往往、说说笑笑、哭哭啼啼。这种格式表示的是动作很频繁或相连不间断的意思。如"我办公室紧靠大门，人们进进出出，十分吵闹"，若只是进出一次，也是不能使用"进进出出"这一格式去描述的。显然形式上的重叠反映了事件域里动作的"重叠"。

（二）构式的重叠象似性

1. 动词拷贝现象

与动词相关的重叠象似动因还体现在动词拷贝现象上。戴浩一（1993）认为，汉语里的这一现象无法用纯形式的句法限制加以足够的说明。他提出以下三点证据，说明动词拷贝是由语义因素所控制的。

（1）若 VP 表示的是产生即时状态变化的动作行为，则动词拷贝是被禁止的。

例句 3

a. 他发现这件事很久了。

b. ＊他发现这件事发现很久了。

（2）在相当多的情况下，动词拷贝出现与否可导致意义上的区别。

例句 4

a. 我给他写信已经一个月了。

b. 我给他写信已经写了一个月了。

在上句里，表持续时间的"一个月"并非表示动作"写"所持续的时间，而是动作结束之后所经过的时间，故没有必要拷贝动词"写"；与此相对，在下句里"一个月"的确表示动作持续的时间，故可出现动词拷贝。

（3）就某些动词而言，动词拷贝后面出现表动作频率的补足成分时是合法的，而后面出现表持续时间的补足成分时却不合法。

例句 5

a. 他到美国到了三次。

b. ＊他到美国到了三年。

这一区别可以很自然地从动词拷贝的语义动因得到解释："到"这一动作可以重复三次，却不可能持续三年之久。

2. 格式重复现象

汉语里有一些格式往往连续重复出现，我们认为这可以称之为"格式重叠"，同样具有重叠象似效应。

例句6

剧团成员，有的在化妆，有的在装台，有的在调试灯光，忙得不亦乐乎。

例句6是"有的……"格式重复，也就是一般语法书列为含有"总分式提示成分（复说语）"的句子结构。句中列举了剧团成员在做的三件事，但实际上他们需要做的事还有很多，如调试音响、准备道具等，而且也一定有人在做。所以凡是选择"有的……有的……"这种格式的前提是"项目多"，只不过没必要全部列举而已。

例句7

这个孩子写的字真端正，横是横，竖是竖，有板有眼的。

例句7是"N是N"格式重复，句子说孩子的字写得端正，虽然只提到"横"和"竖"，显然汉字笔画不止横、竖，句子所表达的是所有笔画都端正。

上述各类例子有一个共同特点，就是通过某种格式的连续重复，表达了项目"量增"的语义背景。这些格式都有重复的标记性成分，所用的词语或表述在语义上具有相近、相对的关联性，列举的只是部分现象，却一定蕴含了全部现象，产生"量增"的效应。以往这些现象主要作为传统修辞学的研究对象，说明他们的表达效果，其实从认知语言学的角度来看，这正体现了重叠的象似动因。

第三节　顺序象似性原则的分析

Greenberg（1966）从大量类型学证据出发曾明确提出："语言中成分的次序与物理经验的次序或对事物的认识的次序是平行的。"

Haiman（1980）对顺序象似性（sequence/linearity/order iconicity）的表述如下："在其他条件相同的情况下，叙述的顺序对应所描述的事件的顺序。"

首先，顺序象似动因突出地体现在时间顺序上，而时间顺序的观念是人类认知结构中最重要、最根本的观念之一，是体现在语言形式中的显性顺序象似动因；同时，顺序象似动因还体现在基于我们认知经验的范畴顺序，它同样在语言形式中得到充分反映，只不过比较隐秘而已，是体现在语言形式中的隐性顺序象似动因。

一、 显性顺序象似动因： 时间顺序

在外在物质世界和人类概念世界里，两个相互关联的事件之间第一性的关系就是发生的时间或被感知的时间上的前后接续关系。而人类有声语言，正如 Saussure 关于语言符号第二条原则所指出的，只能在时间轴上单向度地展开。这样语言结构的排列顺序对应于它所表达的事件结构的顺序，就成了一件很自然的事情。Jakobson（1965）早就指出："在一个由 S1 和 S2 构成的组合体里，S1 和 S2 之间的次序关系常常对应于它们所描述的事件之间的时间关系。"

Givón（1990）将这种现象称作"线性次序原则"（the linear order principle），定义为：在一段紧密结合的话语里，子句的顺序倾向于和它们所描述的事件出现的时间顺序相对应。

事实表明，在相当多的语言里，不含外在标记的并列复合句中的第一个子句往往表示先发生的事件，第二个子句往往表示后发生的事件。例如：

例句 1

a. Mary bought some motor oil（S1）and went to the supermarket（S2）.（玛丽买了一些机油，去了超级市场。）

b. Mary went to the supermarket（S1）and bought some motor oil（S2）.（玛丽去了超级市场，买了一些机油。）

例句 2

a. She got married（S1）and had a baby（S2）.（她结了婚，生了孩子。）

b. She had a baby（S1）and got married（S2）.（她生了孩子，结了婚。）

根据通常理解，例句 1 - a 中句 Mary 的机油不是在超市里买的，而 1 - b 中句 Mary 的机油是在超市里买的；例句 2 - a 中句说的是 She 婚后生育，2 - b 中句说的是 She 未婚先孕，并生了孩子。这些信息都是句子体现的时间顺序反映出来的。

戴浩一（1985）最早关注汉语表述中的时间顺序动因，并提出了"时间顺序原则"和"时间范围原则"。

（一）时间顺序原则（PTS）

戴浩一将"时间顺序原则（PTS）"表述为：两个句法单位的相对次序决定于它们所表示的概念领域里的状态的时间顺序。

他较全面地考察了汉语的语序现象，发现大量表面上互不相干的语序规则可以由"时间顺序原则"这一总原则概括。在下面的例句里，用数字表示的事件或状态出现的顺序和表达它的语言成分的次序都是一致的。

例句3

你给他钱［1］，他才给你书［2］。

例句4

他从旧金山［1］坐长途公共汽车［2］经过芝加哥［3］到纽约［4］。

例句5

他病了［1］三天了［2］。

上述实例表明，汉语的并列复合句、连谓结构、结果补语结构、状态补语结构、介—动状中结构、动—介述补结构等的语序规则可从 PTS 得到统一的解释。

（二）时间范围原则（PTSC）

进一步观察可以发现，带有"前""后"之类的时间词语的结构是有标记的结构，它们在概念领域的顺序可由这些外显时间标记标明，当然可以与自然的时间顺序不一致。这在英语里表现得很清楚：无标记的并列子句所代表的事件都按自然时间顺序出现，但带有 before、after、then 之类时间标记的子句的语序则相当自由。例如：

例句6

a. Before I go out, I must close the door and window. （我出门前，一定关好门窗。）

b. I must close the door and window before I go out. （*我一定关好门窗，在出门前。）

例句7

a. After you see the traffic light, turn right. （看见红绿灯之后，往右拐。）

b. Turn right after you see the traffic right. （*往右拐，看见红绿灯之后。）

从上面的汉语译文可以看到一个有趣的现象，汉语在这一点上和英语有所不同，汉语里带上"前、之前、以前"等标记的子句一定不能按自然的时间顺序排列，而带上"后、之后、以后"等标记的子句却只能按时间顺序排列。

这种不对称给我们一个提示：汉语里带时间词语的子句不是按照时间顺序的原则安排的，另有其他原则在起作用。试比较下面的例句 8、例句 9：

例句 8

a. 昨天他走了。(Yesterday he left.)

b. *他走了昨天。(He left yesterday.)

例句 9

a. 你不在的时候，他走了。(When you were not here, he left.)

b. *他走了，你不在的时候。(He left when you were not here.)

可以看出，汉语里含显性时间标记的成分，无论是时间名词还是时间状语从句，都必须出现在主要动词之前。

戴浩一（1985）指出，上述实例中体现的语序现象是另一种有独立理据的次序象似原则的产物，他称之为"时间范围原则（PTSC）"，表述为：如果句法单位 X 表示的概念状态在句法单位 Y 所表示的概念状态的时间范围之中，那么语序是 YX。

这个原则要求汉语里时距小的成分总是排在时距大的成分之后。例句 7 中"往右拐"这一概念状态是出现在"看见红绿灯之后"的概念状态的范围之内的，故前者必须放在后者的后面；例句 8 中"他走了"这一状态出现在"昨天"的范围之内，故应放在"昨天"一词之后。

二、 隐性顺序象似动因： 范畴顺序

（一）序列范畴的自然顺序

生活经验告诉我们，在自然界和社会领域存在很多具有某种过程或周期顺序意义的范畴，比如每周有七天，总是从星期一到星期日，周而复始；每年有四季，总是从春到夏，从夏到秋，从秋到冬，再从冬到春；称某女子为"大姑娘"，一定是从小姑娘逐渐长成的；作为"大学生"先要经历小学生和中学生阶段，大学生还可以再读研究生；"工程师"也必须先从技术员做起，而工程师还可以晋升高级工程师。从诸如此类的现象中我们可以归纳出汉语的一种"顺序范畴"，即某些关联范畴可以构成一些自然的或人为的序列，而这些序列构成的范畴顺序也反映在语言形式中。

邢福义（1984）发现汉语口语中有一种句法结构，它是由名词性词语加上"了"形成的。这个格式通常作谓语，也可以单独成句，前面可以受副词"都"的修饰。

但是语言事实表明，并不是随便什么名词都能进入这一句法格式的。首先可以发现，表示时间的名词，如果具有［顺序性＋循环出现］特征的，这些名词就能出现在"（都）名词语＋了"这一句法格式里。例如：春天了、正月了、周末了。

其次还可以发现，一般名词所表示的事物，如果具有［顺序性＋时间推移］特征的，这些名词也能出现在"（都）名词语＋了"这一句法格式里。例如：小学生了、科长了、大姑娘了。

不过这后一类非循环顺序名词出现在"（都）名词语＋了"这一句法格式中，有两条限制：

第一，名词所表示的事物如果在顺序中处于起始地位，则这个名词不能进入该句法格式。比如"小学生""大姑娘"可以进入这个格式，但处在这些序列起始位置的词语如"儿童""小姑娘"就不大能说。又如在"科长、处长、局长、部长"这个序列中，处在起始位置的"科员"通常也不说"他科员了"。这方面最典型的是"车站"序列，假定一列火车从北京开往上海，其中的各个车站就构成带有时间、空间推移的顺序序列，因此其中的任何一个中途停靠车站和终点站都可以进入这个格式，但唯独其中的始发站"北京"处在该序列的起始位置，所以就不能说"都北京了"。

第二，名词所指对象必须是指同一个人或事物，具有一定顺序关系但不是同一个人或事物，不能进入这个格式。比如"小学生了""中学生了""大学生了"等，都一定是指同一个人说的，不可能指不同的人；又如"车站"序列，也一定是相对于同一列火车的到站说的，不可能只是说不同列车的车站。

经过上述考察，我们就能归纳出进入该类格式的名词语的语义特征，把这个格式中的名词语标记为：

A类：（都）时间名词语＋了。时间名词语［＋系列推移性，＋循环起始性］

B类：（都）一般名词语＋了。一般名词语［＋系列推移性，－循环起始性］

具有这些语义特征的名词语处于某些关联范畴构成的一些自然的或人为的序列之中，而"（都）名词语＋了"这一句法格式就反映出基于我们经验认知的范畴顺序的象似动因。

（二）并列范畴的规约顺序

在语言中有一些范畴之间具有一种并列的关联性，这些范畴之间在语义上或者相近，或者相对。范畴的并列与语言符号的线性原则是不相容的，因此并列范畴在语符链上必定表现出一种顺序。按理说并列的范畴并没有必然的顺序，这种顺序表面上看来好像是随意的，但实际上都可以发现某种理据，因而是一种规约性的顺序。这种语言形式的规约性顺序是我们认知概念规约性顺序的一种临摹，也是顺序象似性的一种表现。

这种规约顺序首先表现在一些对举的范畴中，往往能窥见比较确定的理据。其中一方面表现出历史文化的因素。例如：男女有别、老少皆宜、德才兼备、忠孝两全、智勇双全。

上述组合中加点字的次序是规约的，这种次序反映出中华民族传统价值观的积淀，体现了封建社会以儒家思想为核心的宗法伦理观念，因而是在语言形式中保留下来的历史文化"遗迹"。男尊女卑，长幼有序，"德"先于"才"、"情"重于"理"，"文"胜于"武"，"智"优于"勇"，"仁、义、礼、智、信"为最高伦理境界，这些观念根深蒂固，在语言形式上规约为一种不可改变的顺序。

另一方面，汉语中一些表示空间时间、行为趋向、价值判断、事物属性等对举格式的次序也表现出明显的规约倾向性。例如：

a. 上下 前后 左右 里外 内外 先后 早晚 今昔
b. 来往 往返 进出 出入 收发 开关 升降 动静
c. 是非 好坏 优劣 强弱 美丑 成败 兴衰 正反
d. 高低 长短 粗细 厚薄 大小 深浅 多少 远近

上述 a 组表示方位及时间次序，与我们感知的"视点位移"有关，从上到下，由里及外，从早到晚，以今察古，与自然的感知顺序和感知立足点相吻合。b 组表示行为及趋向，显然渗透了行为过程的时间顺序，有"来"才有"往"，先"进"而后"出"，"收"了才能"发"，"开"了总会"关"，动静交替，升降有序，这是生活经验的认知积累。c 组表示对事物的价值判断，积极义在先，消极义在后，这符合我们的心理预期，总是期望事物呈现"好"的一面，或向"好"的结果发展。d 组都是一些"度量形容词"，无标记范畴在前，有标记范畴在后，显示了我们的认知规律。

值得注意的是，汉语中有不少并列范畴的"四字格"，看起来似乎是一种"习惯"，但认知语言学的研究表明，语言表述的"习惯"往往有理据支撑，是可以论证的。比如"东南西北"表示方向好像习以为常，但实际上蕴涵了"东 > 西 > 南 > 北"的规约顺序（>表示顺序在前），所以我们可以顺序组合，如"东西、东南、东北、西南、西北、南北"，却不能逆向组合。究其理据，也许"东西"的顺序与日出有关，"南北"的顺序与日照阴阳有关。又如"江河湖海"泛指水域，也构成一个规约顺序，合理的是顺序组合，这在很多成语或熟语中表现得很明显。例如：江河日下、江湖险恶、翻江倒海、五湖四海。

分析理据，也许因为"江河"在古代专指长江、黄河，而"湖海"只是泛指，因此形成了"江河"在前的规约顺序。当然还有很多类似的排序形式，它们的理据有待于我们进一步探索。例如：亭台楼阁、花草树木、棋琴书画、柴米油盐、鸡鸭鱼肉。

第四节　距离象似性原则的分析

Givón（1990）将距离象似动因称为"相邻原则"（the proximity principle），定义为：在功能上、概念上或认知上更接近的实体在语码的层面也放得更近。

通俗地说，它指的是元素表层形式连接越紧密，其意义联系往往也越紧密，因而形式关系是意义关系的临摹。其实，语言的这一特性并非当代功能语言学家的新发现，传统语言学家早以其对个别语言细致入微的洞察发现了这一规律，如 Behaghel（1932）在探讨德语语序时即提出过一条类似的"概念接近原则"，被后人称之为"Behaghel 第一定律"；Jespersen（1949）也提出过一条内容相仿的"粘合原则"。不过，当代功能语言学家是在试图为所发现的语言共性提供解释时重新发现这个规律的，人类语言里的普遍现象为它带来了新的意义。

为了准确理解距离象似动因，有必要先给"语言距离"和"概念距离"作一个比较明确的界说。Haiman（1985a）将距离象似动因表述为：语言成分之间的距离反映了所表达的概念的成分之间的距离。根据 Haiman 的定义，两个语言成分 X 和 Y 之间的形式距离在以下序列中依次减小：X#A#B#Y > X#A#Y > X + A#Y > X#Y > X + Y > Z。

上述格式里的#代表独立的词之间的界线，＋代表胶着在一起的语素之间的界线，Z 代表由 X 和 Y 融合产生的单个语素，它可以是一个新的语素，也可为 X 或者 Y。上面所说的形式距离在表层上体现为线性距离，即加在 X 和 Y 之间的成分越多语言距离就越大。但更深一层看，它体现的应是结构距离，这可以从三个相互关联的角度去理解：

（1）X 和 Y 及其间的成分独立性越强，语言距离就越大；

（2）X 和 Y 之间的组合方式越松散，语言距离就越大；

（3）X 和 Y 在结构树上跨越的节点越多，语言距离就越大，如 X 和 Y 的距离在［［A X］Y］中比在［A［X Y］］中要大，尽管其线性距离完全一。

Haiman 给概念距离下的定义是："若两个概念具有以下性质：a. 语义上有共同的特征、属性或组成部分；b. 互相影响；c. 在现实中不可分离；d. 被感知为一个概念单位，无论在现实中是否不可分离；则它们之间在概念领域里的距离更近。"

形态学和句法领域里大量研究证实，距离象似动因的确是人类语言结构的一种主要的象似动因，它可为不少语言共性规律提供合理的解释。张敏（1998）对认知语言学领域的距离象似动因作了较为准确的综述，本节的内容主要参考了他的研究成果。

一、　形态范畴与距离象似动因

（一）语缀及其相对语序

Greenberg（1963）提出的语言普遍特征中有这样两条：

第 28 条：若派生词缀和屈折词缀都出现在词根的同一侧，那么派生词缀一定是在词根和屈折词缀之间。

第 39 条：当表示数和格的语缀一起出现，并都前置或后置于名词词根时，表示数的成分总是出现在名词词根和表示格的成分之间。

换言之，第 28 条普遍特征说明派生词缀一定比屈折词缀离词根更近，第 39 条普遍特征说明格形式和名词词根的语言距离比数形式要远。显然，这两条共性规律可以从认知上得到自然解释：派生构词法会影响到整个词的词汇意义，派生语缀代表的概念和词根的概念紧密相关；这种意义的变化往往是非常显著的（如英语 read 和 reader）；而屈折构形法所增加的意义只是附在词根之外的更大的语言片段上，并不影响词根本身的意义，如英语的 go 变为 went，"去"的意义并无变化，形态所增加的意义附在整个句子上。同理，由于数语缀决定了所指的一组事物的量，因而影响到所指物的语义，它对整个词的意义的影响显然大于格语缀；格语缀的意义仅仅描述名词代表的所指物和动词代表的事件之间的关系，并不影响名词词根本身的意义。在此，语言距离以象似的方式反映了概念距离。

在 Greenberg 研究的基础上，Bybee（1985）系统地考察了动词的各种语缀

（包括价、语态、体、时、语气、人称、数和性等）之间的相对语序，发现了一系列共性规律，若某个语言使用后缀，那么其动词词形中语素的顺序具有这样的倾向：词根—体—时—语气—人称；而前缀型语言的相对语序则正好相反，是上述序列的"镜像"。它说明这种现象与其用次序来描述，不如用相对距离来解释。Bybee 进而提出，语缀和动词词根之间的紧密程度对应于它们表达的概念和动词词根的意义之间关系的接近程度，即促动上述语序的正是距离象似动因。在此基础上，Bybee 构造了一个动词及其屈折语缀之间概念距离的序列（越靠左代表概念距离越近）：价＜语态＜体＜时＜语气＜人称和数。

在考察了 50 种属于不同语系的语言之后，Bybee 发现了以下普遍的语言形式距离序列：（屈折）体＜时＜语气＜人称和数。

可见，上述两个序列大体上是平行的，Bybee 所发现的事实给距离象似动因提供了又一类很好的证据。她的结论是：

某个范畴和动词在概念上越相关，（a）它就越有可能以综合或黏附的方式和动词结合，（b）在形态和语音方面两者之间的并合程度就越高，（c）它的位置就离动词词根越近。上述规律在一定程度上也反映在英语动词短语中。例如：

例句 1

She was working at that time. （那时她正在工作。）

例句 2

She worked a lot at that time. （那时她干了大量工作。）

例句 3

She could swim when she was three. （当她三岁时，她就会游泳。）

在例 1 中，体标记—ing 作为后缀最靠近动词词干，而时标记则是前置的辅助成分，因而与动词词干的联系就没有那么紧密；例 2 不表达体时，时标记则可以附着在动词词干上，这证明它们的联系还是很紧的；例 3 的情态标记 can 的情况却不是这样，它不能置于离动词词干更近的位置，不可能变成一个后缀。对认知语言学家来说，体标记与动词词干的邻近反映了 duration （持续）和 progression （进行）这些语法上指定的概念与动词的行为范畴 work （工作）之间的密切关系。反之，temporal location （时间位，如 at that time）这一概念与 work （工作）这一范畴之间的关系似乎就没有那么近。但是，这种联系还是比 ability （能力）这种情态概念与 swim 这一词汇范畴之间的关系要更紧密。

再看名词短语中的形态变化，我们发现复数标记和格标记（如与格和属格）的相对位置可以用同样的方式解释。最具体的物体被看作是可数的实体，所以表达它们的概念与存在于复数标记中的 quantity（量）概念结合良好，而这就是复数标记直接附着在名词词干上的原因所在。格标记（比如用介词和后缀表示的格标记）同样有其概念背景。与格标记的表述，如 give something to the girl（给这个女孩东西），可能是以"方向"意象图式为基础的；而属格标记的形式，如 Peter's pen（彼得的钢笔），则可能与"部分—整体"图式有关系。这些图式也是我们经验中非常基本的部分，但比起 quantity（量）这一复数范畴来，这些图式与物体、人体范畴的关系似乎没有那么近。这种差异在名词形态变化中得到了充分的反映，如 children's books（孩子们的书），这里的"不规则"复数标记－ren 比属格标记－s 更靠近名词词干，而且这种排列顺序是不能倒过来的。

（二）联系项及框式介词

汉语没有严格意义上的形态，选择用虚词（准虚词）来表示相应的范畴，但也同样表现出距离象似性。刘丹青（2002）从类型学的角度，对汉语的介词框架进行了深入的探讨。所谓框式介词（circumposition），指由前置词（介词）加后置词（方位词、助词等）构成的、使介词支配的成分夹在中间的一种介词结构类型，如现代汉语中的"在……里""跟……似的""用……来"等。框式介词的概念是由当代语序类型学的创始人 Greenberg（1995）在研究闪语族和伊朗语族部分语言的语序类型演变时提出的。起初他称之为"框缀"（circumfix，见 Greenberg 1980），大概因为这些所谓框缀在功能上是介词性的，所以他后来改称为框式介词，与前置词（preposition）、后置词（postposition）都为介词（adposition）的一种类型。

从认知语言学的观点来看，介词跟连词、关系代词、结构助词等一样，是句法组合中的"联系项"（relator），用来连接两个有句法关系的成分。Dik（1997）根据跨语言调查得出的人类语言若干语序原则中，有一条很重要的"联系项原则"，该原则指出联系项的优先位置是位于所连接的两个单位之间。事实表明绝大部分语言的介词都遵守这一原则，是人类语言象似性原则的具体表现之一。"连词"好比介绍两个平等的人相识，"介词"则好比将幼者、卑者介绍给长者、尊者。不管如何介绍，介绍人总会站在另两人中间的位置，联系项原则就是对这种情形的临摹。比如在使用前置词的语言中，介词短语的常规位置是在动词之后，前置词与动词后位置的配合，就导致介词位于所连接的词和名词之间。如英语 sit in the chair，古代汉语"寝于地"。反之，在使用后置词的语言中，介词短语的常规位置在动词前，后置词与动词前位置的配合也使介词位于名词和动词之间，藏语、蒙古语、日语等均属此类。

　　刘丹青指出：框式介词在汉语中是一种重要的句法现象，构成了汉语的重要类型特征。汉语框式介词起源于先秦，经过中古、近代的发展，到现代实际上已形成相当丰富的框式介词现象。汉语历史语法研究表明，框式介词中的后置词在汉语中不是一开始就具有这么高的句法强制性的，而是在汉语史发展过程中逐渐形成的，汉语介词短语的古今语序变化是影响介词类型的主要动因。中古、近代汉语的发展，打乱了上古汉语前置词与动词后位置的配合，前置词短语跑到动词前，介词不再位于中介位置，从而违背了联系项居中原则。在此情况下，方位词和其他来源的一些后置词发展起来了，它们愈益常用、逐渐虚化，填补了介词短语和动词的中介联系项位置。换言之，介词的前消后长，弥补了介词短语的前长后消留下的中介位置的空缺。另一方面，汉语的前置词并没有完全消失，其标记语义角色的作用也并非都有合适的后置词可代。于是，前置词、后置词相加而成的框式介词就在汉语中发展起来了。

　　例如"于"是汉语中资格最老的前置词，直到现代汉语中还在有条件地使用。它首先是一个方所介词，同时也兼有多种义功能。刘丹青对中古以来"于"和方位短语的配合情况作了一个统计，以观察框式介词的出现跟介词短语语序的相关性。他选所用语料是汪维辉博士提供的从中古到清代 12 种文献约 40 万字的资料，这些文献时代跨度一千多年，地域背景也不尽相同。统计结果反映了一种明显的倾向：当"于"字短语置于动词前时，用框式介词格式（即前置词……方位词：于—Np—L）多于单用前置词格式（于—Np），两者总计之比为 231：157；而当"于"字短语置于动词后时，单用前置词格式（于—Np）远多于用框式介词格式（于—Np—L），两者总计之比为 409：103。由此可见，汉语方位性框式介词主要是为了适应介词短语前移的状况而发展出来的。

　　类型学的研究表明：此类现象也并非汉语独有，Greenberg（1980，1995）所研究的埃塞俄比亚部分闪族语言和西亚的部分伊朗语族语言的框式介词也不是本来就有的，它们也是在前置词短语出现了由动后向动前的历史演变后才由实词虚化而成的，其形成的句法动因和汉语框式介词如出一辙。

二、 句法范畴与距离象似动因

（一）名词短语及"的"的隐现

1. 名词短语的"粘合"与"组合"

传统汉语研究中涉及一个课题，即名词短语及其"的"字的隐现（语义差别及隐现条件）。朱德熙（1956）将形容词分为简单形式（甲类，即性质形容词）和复杂形式（乙类，即状态形容词），并指出甲乙两类成分修饰名词共有三种格式。例如：

甲₁：白纸、热水、脏衣服、好书

甲₂：白的纸、热的水、脏的衣服、好的书

乙：雪白的纸、热乎乎的水、脏脏的衣服、很好的书

对此张敏（1998）作了深入的研究和探讨。他认为甲乙两类形容词作定语的定中结构的意义反映了概念距离的差别，甲类形容词作定语本身也有带 de 和不带 de 两类格式，它们同样存在这种差别。从语言距离上看，甲₁式、甲₂式和乙式在形式上构成一个距离依次增加的序列，即甲₁式＜甲₂式＜乙式。"白"和"纸"在甲₁式中没有间隔，在甲₂式中有一个 de，在乙式中除了 de 之外还有另一个语素"雪"。从这三个格式中定语和中心语结合程度看，结合紧密的形式自然比结合松散的形式语言距离小。

甲₁式完全不能插入数量/指量成分，这个格式成分之间结合紧密，故其形式距离最小。甲₂式则居中，不能插入不定指数量成分，勉强可以插入定指成分。乙式距离最大，不定指和定指成分大多可插入。从概念距离上看，这三种格式之间也形成一个平行的序列：甲₁式"热水"是一个表达单个概念的类名，作为分类属性的"热"的概念和"水"的概念整合在一起，距离最近；乙式"热乎乎的水"中的"热"只是用来描述一种暂时的状况或说话人的主观估价，它与"水"的概念距离很远；甲₂式"热的水"不是一个类名，其中"热"是说明"水"的属性，与"水"的概念距离在两极之间。由此，可以更严格地将上述三种格式语法意义的差别用以下三类特征来描述，如表5-1所示：

表5-1　三种格式语法意义上的差别

	称谓性	分类性	述谓性
甲₁	＋	＋	－
甲₂	－	（＋）	＋
乙	－	－	＋

上述三种格式和三种功能类型的矩阵表体现了不同名词短语及其"的"字隐现的语义差别。"称谓性"就是"可命名性"，用 DN 的语言形式给某一类事物赋予一个类名，相当于一个表类指的单个名词。"分类性"是表类指的功能，定语充任给中心语概念分类的成分。"述谓性"指的是 DdN 结构实际上

包含着对 D 概念和 N 概念的逻辑—语义关系的一个含义微弱的断定（asser-tion），如"N 是 D 的"或"N 是与 D 有关的"。综上所述，甲类结构（性质形容词作定语）具有分类性（常用作类指）。其中甲₁ 类 DN 具有称谓性，整个结构作为意义整合程度较高的类名，定语的分类作用往往带有一种规约化程度较高、较稳固的分类意味；甲₂ 类 DdN 不具有称谓性，定语的分类性作用则往往带有临时、权宜的分类的意味。甲₂ 类结构和乙类结构 DdN（状态形容词作定语）具有述谓性，其中后者比前者具有更高的述谓性，这是概念距离的动因导致的。

2. 结构标记"的"的隐现条件

在此基础上，张敏进一步论证"的"字的隐现条件。根据上文的论证，乙式中的 de 必须出现，故不存在 de 字的隐现条件问题，需要探讨的实际上是甲₁ 类 DN 和甲₂ 类 DdN 的形成条件。他指出，de 作为定中之间的标记成分，其语义作用是将 D 对 N 的分类意义置于前景；隐去 de，则 D 的分类意义就隐入背景。以"白纸/白的纸"为例："白"作为给"纸"分类的根据，在前者里是隐含的，处于背景的（除非带上重音）；在后者里是明言的，处于前景的。处于背景的分类指标带有规约化程度较高、较稳固的分类意味，处于前景的则可以是临时的、权宜的、规约性较低的。比如我们可以用"白"给任何白颜色的物体分类，但能说"白的家具"，却不说"白家具"，因为这种分类标准不是规约性的。为此张敏将 DN 中的 D 称为"规约性的分类指标"，其语义功能是拿中心语名词的某个"习惯上已知的"属性给这个名词作出规约性分类，并以此为依据提出以下三条层层蕴含的语义限制来概括 de 字隐现的一般规律：

（1）属性条件：D 若是，或可感知为能据以刻画 N 概念的 N 的属性，则 DN 有成立的可能性。

（2）分类属性条件：D 作为 N 的属性，若可充当对 N 概念分类的标准，则 DN 成立有更大的可能性。

（3）规约分类属性条件：D 作为 N 的分类属性，若分出的是稳定的、规约的类别，则 DN 成立有最大的可能性。

他强调这里用"可能性"来描述 de 字隐现（即 DN 是否能成立）的规律，因为上述规律在本质上作为语义限制，只是反映了一定的概念结构内 de 字倾向于出现或不出现的大致趋势，不能据以作出绝对的预测。

3. 领属关系的"可让渡"与"不可让渡"

张敏还对与上述问题相关的汉语领属结构进行了考察。研究语言共性的语言类型学的学者们普遍将领属关系分为"可让渡"（alienable）和"不可让渡"（inalienable）两个类别。前者通常指领有者和所属物之间较稳固、不可分离、永久性的关系，如人与其身体部位或某些抽象的所属物（名字、性格之类）的关系以及亲属关系等；后者通常指那些可转让、非永久性的领属关系，如人与其个人用品、私人财产物品之类的关系。事实表明，这两种关系在世界上不少语言里都被编码为形式有所区别的领属结构。不少学者都注意到这样一个有趣的现象，即表不可让渡关系的形式往往会比表可让渡关系的形式在结构上更为紧密。Haiman（1985a）指出，"不可让渡性"构成从左到右的一个连续等级序列，即：身体部位＞亲属关系＞一般物件。

其中身体部位代表最原型的不可让渡关系，而一般人工制品则代表最典型的可让渡关系。可是，在汉语里身体部位词和一般物品词是一类，亲属词则是另一类，这体现在亲属词可出现在不带"的"不可让渡的领属结构里，而身体部位词却和一般物品词一样，不能出现在不带"的"的领属结构里。例如：你的妹妹→你妹妹、你的爸爸→你爸爸、你的手→＊你手、他的汽车→＊他汽车。

张敏的解释是："你""他"和"妹妹""爸爸"这些亲属词的概念距离相对紧密，可以直接连接；而人与"手""汽车"这些身体部位词和一般物品词的概念距离较大，需要在定语中心语之间加上结构标记"的"。这显然体现了语言距离和概念距离的象似性对应。

（二）多项定语的排序动因

1. 多项定语排序的距离象似性解释

多项定语排列有一个顺序问题，位置先后的规律也体现了距离象似动因的作用。例如：

例句 4

a. the famous delicious Italian pepperoni pizza（著名的美味的意大利辣香肠比萨饼）

b. ＊the Italian delicious famous pepperoni pizza（＊意大利美味的著名的辣香肠比萨饼）

c. ＊the famous pepperoni delicious Italian（＊著名的辣香肠的美味的意大利比萨饼）

d. ＊the pepperoni delicious famous Italian pizza（＊辣香肠的美味的著名的意大利比萨饼）

这些例子表明，只有 4-a 是可接受的，而其他三句（以及所有其他可能的组合）都不可接受。原因在于只有 4-a 遵守了距离象似性规则，这条规则认为关系近的成分必须靠近放在一起。因为 pepperoni（辣香肠）是这种比萨饼的固有组成成分，所以这个词必须直接放在该名词前边；Italian（意大利）表示产地，应得到第二接近的位置；而比萨饼的特点 delicious（美味的）和对它的评价 famous（著名的）则居于离名词较远的位置。

关于汉语多项定语的排列顺序，朱德熙早在 1957 年的《定语和状语》中就有过论述，他将递加的多项定语的次序安排概括为以下三个方面的规则：第一，如果几个定语都不带 de，一般的次序是①表领属的名词或代词，②数量词，③形容词，④表性质的名词；第二，在带 de 的定语里头，表领属的名词或代词仍然在最前面；第三，带 de 的定语一定在不带 de 的定语之前。例如：他的①一把②小③瓷④壶。

张敏（1998）立足距离象似性观点，认为朱德熙从形式上提出的这些规则可以概括为一条象似原则：定语和中心语之间的距离取决于它们所表达的概念之间的距离。他立足汉语实际考察了限定序列、概念距离以及定语的类，并引进了"客观性""恒定性"两个参项，将 Seiler 的语言限定序列加以调整，给出了如表 5-2 的汉语限定序列：

表 5-2　汉语限定序列

词类	［乙类形容词］、［甲类形容词］、［区别词 名词 动词］ ＋中心语
表义	情状　属性（形体、颜色、质料、功能等）
恒定性	小→大
客观性	小→大

在上述序列中，所谓"恒定性"指定语与中心语事物联系的稳定、内在程度；所谓"客观性"指性状与客观事物的联系在多大程度以个体的主观判断为转移。

2. 粘合式与组合式的多项定语排序

陆丙甫（1988）则进一步对汉语粘合式与组合式的多项定语排序进行了认知解释。在汉语学界，一般把定语的修饰意义分为限制性和描写性两大类，朱德熙（1982）又根据形式将定语分成组合式（领属性定语，数量定语和所有带"的"的定语）和粘合式（其余各种不带"的"的定语）两大类。陆丙甫指出传统的定语分类中，意义的分类（限制性、描写性）和形式的分类（粘合式、组合式）没有对应关系，为此他借鉴陈赞琼（1955）的观点，提出以"称谓性"和"非称谓性"与"粘合式"和"组合式"相匹配，构成形式和意义的对应，并在"非称谓性组合式"之下再细分"区别性定语"（限制性定语）和"描写性定语"。对于多项定语的排列顺序，他从粘合和组合两方面进行了考察。

对于多项粘合式定语的顺序，陆丙甫主要提出两条限制。（1）由大到小。一种情况是：越是能使中心词外延缩小的定语越是靠后。如"袖珍化学词典"，因为"袖珍"仅相对于"非袖珍"而言，而"化学"却相对于"物理""生物""建筑""数学"等等而言。可见"化学词典"比"袖珍词典"更为专门，或者说其外延更小，所以"化学"应置于"袖珍"之后。另一种情况是：由专门机构、地名等充当的粘合定语总是从大单位到小单位排列，如"复旦大学中文系汉语专业学生""中国江苏省苏州市吴江县人"。（2）从临时到稳定。越是表示事物稳定性状的粘合定语越靠后，如"新瓦房"，瓦房总是瓦房，而新的却会变旧的，所以"新"应前置于"瓦"。同样"老年化学专家""古代哲学思想"也可这样解释，因为"老年化学专家"不是生来就老的，是变化来的，"古代哲学思想"在古代也曾不是古的。将（1）和（2）结合起来，可以将粘合式定语的顺序总结成"时间＞空间＞颜色外观＞质料功能及其他"，如"白色长筒尼龙袜子""大号白色防风大衣"。

对于多项组合式定语的顺序，陆并甫认为，同粘合式定语相比组合式定语同中心词的关系较为松散，因而离中心词较远，也就是说总是前置于粘合式定语。如果若干项组合定语处于同一序位中，则往往也是外延性定语在内涵性定语的前面。如"那两个刚从农村来的朴实的小伙子""这本几经波折才出版的振聋发聩的《人类思想解放史》"，这也可说是"从临时到稳定"这个倾向的表现。动词短语一般反映事物的较临时的状态，形容词短语则一般反映事物较稳定的性质，所以动词短语和形容词短语一起作定语，总的倾向是动词短语在形容词短语之前。同时，外延大小对于定语的顺序安排也有极大的影响，如"传说中的夏朝以前的帝王"和"夏朝以前的传说中的帝王"。前者暗示所有夏朝以前的皇帝都是传说中的，即"传说中的皇帝"外延大于并包含了"夏朝以前的帝王"；而后者则暗示所谈论的只是夏朝以前的帝王中被传说的一部分，此时"传说中的"相对于"确实存在过的"而言。总之，定语递加的过程就是使名词短语外延逐渐缩小，所指逐渐限定的过程。

此后，陆丙甫（1993）又进一步提炼，将汉语多项定语的排列顺序归纳为以下两条规则：第一，越是反映事物稳定的、内在本质的定语越靠近核心；第二，外延性定语在外层，内涵性定语在内层。

(三) 动结构式的认知解释

1. 结构形式：粘合式与组合式

Croft（1990）提出一个蕴含性语言普遍特征："如果某个语言有两个语义相近的构造，其结构在语言距离上有所区别，则它们在概念距离上也有平行的语义区别。"

支持这项语言普遍特征的证据非常多。例如 Haiman（1983、1985）举出多种语言中的并列结构、使役结构、及物性、领属结构等方面的证据。典型证据之一如英语的使役式（causative，即汉语的动结构式）可有两种表达形式：一种是凝固的词汇形式，如 kill（杀死）；另一种是分析性的结构，如 cause to die（导致死亡）。Comrie（1980）在考察了大量语言的基础上指出，这两类使役式在语义上并不相同，前者通常暗示使役者和使役对象有某种物理上的直接接触，或对其造成的结果直接负责，而后者则暗示施事和受事的接触是间接的。汉语的情形也相仿，试比较"我杀死了他"和"我导致了他的死亡"的区别。

郭继懋、王红旗（2001）对汉语动结构式中粘合补语和组合补语的表达差异进行了认知分析，印证了上述结论。汉语动结构式依据结构形式的差别可分为组合式的和粘合式两种，其中组合式动结构式有助词"得"作为标记。例如：吃饱了/吃得饱饱的、打跑了/打得屁滚尿流地跑了。

两者在表义上的差异，学界主要认为粘合补语表示结果和趋向，而组合补语表示状态。郭继懋、王红旗认为这种概括不能令人满意。因为：第一，结果显然是所有补语共有的语义，而不是粘合补语特有的语义；第二，一方面有一部分组合补语并不表示状态（如：激动得喝了两杯白酒），另一方面形容词充当的结果补语也能表示状态（如"洗白、抹黑"）。

他们认为，粘合补语和组合补语的表达差异取决于说话人想何种程度地凸显结果。具体分析，用粘合补语表达结果是低程度地凸显结果，而用组合补语表达结果是高程度地凸显结果。在单句内部，结构成分复杂程度的不同会对信息有程度不同的凸显。比如只考虑结果的信息传递，现代汉语至少有三种凸显度不同的处理方式。以喝水之后水消失这个结果为例：①不用补语而只用谓语动词表达，如"喝了"，这是最低程度的凸显结果；②用粘合补语来表达，如"喝光了"，这比"喝了"凸显结果的程度要高；③用组合补语来表达，如"喝得一点都没剩"，凸显结果的程度显然更高。如果结果被认为具有有限的表达价值，那么就会得到有限度的表达，即与原因合并起来作为一个单一的完形（动结式）以"总括"式的扫描方式来认知，于是使用粘合式述补结构。

如果结果被认为具有相当高的表达价值，那么就会被作为一个独立的情况特别地凸显出来，原因和结果被作为两个单独的事件以"次第"式的扫描方式来看待，于是使用组合式述补结构。

2. 凸显动因：规约性与偶发性

他们还认为，现实世界里的结果有两种：规约性的和偶发性的。有因果关系的两个事件如果属于同一个"命题认知模式"，其中的结果就是规约性的，具有稳定的、紧密的特征，如"睡"与"着"、"杀"与"死"之间。"睡"就是"使着"，"杀"就是"使死"。这种因果联系是超越具体语境的，某个具体行动一般都有某个规约性结果，规约性结果是具体行动的目的。如果有因果关系的两个事件不属于同一个"命题认知模式"，其中的结果就是偶发性的，具有临时的、松散的特征。如"老王在公园里睡得不会说话了"，一般认为这两个事件之间并不存在紧密的、稳定的因果关系，即我们并没有把这两个事件纳入同一个命题认知模式。因为在生活中，"老王在公园里睡觉"可以导致无数个临时的、偶发性的结果，"老王不会说话了"只不过是其中之一罢了。这两种不同的结果分别与粘合补语与组合补语有对应关系。规约性的结果适合用粘合式述补结构表达，例如：撕开、摔倒、睡着、杀死、摔破、学会、听懂、镂空、爬上、吃下、钻进、掏出、跑过、取回、打开、跳起。偶发性的结果适合用组合式述补结构表达，例如：哭得眼睛都肿成烂桃了、笑得小刘都摸不着头脑了。

郭继懋、王红旗指出，规约性结果和偶发性结果与粘合补语和组合补语有对应关系，可以用认知语言学的象似性原则来解释：规约性的结果与原因的概念距离近，结果蕴含在原因之中，所以表达这种因果关系的语言形式之间的距离也近；偶发性的结果与原因的概念距离远，所以表达这种因果关系的语言形式之间的距离也就远。表达上的凸显度与结果的规约性和偶发性是有密切关系的。一个结果如果是规约性的，那么我们就没有必要也不可能太凸显它；如果是偶发性的，我们就有可能也有必要高度凸显它。"摔得都倒了"之所以不能成立是因为"倒"是规约性的，不应该得到这样高度的凸显；"气得把柜台给砸了"之所以没有相当的粘合式说法，是因为"气疯了、气坏了"等表达意义太概括，丢失了较多的细节，信息量不足。

第六章

概念隐喻认知理论

近年来，隐喻研究已引起广泛关注，成为哲学、语言学、逻辑学、心理学、认知科学、人工智能、教育学领域研究的中心议题。L&J（1980）出版了他们的著作之后，隐喻已被上升到"认知方式"和"推理机制"的高度来理解。当代认知科学普遍认为，隐喻在本质上不是一种修辞现象，而是一种认知活动，对我们认识世界有着潜在的、深刻的影响，从而在人类的范畴化、概念结构、思维推理的形成过程中起十分重要的作用。隐喻是人类认知活动的工具和结果，不再把隐喻看作是两个事物相似性的对比。在这一过程中，认知主体通过推理将概念域映射到另一个概念域，从而使得语句具有隐喻性。隐喻中的本体和喻体涉及表达两种事体的思想，它们的并置产生了矛盾，在互动的碰撞中获得统一，主体再结合其他因素便可获得隐喻义。隐喻可以使人们在不同事体之间建立联系，加深对事体的理解。隐喻由认知而起，又是认知的结果，同时又推动了认知的发展，这就揭示出隐喻在人类认知和推理中所起到的重要作用，它对于人类认识世界、形成概念、发展知识、进行思维、作出推理具有至关重要的意义。

第一节　概念隐喻的基本要素

一、始发域和目标域

始发域和目标域是概念隐喻中最重要的两个基本要素，一般说来，始发域较具体，目标域较抽象。要确定始发域和目标域，就需要区别两个概念：非隐喻概念和隐喻概念。如果一个概念是非隐喻的，那么这个概念就是由它本身建构的，并通过其自身被理解，而不是通过引入另一个完全不同的概念去建构它、理解它。

那么，我们如何确定一个概念的哪些方面是隐喻的，哪些方面是非隐喻的，即一个概念在多大程度上是隐喻化的呢？对这个问题必须作出回答。Lakoff 和 Johnson（1980）作了如下说明："一般说来，隐喻概念不是用具体的意象（例如，飞、爬、走路等）来解释的，而是用属范畴来解释的（例如，经过）"。Lakoff（1987）详细区分了基本层次概念（basic—level concepts）、上层概念（superordinate）和下层概念（subordinate）。例如，走、跑、吃、喝是基本层次概念，移动、摄取食物是上层概念，而溜达、品尝、呷是下层概念。总之，把概念隐喻的工作机制定位在上位层次，是与以 Lakoff 为代表的一些认知语言学家们所秉承的"概括的承诺"和"认知的承诺"相互一致的（Lakoff，1992）。

二、 经验基础

经验也是认知语言学中的一个重要概念。既然人脑的概念结构在本质上是隐喻的，那么，隐喻的经验基础就是人的认知基础。这个认知基础就是动觉意象图式。动觉意象图式有很多种，都是基于身体经验的。这些意象图式有容器图式、部分—整体图式、系联图式（link）、中心—边缘图式、起源—路径—目标图式、上—下图式、前—后图式、线型顺序图式、压力图式等（Johnson，1987；Lakoff，1987）。例如，范畴是以容器图式理解的，等级是以上—下图式理解的，关系是以系联图式理解的，使役式是以压力图式理解的。这里，我们以容器图式为例予以说明。容器图式的经验基础是我们把自己的身体看成是一个容器或置身于其他容器里（如在房间里）。身体这个容器有内、外和边缘。这样的隐喻称为"容器隐喻"，如概念隐喻"视野是容器"（visualfields are containers）在英、汉语中就有很多的语言隐喻或隐喻表达式：

例句 1
The ship is coming into view. （她从我的视野中消失了。）
例句 2
I have him in sight. （他突然闯入了我的视线。）
例句 3
He's out of sight now. （他在我的眼皮下跑掉了。）
值得注意的是，以上提到的意象图式虽然都是以我们的身体和万有引力作用为基础的直接经验的结果，但这并不排除其中的文化因素。正如 Lakoff 和 Johnson（1980）所说："每一种经验都是在一个大的文化预设背景下发生的……更正确地说，所有的经验都完完全全是文化的，我们以这样的方式体验世界，以至于我们的文化已经在经验本身中体现出来了"。虽然每一种经验都涉及文化预设，但我们还是可以区分出身体经验与文化经验，它们之间的重要区别在于前者包含身体的成分较多，如"起立"，后者包含文化的成分较多，如"参加结婚仪式"。Lakoff 在后来的研究中较少提及文化因素，大概就是基于以上论证。有的学者批评 Lakoff 的"体验哲学"不考虑文化因素，原因也许就在于未注意 Lakoff 最初对文化与经验的分析。

三、 映射

概念隐喻是从始发域向目标域的系统的、部分的、不对称的结构映射。这种映射通常有三种对应关系（Lakoff，1992）。

第一，本体对应（ontological correspondence）：映射是始发域与目标域实体间的一个固定的本体集对应。以概念隐喻"爱是旅程"为例：

"爱是旅程"映射：

a. 相爱的人对应旅行者。

b. 情爱对应交通工具。

c. 相爱的共同目标对应旅行的共同目的。

d. 相爱时遇到的困难对应旅行中的障碍。

第二，推理模式对应（inference pattern correspondence）：当本体对应被激活时，映射能把始发域的推理模式投射到目标域的推理模式上。如上例，当旅途中出现障碍时，有以下几种选择：

e. 旅行者可以努力去克服困难，越过障碍。

f. 也可能留在原处，放弃旅行的目的地。

g. 可能放弃交通工具。

当然也可能还有其他多种选择，例如当旅行的场景（scenario）映射到目标域上时，相爱者就会有如下的选择：

h. 相爱的人可能努力去克服困难，越过障碍。

i. 也可能他们的关系就此停滞，放弃共同的人生目的。

j. 可能分手。

当然也可能还有多种选择，这就是我们理解"爱"的场景。

第三，推理模式间的开放性潜在对应（potential correspondence）：新隐喻是对常规隐喻的扩展应用，始发域中的本体和推理模式是开放性的，目标域也相应如此，因为概念隐喻有突出与掩盖的系统性，一旦掩盖的被激活，新隐喻就产生了。

通过对许多概念隐喻的研究，Lakoff（1989）发现有四种映射形式。

第一，复合图式映射：如在"争论即战争"这个概念隐喻中，一个经验域的复合图式（战争）映射到另一个经验域的对应图式中（争论），每一种映射都涉及两个域中的多个实体（如战士）以及实体之间的关系。简言之，复合图式映射就是把有关始发域的知识映射到目标域上。

第二，意象图式映射：意象图式就是那些在本质上是动觉的拓扑结构和方位结构，它们有足够的内部结构来接纳推论，例如上面提到的图式等。大部分的常规隐喻是意象图式的映射。

第三，一次性纯意象映射（one—shot rich—image mapping）：比如 dunk 一词有两个意思：①把（面包、饼等）在汤（饮料）中浸一浸；②扣篮。在①中右一个常规的意象，即把食物越过茶杯边放进杯中，在②中是手越过篮框把球投入篮中。从①到②是一次性纯意象映射，因为这里没有概念间的系统映射。Lakoff 在后来的研究中，把这种映射隐喻称为意象隐喻（Lakoff，1989，1992）。

第四，亚里士多德式的隐喻映射：这是古典隐喻文献（相对于认知理论）中引用最多的一类隐喻，如"亨利是猪"这种隐喻之所以产生，是因为始发域与目标域之间具有共同的特征。Lakoff 认为这是一种最让人烦的隐喻，但他（Lakoff，1989）对这种隐喻的映射作了令人信服的分析。

第二节　概念隐喻的系统性

概念隐喻的系统性可以从两个层次进行分析：语言层和概念层。所谓语言层上的系统性，就是指由一概念隐喻派生出来的多个隐喻表达式或语言隐喻是成系统的，这是因为经验具有完形感知结构，这个多维结构的整体（Lakoff&Johnson，1980）使得隐喻内的映射具有系统的对应关系。这里我们重点讨论概念层上的系统性。这一系统性也可分两种情况：概念隐喻内部的系统性和概念隐喻之间的系统性。为了行文的方便，我们首先对比隐喻研究中的几个重要概念，因为它们之间也存在抽象的理论系统，然后从结构隐喻、方位隐喻和本体隐喻出发，对隐喻的系统性进行具体的分析。

一、 常规隐喻、 死隐喻与新隐喻

Lakoff 所说的概念隐喻通常只指常规隐喻（conventional metaphors），而不是死隐喻（dead metaphors）和新隐喻（novel metaphors）。常规隐喻指那些建构我们文化的普遍概念系统，并且反映在日常语言中的隐喻，它们才是我们真正赖以生存的隐喻；死隐喻是指那些特有的、孤立的、无系统性的隐喻表达式，如"山脚""葱头""桌腿"和"河口"，它们虽是隐喻家族中的成员，但根本不与其他成员来往，更没有在我们的语言和思维中被系统地使用（虽然有的临时可以被激活），因此，它们不是我们赖以生存的隐喻。在隐喻研究中；区别常规隐喻与死隐喻具有重要的意义。

新隐喻是 Lakoff 重点讨论的对象之一，Lakoff 及其同事在他们的几本重要文献中多有论述（Lakooff & Johnson，1980；Lakoff & Turner，1989；Lakoff，1992）。为什么呢？他们认为，新隐喻具有和常规隐喻一样的系统特征，如果一个新隐喻进入了我们的日常概念系统（有的也是一种必然趋势，正如胡壮麟先生（1997）指出："一代人的隐喻是另一代人的常规表达"），即成为了概念隐喻，它就会改变我们原有的概念系统及行动方式。因而新隐喻可以创造新现实，而不是一种对业已存在的现实进行概念化的又一方式。所以 Lakoff 和 Johnson（1980）说："许多文化变迁归因于新隐喻概念的引进和旧隐喻概念的消亡"。并且，他们还举例说明，现在全世界范围的文化之所以西化，部分原因是由于"时间即金钱"这一概念隐喻的引进和推广。

二、 结构隐喻的系统性

结构隐喻、方位隐喻和本体隐喻都是常规隐喻。结构隐喻是以一种概念的结构去构建另一种概念，其映射属于部分映射。

（一）隐喻蕴涵

1. 概念隐喻之间可以通过蕴涵关系构成一个连贯的系统，例如：

时间即金钱（大系统）

↓（箭头表示蕴涵）

时间即有限资源

↓

时间即宝贵商品

2. 一个概念隐喻因为其始发域所具有的蕴涵，例如"争论是旅途"（an argument is a journey）这一概念隐喻中，始发域"旅途"的蕴涵有道路，而道路就有（路）面，所以，目标域"争论"也同样蕴涵道路、（路）面，该隐喻的语言表达式也因之构成一个连贯的系统，并从几个侧面对该隐喻概念进行阐述。这一系统性在结构隐喻、方位隐喻以及本体隐喻中都存在，概念隐喻的这种系统性国内已多有介绍（束定芳，2000），此处不再赘述。

（二）突出与掩盖

结构隐喻是从始发域到目标域的部分映射，因此我们在通过始发域来理解目标域时，必然会突出某个方面，而掩盖另外的方面。例如，在理解"争论是战争"这一概念隐喻时，当我们把注意力集中于激烈的争论时，就只会注意如何进攻对方，维护自己的观点，而忽视理智合作、战略战术等方面。又如，在英语中，关于语言的管道隐喻就有以下几种结构：

（1）Ideas（or meaning）are objects.（思想或意义是物体。）

（2）Linguistic expressions are containers.（语言表达式是容器。）

（3）Communication is sending.（交际是传送。）

说话人是将观点/物体放在词语/容器中，把它传送（通过管道）给听话人，听话人把观点/物体从词语/容器中提取出来。

从概念隐喻本身以及隐喻表达式上，我们几乎很难发现掩盖了什么，但当考察每个概念隐喻的蕴涵时，我们就会发现"思想或意义是物体"以及"语言表达式是容器"这样的概念隐喻都蕴涵着：词与句子本身有意义，不依赖语境和说话人。相反，关于语言的管道隐喻就突出了词与句子本身，而掩盖了语境的作用。

概念隐喻同时具有突出与掩盖这一系统特征，使得隐喻在政治、经济、道德、军事等宣传方面具有特别重要的价值。

三、 方位隐喻的系统性

方位隐喻是以一个概念（空间方位）完整的系统去建构和组织另一个概念。这些空间方位概念有上—下、里—外、前—后、深—浅、中心—边缘等，英语中的 on - off 在汉语中没有对应的词来翻译。如英语中的 happy is up（高兴是上）、sad is down（悲哀是下）；more is up（多是上）、less is down（少是下）等，它们都是基于我们的身体经验，也受文化经验的影响。

由于方位隐喻是以空间方位来建构的，同一个始发域如 UP 是表示向上姿势的一个完整的图式，其中的向上方式、程度、位置等千差万别，所以，以 UP 为始发域的方位隐喻也多种多样，在几个或多个方位隐喻之间就可以构成连贯的系统，例如 good is up（好是上）、happy is up（高兴是上）、health is up（健康是上）、alive is up（活着是上）、control is up（控制是上）等就构成了一个系统，因为它们从不同的角度表现出了人类积极的和好的方面；反之，以 down 为始发域的隐喻，也有一个系统描述人类消极的、不好的一面，例如 bad is down（坏是下）、sad is down（悲哀是下）、sickness and death are down（病和死是下）、being subject to control of force is down（受到控制或承受力量是下）等。

方位隐喻是 Lakoff 等人的重要发现，认知语言学的体验哲学思想（王寅，2002；文旭，2002）以及 Lakoff 后来的研究大多是以空间方位的身体经验为出发点的。后来 Lakoff（1992）干脆以 space（空间）这样一个概念作为最基本的始发域，来解释包括一些结构隐喻、本体隐喻等概念隐喻的映射原理。

例句 1

A purposeful life is a journey.（有目的的生活是旅程。）

目标域：生活

始发域：空间

事件结构隐喻（The Event Structure Metaphor）

目标域：事件

始发域：空间

当然，这样的解释是否具有普遍性，还有待于用不同的语言加以验证。

四、 本体隐喻的系统性

把事件、活动、情感、思想等具有连续性质的、抽象的经验看做是不连续的、有统一形体的实体或物质的隐喻方式就是本体隐喻，如上文提到的容器隐喻就属本体隐喻。本体隐喻除具有上面结构隐喻的蕴涵、突出与掩盖等系统性的作用外，还表现在通过使用本体隐喻，我们能够对抽象的、连续性的经验实现指称、量化、识辨、调整目标和促起行动等多种多样的目的。

例句 2

Inflation is an entity. （通货膨胀是实体。）

a. Inflation is lowering our standard of living. （inflation 具有指称功能）

b. We need to combat inflation. （调整目标，促起行动）

c. Inflation is backing us into a corner. （识辨原因）

d. If there is much more inflation，we'll never survive. （inflation 被量化）

如果进一步扩展，把上面本体隐喻中的实体理解为人，使之具有人所具有的动机、特征、目的等，这样的隐喻方式就是拟人化。拟人化本体隐喻的一个重要系统特征就是突出。例如，我们把上例拟人化后，就会有隐喻"通货膨胀是敌手"，这样就特别突出了通货膨胀能进攻我们、伤害我们等反动的一面，因而我们就会在政治、经济活动中采取相应的措施，如"发动一场反对通货膨胀的战争""改善供需矛盾"等。

第三节　隐喻之间的连贯

概念隐喻的连贯性是指几个概念隐喻，通过它们共享的隐喻蕴涵，不但使这几个概念隐喻具有连贯性，也使它们的隐喻表达式具有连贯性。下面将概念隐喻的连贯性分为两种情况。

一、 两个概念隐喻之间的连贯

下面举例两个概念隐喻。① "争论是容器"（an argument is a container）；

②"争论是旅途"（an argument is a journey）（在以下的讨论中我们用①②③④等表示概念隐喻）。在理想的情况下，容器的表面越大，容器中的内容就越多，映射到目标域上就是：随着争论的进展，争论面会越采越广，因而①的隐喻蕴涵就有"当我们争论时，争论面会越来越广"；同样，在理想的状况下，随着旅途的进展，我们走过的路面也会越来越多，映射到目标域上就是：随着争论的进展，争论面会越来越广。因而可以得出②具有和①相同的隐喻蕴涵，如图6-1所示：

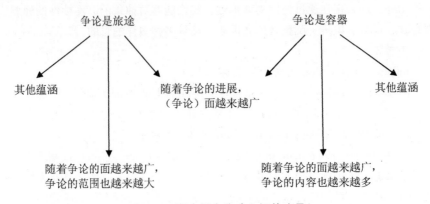

图6-1 两个概念隐喻之间的连贯

上述两个隐喻有不同的目的，容器隐喻主要突出所争论的内容，而旅途隐喻突出的是目标和进展。但正是由于共享的隐喻蕴涵，这两个具有不同服务目的的概念隐喻构成了一个连贯的系统。体现在语言中，我们既有单独使用其中一个隐喻的句子，也有这两个概念隐喻重叠出现在同一个隐喻的句子，例如：

例句1

At this point our argument doesn't have much content.

例句2

In what we've done so far, we have provided the core of our argument.

二、 多个概念隐喻之间的连贯

（一）同一目标域的概念隐喻之间的连贯

上文中①②共享的隐喻蕴涵，也可以称为"规定内容的面"（content—defining surfaces），因为争论的面越广，内容就越多。这个蕴涵在概念隐喻③

"争论是建筑物"（an argument is building）中同样存在，但有一点与我们平常理解不同的是：用于隐喻的建筑物的内容不是在建筑物内，而是在其外部构造和根基上。

例句3

a. The foundation of your argument doesn't have enough content to support your claims.

b. The framework of your argument does not have enough substance to withstand criticism.

当然，同一目标域的几个概念隐喻共享的隐喻蕴涵可能还会有其他方面，如"规定深度的面"（depth—defining surfaces）等。那么，为什么它们会有共享的蕴涵呢？这其中最根本的原因就是：虽然它们的侧重点不同，突出的角度也不一样，但它们有共同的使用目的：更好、更全面地理解目标域。

（二）不同目标域的概念隐喻之间的连贯

上面的概念隐喻②③与④"理解是看见"（understanding is seeing）是否连贯呢？回答是肯定的。当我们旅行时，随着旅途的进展，我们看到的就会逐渐增多，映射到目标域上就有：随着争论的进展，我们理解的越来越多。这就是②与④的连贯。例如：

例句4

We have just observed that Aquinas used certain Platonic notions.

例句5

Having come this far, we can now see how Hegel went wrong.

当我们看清了一个建筑物的形状、轮廓后，就弄清了"争论"的要点，这就说明③与④也是连贯的。例如：

例句6

We can now see the outline of the argument.

例句7

If we look carefully at the structure of the argument…

当透过表面现象看清了实际内容后，我们就明白了"争论"的实质，这就说明①与④也具有连贯性。例如：

例句8

That is a remarkably transparent argument.

例句9

I didn't see that point in your argument.

以上讨论的是①②③与④之间的连贯性，但其中的连贯方式是不同的，因为每两者之间共享的隐喻蕴涵不同。下面我们讨论另一个概念隐喻⑤"更多是更好"（more is better）与①②③之间的连贯：争论的质量好坏，包括内容、力量、清楚与否，是通过争论的数量多少来理解的，即它们共享的蕴涵就是概念隐喻⑤本身，因而在表达式中就会与⑤重叠出现。例如：

例句 10

Your argument doesn't have any content.

例句 11

This argument won't do——it's just not clear enough.

例句 12

Your argument is too weak to support your claims.

关于"争论"的概念隐喻还很多，如"争论是战争"等，我们目前还不能穷尽关于"争论"这一概念的隐喻系统，因此也不能穷尽其中的连贯性。但通过以上的讨论，我们会得到一个重要的启示：原来似乎是任意的隐喻之间，其实是有规律可循的，这些有规律可循的概念隐喻共同构成了我们对"争论"进行概念化的一部分。

第七章

概念转喻认知理论

第一节　概念转喻的生成机制

一、 概念转喻的认知本质

"转喻"（metonymy）一词源于拉丁文 denominatio，最初出现在公元前 1 世纪的匿名拉丁文献《修辞和解释》中："转喻是一种辞格，在描述难以命名的事物时借用与之相近、相邻的事物来表达，以便人们理解。"

"转喻"在传统汉语修辞学中被称为"借代"，陈望道（1976 ［1932］）的定义是：所说事物纵然同其他事物没有类似点，假使中间还有不可分离的关系时，作者也可以借那关系事物的名称，来代替所说的事物。

在传统修辞学中，转喻是概念 A 与 B 之间的替代关系，这里的 A 和 B 都停留在语言表达层面，是一种特定的修辞方式；在现代修辞学中，Jakobson（2002）运用 Saussure（1999）的双轴理论将转喻定义为横轴（syntagmatic axis）上的语言符号之间的邻近关系，但转喻始终还停留在语言表达层面，相对来说具有一定的局限性。

随着认知语言学的发展，人们普遍意识到转喻的认知本质。它不仅是一种修辞方式，也是一种认知机制。认知语言学认为转喻的本质与隐喻一样是人类基本的认知手段，转喻是概念、思维层面上的问题，对于人类推理起着重要的作用，并称之为"概念转喻"（conceptonl metonymy）。对于"转喻"的认知本质，认知语言学家从各个方面进行了探索和阐述，下面分别转引他们的观点，使我们对"转喻"这种语言现象有一个全面的认识。

（1）Lakoff & Turner（1989）指出：转喻主要具有一种指代功能，它允许我们用一种实体代替另一实体。

他们认为转喻映射发生在单一认知域中，不涉及跨域映射。例如"《时代》还没有到达新闻发布会（news organization）"，表达的是《时代》杂志的记者还没有到达新闻发布会。这里,从杂志名称到杂志记者的转喻映射并没有跨越 news organization 这一认知域。

(2) Croft (1993) 基于 Langacker (1987) "认知矩阵" (domain matrix) 的概念,认为一个概念通常涉及的并不是一个单一的认知域,而是复杂的认知域矩阵。如 "人类" 这个概念就分别属于 "生命体 (living entities)" "物理体 (physical objects)" "有意志的施事 (volitional agents)" 等认知域。因此,与 "人类" 概念相关的转喻就不是只涉及一个认知域,而是涉及由多个相关认知域组成的一个认知域矩阵。因此,Croft 对转喻作了如下定义:转喻映射发生在单一的认知域矩阵中,不涉及跨域或跨矩阵映射。同时,Croft (1993) 利用域凸显 (domain highlighting) 来阐释概念转喻,在同一认知域矩阵中考察转喻的认知本质,认为概念转喻是次认知域 (secondary domain) 和主认知域 (primary domain),即一个认知域矩阵之间的凸显关系。例如:"鲁迅非常难读",这个转喻表达的意思是鲁迅的作品很难读懂。在我们关于鲁迅的概念中,相对于作家鲁迅而言,他的作品则处于一个次要的位置,属于次认知域,因为提到 "鲁迅" 我们首先想到的是鲁迅这个人。该转喻表达就是将次认知域 "作品" 放在了 "作家鲁迅" 认知域矩阵中凸显的位置,从而传达出了想要表达的意义。

(3) Barcelona (2002) 认同 Croft 有关转喻是域凸显现象的论述,但同时他强调双域映射在转喻中的作用。Barcelona 对转喻的定义如下:转喻是从一个概念域,即源域,向另一个概念域,即目标域的映射。源域和目标域属于同一功能域,它们之间的语用功能联系使目标域在心理上被激活。

例如 "白宫没有干预",这里利用了转喻 white house for U.S. government。理想化认知模式可以将源域 "白宫" 和目标域 "美国政府" 在语用功能(即都是国家权力的行使机构)上联系起来,从而在人们头脑中激活目标域中的概念。

(4) Langacker (1993) 在认知语法框架内利用认知参照点来阐释概念转喻:转喻从根本上讲是一种参照点现象。更准确地讲,通常用转喻表达的实体作为参照点为所需的目标实体(即实际所指的实例)提供心理通道。

例如 "红领巾走过来了" 表达的意义是 "戴红领巾的人走过来了"。"红领巾" 是此人身上高度凸显的物体,这里作为认知参照点来激活、唤醒人们大脑中凸显度较低的目标实体 "戴红领巾的人",使听者或读者与目标实体进行概念接触。

(5) Kövecses & Radden (1999) 在前人的研究基础上利用理想化认知模式,提出了以下的转喻定义:转喻是在同一理想化认知模式中,一个概念实体

（转喻喻体）为另一个概念实体（目标实体）提供心理通道的认知过程。

例如"那位火腿三明治正等着付账"，在"餐馆"这一理想化认知模式中，转喻喻体"火腿三明治"能够为转喻目标"吃火腿三明治的顾客"提供认知的心理通道。

二、　概念转喻的生成机制

概念转喻具有认知本质，这是可以肯定的。那么在具体运用中就有一个概念转喻的生成机制，这涉及两个方面：一个是概念转喻得以成立的条件，另一个是概念转喻得以成立的规约性。事实上并非具有概念邻近性的两个任意实体都能产生转喻关系，也并非所有转喻关系的表达都具有相同的规约性。根据 Barcelona（2002）的研究，概念转喻的生成受到以下原则的制约。

第一，转喻喻体和转喻目标需要满足转喻映射的某一默认类型（default pattern），即下文 Kövecses & Radden 转喻分类中的某一类型。

第二，原则一中的默认类型受到认知原则和交际原则的制约。阐述如下：

（1）认知原则：人们趋向于选择与自身有关的、具体的、有生命的、易感知的、典型的、有使用功能的事物作为转喻喻体转指与人体无关的、抽象的、无生命的、不易感知的、非典型的、无使用功能的转喻目标。转喻表达的喻体和目标越多地符合以上条件，其规约性就越强，越容易被人们接受。

（2）交际原则：为了满足交际的准确性和交际"经济原则"，人们通常选取清楚明白的、相关性强的事物来转指模糊不清的、相关性弱的事物。

第三，原则一中的默认类型受到文化、社会、美学等因素的制约，原则二与原则三矛盾时，通常优先考虑后者。

第二节　概念转喻的分类

Warren（1999）区分了五种邻近性：合成（composition），使役（causation），领属（possession），方位（location），表征（representation）。每种邻近性都包含大量的次类。唯一的例外是体—属性（aspect - attribute），她把它与转喻作了区分，认为该例属于"蕴涵"（implication）。Blank（1999）以框架理论和图景（scenario）理论为基础，把转喻的邻近性概括为两种：同现性

（co‐presence）和连续性（succession）。依 Blank 看，这两种邻近性与人类概念化的两个基本模式（"共时"和"历时"模式）相对应，因此，他毫无例外地把所有可能的转喻情形都概括了进去。

Radden 和 Kövecses（1999）以及 Kövecses（2002）以 ICM 为理论基础，对转喻作了全面的分析。他们认为转喻不只具有指称功能，它在本质上是一种概念现象。也是认知加工过程。在一个 ICM 中，一个概念体（喻体）为另一个概念体（本体）提供心理通道的认知过程就是转喻。在 Lakoff（1987）的基础上，他们对 ICM 做了进一步的阐释，认为 ICM 不仅可以分别存在于现实世界、概念世界、语言（形式）世界之中，也可以发生在这三者之间。这样看来，转喻的出现就要比隐喻复杂得多。转喻的这一复杂性，可以用图 7‐1 表示：

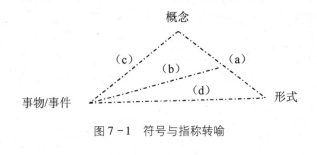

图 7‐1　符号与指称转喻

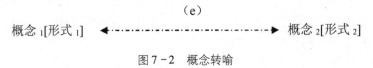

图 7‐2　概念转喻

如图 7‐1 和图 7‐2 所示，理想化认知模型有：符号 ICM，指称 ICM，概念 ICM。前两种 ICM 可生成四种转喻关系（a）～（d），第三种 ICM 也可生成四种转喻关系（e）：（1）～（4）。现分述如下：

（a）形式转喻概念。

book for "book"（"书"这个词转喻"书"这个概念）

dollar for "money"（"美元"这个词转喻"钱"这个概念）

转喻式（a）是对语言本质的揭示，Radden 和 Kövecses 认为语言在本质上就是基于这类转喻的，因为我们没有其他的更简捷的方式来表述和交流我们的概念。人类也正是因为具有这一转喻思维方式，才创造了语言来表达大脑中的知识，因而语言在本质上就是转喻的。也正是因为这一点，我们才注意不到语言的转喻本质。从这个意义上来讲，语言起源于人类的转喻思维，应当说我们赖以生存的是转喻而不是隐喻。

（b）符号（形式—概念）转喻事物/事件。

word rose for a certain real rose（"玫瑰"这个词转喻一朵真的玫瑰花）

（c）概念转喻事物/事件。

concept "cow" for a real cow（"牛"这个概念转喻现实中的一头牛）

（d）形式转喻事物/事件。

John for the bearer of this name（"约翰"这个名字转喻叫这个名字的人）

（1）形式$_1$—概念$_1$转喻形式$_2$—概念$_2$。

The buses are on strike，（"公交车"转喻"公交车司机"）。

（2）形式$_1$—概念$_1$转喻概念$_2$。

mother for "housewife mother"（形式$_1$—概念$_1$ "mother" 转喻其中的一个子范畴概念$_2$ "housewife mother"）

（3）形式$_1$—概念$_1$转喻形式$_1$—概念$_2$。

White House — "place" for White House — "institution"（一个地点概念形式是 "White House"，它可以用来转喻一个同形式的机构概念 "White House"）

（4）形式$_1$—概念$_1$转喻形式$_2$—概念$_1$。

UN for United Nations

上述八种转喻关系及其示例可以揭示两个问题：第一，这些转喻表达式都是我们在日常生活中经常使用的、常规的表达方式，我们几乎不认为它们都是转喻；第二，我们在使用转喻时，一般以容易辨认的、可直接获取的形式或概念作为喻体，去理解较难辨识的、不能直接获取的概念或现实。所以我们对喻体的选择有这样一种倾向，可以表述为如下的优先关系：形式 > 形式$_a$ 概念$_a$ > 概念$_b$ > 现实。

接下来我们将讨论转喻的具体化，也就是转喻认知的具体类型及其使用理据。按照 ICM 理论，转喻的具体化可以发生在上文所述的两大构型中，对转喻使用理据的分析，我们是从两个方面展开的：人类经验和人体感知显著性（Radden & Kövecses，1999；沈家煊，1999）。

一、 整体 ICM 与部分的转喻关系及其认知理据

整体与部分的转喻关系是以事物及其部分之间的关系来实现的。认知语言学认为，不论是物理的还是心理的事物，都具有格式塔结构，表现为边界清楚、内部由部分组成。能够产生整体与部分转喻关系的 ICM 有事物模型、构

造（constitution）模型、等级（scale）模型、复杂事件模型、范畴—属性（category—attribute）模型等。

（一）事物模型

例句 1

a. 整体事物转喻事物的部分

Last year, he went to America. （"美洲"转喻"美国"）

He hit my arm. （"他"转喻"他的拳头"）

b. 事物的部分转喻整体事物

England is a developed country. （"英格兰"转喻"英国"）

以整体事物转喻事物的部分这种思维方式，之所以能够被人们准确地理解，是因为人们能够找出其中的活跃区（Langacker，1993），如上例，"美洲"的活跃区是"美国"，"他"的活跃区是"他的拳头"。这样使用转喻，符合人们在认知世界和传递信息时，用最小的认知努力获取最大的认知效应，如果不用转喻，就无法达到这样的目的。

以部分转喻整体事物在传统上被看做是提喻（synecdoche），但根据 Seto（1999）的观点，提喻只是指属和种的关系，例如，He has to earn his bread by himself. I have a temperature again. "面包"只是食品的一种，所以前例是以种代属的关系；体温有冷、热、正常等情况，发烧只是其中的一种，所以后例是以属代种的关系。为了保存提喻这种修辞格我们采取了 Seto 的观点，把范畴—成员模型排除在转喻之外。Radden 和 Kövecses（1999）认为也可以把种属关系隐喻化为整体与部分的关系，那么上层范畴（属）就可被隐喻化为一个整体，而下层范畴（种）则是其部分。

（二）构造模型

构造模型是对由物质材料等构造而成的事物或实体的认知概括。该模型可以产生以下两种转喻关系。

例句 3

a. 实体转喻组成物质/材料

I smell skunk. （臭鼬转喻其气味）

b. 组成物质/材料转喻实体

Whose woods these are I think I know. （"树木"转喻"树林"）

实际上，（抽象）物质的典型特征是无边界的，而且是不可数的，但人们通过转喻思维可以将它感知为有边界的、可数的，如（3-a）；反之，有边界的实物也可被人们感知为无边界，被识解为集体名词，如（3－b）。因此，我们可以说，实体与其组成物质/材料的这种关系与其在语法上表现为可数名词或集体名词是相对应的。

（三）等级模型

等级模型是对由层级单位构成的事物的认知概括。通常，整个等级与其上位构成单位可以产生互为转喻的关系。

例句 4

a. 整个等级转喻上端/位

Henry is speeding again. （"速度"转喻"超速"）

b. 上端/位转喻整个等级

How old are you? （"年龄大"转喻整个年龄）

值得注意的是，例句 4 是我们在日常生活中常常使用的，可以说是一种默认的、无标记的思维方式。但 4－b 还有另外一种情况，即如果我们用下端/位转喻整个等级，那就是我们在有意制造特殊的交际效果、修辞效果或言外之力，如讽刺、反语、幽默等，例如，How young are you? 语言学中称 4－b 为无标记（unmarked），How young are you? 为有标记（marked）。

（四）复杂事件模型

因为事件的发生必然伴随着时间的推移，所以复杂事件中的分事件可以依次发生，也可能同时发生。但把事件看作是由部分组成的整体是一种隐喻方式，而发生在整体与部分之间的关系是转喻关系。复杂事件可以产生两个大的转喻以及六个扩展转喻。

例句 5

a. 整个事件转喻分事件

Bill smoked a cigar.

b. 分事件转喻整个事件

Joey speaks French.

5－a 中的"吸烟"这一事件，包括一系列先后发生的分事件，例如点烟、吸入、吐出等。但"吸入"被认为是吸烟整个事件的中心环节，因此在该例中，整个吸烟事件转喻吸入烟。5－b 中的分事件包括听、说、读、写等多种技能，所有这些都以典型的"说"来转喻，这种情况多用在同现分事件转喻整个事件中，因此 5-b 可以进一步精确为转喻例句 6-a。较为复杂的情况是像 5-a 一样的先后发生的序列事件，该情况有三种转喻关系，如 6-b。

例句 6

a. 同现分事件转喻整个复杂事件

Joey speaks French.

b. 序列分事件转喻整个复杂事件

They stood at the altar. （开始转喻整个事件）

Mother is cooking potatoes. （中间转喻整个事件）

I have to grade hundreds of papers。（末尾转喻整个事件）

我们先来讨论例句 6-b。站在婚礼台上是整个婚礼事件的最初阶段，然后才是牧师问话、新人宣誓、拥吻、完成仪式等。母亲做土豆包括洗、削皮（准备阶段）、切、入锅、炒、加调料（制作阶段）、出锅、入盘等（做好阶段），因此 6-b 的例 2 是用中间阶段来转喻整个事件过程。给卷子打分包括阅读、检查、评分等过程，所以 6-b 的例 3 是用末尾阶段来转喻整个事件过程。

再看 6-a。通常习惯性的动作发生在过去、现在和将来，但我们在表述它的时候却用的是一般现在时态。从语法上讲，这是以现在时来转喻习惯性动作整个事件，因此该转喻可以解释我们为什么能用现在时来表达将来概念（实际上，以现在时转喻将来时也可以看作是以整个事件作为背景的一种部分与部分的转喻关系），这两种情况可以进一步精确为两种转喻式：

例句 7

a. 现在事件转喻习惯性事件

Joey speaks French.

I like movies.

b. 现在事件转喻将来事件

I am coming. （转喻"我马上来"）

如果进一步分析，我们就会发现用现在事件不但可以转喻将来，而且还可以转喻存在于将来的潜势，这是一种无标记转喻现象，如 8-a。反之以潜势转喻现实，如 8-b，则是一种有标记现象，人们之所以要这么说，是为了一定的交际目的或是表达一定的态度。

例句 8

a. 现实转喻潜势

Mr. Geller is an angry man. （转喻"甘勒先生易发怒"）

b. 潜势转喻现实

I can see your point。(转喻"我懂你的意思了")

(五) 范畴—属性模型

如果一个范畴可以被定义为一组属性，那么，这组属性就可以被看作是该范畴的组成部分。值得注意的是，该模型中产生的转喻式，一般是发生在典型属性或定义属性与整个范畴之间。例如：

例句 9

a. 范畴转喻定义属性

jerk for "stupidity"

b. 定义属性转喻范畴

blacks for "black people"

然而，根据 Lakoff（1987）的观点，转喻模型常常发生在范畴与其突显属性之间，而不是范畴与定义属性之间，如在 ICM 中，理想的丈夫的突显属性是"忠实"。也有一些范畴具有规约性的转喻意义，如 Juda 转喻"背叛"，Chomsky 转喻"语言天才"，等等。突显属性与整个范畴的转喻关系可以解释很多的语言现象，如例句 10 - a 中的同义反复，至于如何确定其突显属性则需要参考语境以及其他认知模型。

例句 10

a. 范畴转喻突显属性

Hotels are hotels.（转喻"旅馆总是脏的"，或"旅馆总是很贵的"等）

b. 突显属性转喻范畴

How do I find Mr. Right?（转喻"如意郎君"）

以上所讨论的是发生在整个 ICM 与其部分之间的转喻关系，当然，能够产生整体与部分转喻关系的认知模型不仅仅是这些。上面列出的几种是典型的、日常生活中最常见的。接下来我们将讨论发生在同一 ICM 中部分与部分的转喻关系。

二、 整体 ICM 中部分与部分的转喻关系及其认知理据

部分与部分的转喻关系是以整个 ICM 为背景的，它可以发生在这样一些认知模型中：行为模型、感知模型、使役模型、产品模型、控制模型、领属模型、容器模型、地点模型、修饰（modification）模型等。

（一）行为模型

由于行为模型包括不同的参与者、实体、动作、工具、结果等，因此其中的部分与部分的转喻关系较为繁杂。例如：

例句 11

a. 工具转喻动作

to shampoo one's hair

b. 动作转喻工具

pencil sharpener；screwdriver

例句 12

a. 施事转喻行为

to author a new book；to butcher the cow

b. 行为转喻施事

writer；driver

例句 13

a. 行为中的实体转喻行为

to blanket the road；to dust the room

b. 行为转喻行为中的实体

Give me one bite.

例句 14

a. 结果转喻行为

to landscape the garden

b. 行为转喻结果

the product

例句 15

工具转喻施事

Mark Twain was regarded as one of Ⅱ ie best pens of his time.（pen 转喻 "作家"）

例句 16

方式转喻行为

He tiptoed to her bed。

例句 17

途径转喻行为

He sneezed the tissue off the table.

例句 18

持续期转喻行为

They summered at a beach resort in France.

例句 19

目的转喻动作

to porch the newspaper

例句 20

动作的时间转喻动作实体

The 8：30 just arrived.

以上例子中，除例句 14 和 20 外，其他都有如下特征：词形相同，而词类不同，通常施事变成了动词，谓词名词化了。于是就出现了这种情形：原词是描述喻体的，经过形态再范畴化之后，却描述本体。其原因是在我们的行为转喻认知模型中，喻体与本体融为一体了，如 tiptoe 既包括行为的方式"踮脚"，也包括行为本身"踮脚走"。

（二）感知模型

感知模型在我们的认知中起着非常重要的作用，它涉及人体的感知系统/机能以及被感知的事物，因此，感知模型会与行为模型相互交叉、相互联系，并产生这样的转喻式：感知方式转喻感知。在感知模型中，转喻的关系通常有：

例句 21

a. 被感知事物转喻感知

There goes my knee. （转喻"膝盖的疼痛"）

b. 感知转喻被感知的事物

the sight of London （转喻"眼睛看到的景物"）

该例说明，人们通常是以具体的、直观的身体部位去描述抽象的身体经验。

（三）使役模型

使役模型中的因果关系是转喻形成的要素，因此，因与果之间的转喻关系最为典型。

例句 22

a. 原因转喻结果

healthy complexion

b. 结果转喻原因

sad book （"伤心"的原因是由于"读书"）

与原因相比而言，结果往往是具体的，形象的，容易描述，容易被感知，显著度高，因此例句 22 - b 的使用比 22 - a 要广泛得多，它可以产生四个更具体的转喻式：

例句 23

状态/事件转喻引发该状态/事件的事件/人/状态

She was my ruin/She was a success/ He was failure.

例句 24

情感转喻引发该情感的原因

She is my joy. （转喻"她使我高兴"）

例句 25

心理/物理状态转喻引发该心理/物理状态的人/物

He is a pain in the neck. （转喻"他使我痛苦"）

例句 26

声音转喻引发该声音的事件

The train whistled into the station.

（四）产品模型

产品模型涉及参与者、实体、工具、产地、产品等因素，因此它可产生以下转喻情况：

例句 27

制造者转喻产品

I've got a Ford.

例句 28

a. 工具转喻产品

Did you hear the whistle? （"哨子"转喻"哨声"）

b. 产品转喻工具

Can you turn up the heat? （"暖气"转喻"暖气设备"）

例句 29

产地转喻产于该地的产品

china, mocha, java

（五）控制模型

控制模型包括控制人、受控人或物等，它可以产生以下两种转喻：

例句 30

a. 控制人转喻受控人/物

Schwartzkopf defeated Iraq. （Schwartzkopf 转喻 "美国军队"）

b. 受控人/物转喻控制人

The Mercedes has arrived. （Mercedes 转喻 "开奔驰的人"）

（六）领属模型

例句 31

a. 领属者转喻领属物

I am parked over there. （"我" 转喻 "我的车"）

b. 领属物转喻领属者

She married money. （"钱" 转喻 "有钱人"）

（七）容器模型

容器与容器内容之间的意象图式关系是人的概念系统中固有的（Johnson，1987；Lakoff，1987），它们之间的转喻关系通常是以容器转喻容器内容。

例句 32

a. 容器转喻容器内容

Give me another glass. （"杯子" 转喻 "酒"）

b. 容器内容转喻容器

The milk tipped over. （"牛奶" 转喻 "牛奶瓶"）

在通常情况下，容器的显著度要高于内容，因而例句 32 - a 是常规的转喻运用，而 32 - b 在特定的情况下人们会使用，如在交谈双方已经知道容器而重点关心内容的时候（沈家煊，1999）。容器模型更广泛地以隐喻的方式拓展、使用（Johnson，1987），但也可以产生以隐喻为基础的转喻，其方式是方位概念通常先被隐喻化为容器，再被转喻化为处于该容器内的人或物，如 "全镇都欢迎他的讲演"。"镇" 首先被隐喻化一个有边界的容器，这样就可以被 "全" 限定，然后该 "容器" 又转喻位于其内的人。

（八）地点模型

地点模型涉及居住在该地点的人、位于该地点的机构、发生在该地点的事件、产于该地点的产品等，因此，这样的转喻关系有：

例句 33

a. 地点转喻居民

The whole town showed up. （"全镇"转喻"全镇的人"）

b. 居民转喻地点

The French hosted the World Cup Soccer Game. （"法国人"转喻"法国"）

例句 34

a. 地点转喻机构

Cambridge won't publish the book. （"剑桥"转喻"剑桥大学出版社"）

b. 机构转喻地点

I live close to the University. （"大学"转喻大学所在地）

例句 35

a. 地点转喻事件

John met his Waterloo.

b. 事件转喻地点

Battle

（九）修饰模型

修饰模型主要指语法上的替换关系。例如：

例句 36

替换形式转喻原形式

You want to marry me? Yes, I do. （do 转喻 want）

第三节　概念转喻的关联性

传统修辞学的分类尽可能地归纳出各种具体的转喻表达，这种分类法非常繁杂、缺乏概括性和解释性。对于概念转喻的分类，不同的标准可能导致不同的结果，事实上学界对概念转喻就作出了不同的分类。立足概念转喻的本质，对概念转喻的分类应该以转喻概念之间的关联性作为依据，以揭示转喻喻体和转喻目标之间关系。因此，我们认为在众多概念转喻的分类中，Kövecses & Radden（1999）的分类最为系统、全面，他们根据理想化认知模式中转喻喻体和转喻目标之间关系将概念转喻分为两大类：一类是整体与其部分之间的转喻，另一类是整体中不同部分之间的转喻。下面分而述之（例句均采用汉语）。

一、 整体与其部分之间的概念转喻

（一）事物与部分之间的转喻

这类转喻主要包括整体转指部分和部分转指整体两种情况。

例句 1

来自五湖四海的代表共同探讨市场规范条例。

例句 2

听说那位大爷已经瞎了。

例句 1"五湖四海"代替"全国"，是部分转指整体；例句 2 实际上指大爷的眼睛瞎了，用"大爷"转指他的眼睛，是整体转指部分。

（二）标量（scale）转喻

标量是由标量单位构成的整体，如年龄、速度、长度、面积等，与此相对应的表示标量两极（上下限）的语言形式有老少、快慢、长短、大小等。标量可作为整体用以表示其上限，也可用其上限代表标量整体。

例句 3

高速公路上他竟然把车开到 160 码。

例句 4

你新买的楼有多大？

例句 3 用速度标量 160 码作为整体转指其上限"快"；例句 4 用面积标量的上限"大"转指面积标量整体。值得注意的是我们很少用标量的下限来代表其整体标量，如例 4 我们不会问"你新买的楼有多小？"

（三）构成（constitution）转喻

事物是由物质、材料构成的整体，事物可代表它所含的物质和材料，物质、材料也可表示其构成的事物整体。

例句 5

台上正在演奏江南丝竹。

例句 6

新郎给新娘戴上一个 3 克拉的钻戒。

例句 5 "丝竹" 转指江南民间的弦乐和管乐，这是用材料（丝、竹）转指构成的整体（弦乐、管乐）；例句 6 中 "3 克拉" 指的是戒指上钻石的重量，这里用整体（钻戒）转指其中的材料（钻石）。

（四）事件（event）转喻

事件是由众多同时发生或相继发生的分事件（subevent）组成的整体，分事件和事件整体之间相互代替产生事件转喻。

例句 7
这年头，造原子弹不如卖茶叶蛋。

例句 8
自从祖传的宝刀被偷了，他再也无心练功夫了。

例句 7 "造原子弹" 转指从事核武器的研究和开发，"制造" 是其中一个环节；"卖茶叶蛋" 转指出售自制茶叶蛋的经营活动，"卖" 是其中一个环节。都属于以典型分事件转指整个事件的例子，反映的是特定年代知识和知识分子没有受到应有尊重的脑体倒挂的社会现实。例句 8 "练功夫" 就是练武术，应该包括刀、枪、棍、棒很多门类，该例从前一分句的意思可以看出，主要指练刀术。这是以整体事件（练功夫）转指分事件（练刀术）。

（五）范畴和成员之间（category – and – member）的转喻

范畴与成员之间的关系，往往表现为总称和特指（generic – specific）之间的关系，两者的转喻关系也属于整体与其部分之间的转喻。

例句 9
谁要你娶个女强人？忍着吧，活该！

例句 10
绿水青山枉自多，华佗无奈小虫何。（毛泽东《送瘟神》）

例句 9 "女强人" 指才干非凡的女性，是个总称概念，在句中特指 "你" 的妻子，这是以总称转指特定成员的例子。例句 10 "华佗" 显然是 "名医" 的代称，这是以特定成员转指总称概念的例子。

（六）范畴及其特征之间（category – and – property）的转喻

范畴定义通常反映其主要特征，可以用整体范畴来表示其主要特征，也可用其主要特征来转指整个范畴。

例句 11
这个方案很科学，可行性也强。

例句 12

千里孤坟，何处话凄凉。（苏轼《江城子》）

例句 11 中"科学"本是个名词，前边有程度副词"很"修饰，表现为形容词的功能，转指科学所具有的特征"合理可行"。在汉语中此类现象很普遍，名词转指该概念所体现出来的特征，功能向形容词漂移，以致产生了不少名形兼类词。例句 12 中"凄凉"是个典型的形容词，在这里转指"生离死别的思念情感"，以主要特征转指某种情感范畴，"凄凉"在句中处于宾语位置，本身也具有了指称的功能。

二、 整体中不同部分之间的概念转喻

（一） 行为（action）转喻

行为理想化认知模式含有施事、受事、工具、时间、行为本身、行为结果等，这些因素之间存在行为转喻关系。

例句 13

a. 编辑正在同作者谈话。

例句 14

b. 公司慎重地发表了一个声明。

例句 13"编辑"本是动词，转指从事编辑的人，这是用行为本身转指行为的施事；例句 14 句"声明"本为动词，转指声明的形式，这是用行为本身转指行为的产物。汉语中此类现象很普遍，动词往往转指行为动作的施事、受事或产物，产生了不少动名兼类词。

（二） 感知（perception）转喻

人们的感知和所感知的事物之间存在转喻关系。

例句 15

这次考察所见所闻令他大开眼界。

例句 16

感觉到的才是最真切的。

例句 15"所见所闻"是"所 V"结构，指看到的和听到的事物；例句 16"感觉到的"是"V 的"结构，指感觉到的事物。这些都是汉语中以感知来转指感知的事物的表达格式。

（三）因果（causation）转喻

因果关系中，最常见的是用结果表示造成该结果的人或事（原因）。

例句 17

文人无聊时，常去小酒馆买醉。

例句 18

她一见生人脸就红了。

例句 17 "醉"是喝酒的结果，例句 18 "红"是害羞的结果。这些都是用结果来转指造成该结果的原因，是汉语中常见的转喻表达方式，由此导致名词、动词、形容词互相之间的功能转移。

（四）生产（production）转喻

生产（创作）活动涉及生产（创作）者、产品、产地、生产机构、产品名称等等，这些因素之间相互替代产生转喻。

例句 19

何以解忧，唯有杜康。

例句 20

她最喜欢读莎士比亚。

例句 19 "杜康"是古代酿酒名师，转指"美酒"；例句 20 "莎士比亚"是著名剧作家，转指他创作的话剧。两例都是以生产（创作）者转指产品。

（五）控制（control）转喻

控制关系中的控制者和受控物之间相互替代产生转喻。

例句 21

奥巴马决定再次制裁伊朗。

例句 22

各公司的总裁都来了，只有海尔还没到。

例句 21 "奥巴马"转指他控制的美国政府，这是用控制者转指被控制机构；例句 22 "海尔"显然指海尔公司的总裁。

（六）所属（possession）转喻

所属者和所属物之间相互替代产生转喻。

例句 23

有人说宋氏三姐妹各得其所，分别嫁给了名、利、权。

例句 24

我的车比他的档次高一点。

例句 23 的"名""利""权"分别指她们的丈夫孙中山（民主革命先驱）、蒋介石（拥有强权）、孔祥熙（拥有财富），这是用所属物转指所属者。例句 24"他的"是通过"X 的"结构形式转指所属物"车"，这是汉语常见的通过转喻来转指的手段。

（七）容器（containment）转喻

包括用容器代表容纳物以及容纳物代表容器两种类型。

例句 25

手机没电了。

例句 26

你记得要把牛奶盖上。

例句 25 指手机里的电池没电了，"手机"转指手机的电池，是用容器转指容纳物。例句 26 指的是盛牛奶的器皿，是用容纳物转指容器。

（八）地点（location）转喻

地点与处于该地的人、机构、事件等密切相关，这些因素之间的替代属于地点转喻。

例句 27

为了一点琐事，上铺和下铺竟然打起来了。

例句 28

山里传来消息，八路军反扫荡取得了全面胜利。

例句 27"上铺"和"下铺"分别转指睡在上铺和下铺的人，例句 28"山里"转指八路军指挥机构，都是以地点转指与之相关的人、机构。

第八章

认知与语义

第一节　语义研究的背景

　　语言学的概念化过程在不同语系的语言、甚至同一语系的语言之间存在着极大差异。这种差异表现在语言体系结构的所有方面，如词汇学、形态学、句法学甚至于音位学中的语气和语调等。认知语言学认为语言的意义不等于传统的结构主义所说的真值条件，而等于认知操作，即用约定俗成的意象来诠释客观世界，句法体现约定俗成的认知意象。在认知语言学家看来，句法的抽象形式原则的参数并不是天赋的，而是跟不同文化认知和把握客观现实的认知过程相关联。譬如，戴浩一（1990）指出，英语里面的 at, on, in, above, below, between 等空间前置词比汉语中的对应词要抽象些。英语空间前置词 at, on, in 是分别代表一维、两维、三维空间关系的抽象符号，汉语则用"在"指出客体的存在，同时通过整体一部分的图式来谈论空间关系。由此，从认知语言学的角度来看，英语和汉语使用不同的系统来表达空间关系，这样的分析和以往语言学只注意语言系统本身而忽视语言对现实的认知表达的分析是截然不同的。

　　认知语言学认为，意义是个认知结构，一般说来我们只有在其对应的认知结构中才能理解一个语言形式的意义。意义是词义的非常抽象的最简表征。语义结构并非直接等同于客观的外在世界的结构，而是与人在与客观现实互动的过程中形成的身体经验、认知策略（熊学亮，2000）乃至文化规约等密切相关的概念结构相对应，因而，认知语言学中的语义涉及范畴化理论、隐喻系统、意象图式、句法相似性等多个方面的研究。

　　本章主要探讨跨语语义差异的有关问题。我们将定位和分析语义差异的表现特点并探讨与语义差异有关的文化关联方法。关于跨语语义差异的一个核心的关键性问题是，语言概念化过程中的差异在语言（语言使用——语言产生与理解）和思维中发挥着什么样的作用，是至关重要还是无足轻重？有的学者认为语言在思维中起着至关重要的作用，另外一些学者则认为语言对于思维的作用是有限的。这两种观点都有自己的倡导者和支持者，第一种观点是所谓语言相对论，其极端形式是语言决定论；第二种观点即所谓（语言）普遍论，认为全世界的所有民族都是以基本相同的方式进行思维的。随着认知语义学研究的深化，人们越来越认可这样一个介于两者之间的妥协性观点：大多数语言学的概念的确是语言具体性的（language specific），但也还有少量的具有普遍性的语言学概念出现在所有语言之中。这些普遍的语言学概念可以作为"中立"观点的基础来解释或释义世界上的语言中所大量存在着的语言具体性和文化具体性概念。我们将首先运用这一点来解释词汇概念，然后解释语法概念，最后解释关于行为的文化规范及准则，正是这些文化规范及准则构成了不同文化中人们行为的基础，制约着人们的行为方式。语言是文化历史的构成部分，体现文化历史的传统，是文化系统中特定文化精神在探索自然规律中的体现，人类在探索自然，认识自然的过程中，不断地丰富着自己的认知系统，增长着自己的认知能力，而这些都在语言中反映出来。语义学的研究必然要探讨特定的心理文化中的认知特点及其在语言中的反映，通过语言来研究文化。

语言由文化养育而成，并制约着人类的认知，包括认知方式和认知结构。人对外界世界的认知以语言为中介又通过语言体现出来。可见，语言与文化历史系统密不可分。语言中语义特征体现了特定文化中形成的特定的认知，由文化塑造而又反映文化的语言也会随着文化的不断发展而处于经常性的发展变化之中。

语言是文化的重要表现形式，它贮存着一个民族历史发展过程中创造和积累的各种文化知识。一个民族的思想、心理、习俗等特点会在语言中得到体现。在一定意义上，人类的认知是以抽象的概念形式表现出来的，人类的认知离不开语言，人类通过概念来构思、表达和交流，并把认知成果固定下来。笛卡尔认为，人类理性就表现在只有人类才有语言这一点上，"没有语言，就不会有任何概念"（洪堡特语）。因此，从语言观察和语言分析去分析人类的认知是认知语义学的特点之一。

认知语言学认为一个词汇项目的多义构成并集或重叠范畴，每一个表达都向我们提供了通向大量概念及概念复合体的通道。所引起的概念的全集（即矩阵）作为一个表达的意义的部分（即它的认知域）是该表达的常见多义。一个多义集合的意义是整体矩阵的概念网络和它们的认知域，单个意义不能和它们的图式结构分开来。和传统语言学不同，认知语言学认为词汇意义是整个知识库的通达节点，而且知识库是动态性的，因此，从认知的角度看，多义是认可和目标结构之间部分图式化（partial schematization）的结果，这一观点强烈反对将词汇和句法、语义和语用截然分开。多义、模糊和歧义构成一个多意义渐变群（multisemy cline）。

第二节　认知语义观

认知语义学以心理实体来标定一个语言表达的意义。认知语义学家认为语言表达的意义是心理性的。语义是从语言表达到认知结构的映射（mapping）。语言本身是认知结构的组成部分，而不是独立所在的一个实体。认知语义学所强调的重点是词汇的意义而不是句子的意义。一个语言符号不是一个事物和一个名称之间的联结，而是一个观念和一个声音模式之间的联结。

认知语义学发展过程中的重要学者有 Lakoff（1987）和 Langacker（1987）。认知语义学的有关思想在 Jackendoff（1983，1990）、Fauconnier（1985）、Talmy（1985）、Sweetser（1990）和其他许多学者的著作中得到了集中体现。法国符号学派的 Descle's（1985）和 Petito‐Cocorda（1985）等人对认知语义学的发展也做出了积极的贡献，他们的研究与美国符号学派（加利福尼亚学派）有许多共同特征。本节将简要介绍认知语义学的六个原则。

一、意义是存在于认知模式（不是可能世界中的真实条件）中的概念

认知语义学的主要口号是：意义存在于头脑之中。语言的语义是一个从语言表达到某些心理实体的映射。认知语义学与哲学语义学的不同之处在于，认知语义学认为一个语言表达的真实条件的形式不一定是确定其意义的必要条件。语言表达的真实性是第二位的，因为真实关心心理结构与世界之间的关系。简而言之：意义先于真实。

二、认知模式主要是由知觉决定的（意义并不独立于知觉）

由于我们头脑中的认知结构与我们的知觉机制直接或间接相关，因此说意义至少部分地是通过知觉而建立的。这一点又与传统的实在论的语义学截然不

同，实在论的语义学认为既然意义是语言和外部世界（或若干个世界）之间的映射，意义与知觉无关。

我们可以谈论自己的所见所闻，也可以为我们读或者听的内容创造心理的或真实的图像。这意味着我们可以在表征的视觉形式和语言语码之间进行翻译。认知语义学的一个中心假设是我们在自己的记忆中贮存知觉的方式与贮存词义的方式一样。

三、 语义成分以空间或拓扑客体为基础 （不是可以根据某些规则系统而组成的符号）

与 Fordor 和其他学者的心理观点不同，认知语义学所说的心理结构是指语言表达的意义，不需要将概念结构翻译成为心理以外的某种东西。用来代表意义的概念图式常常是建立在几何结构或空间结构基础之上的。一个概念空间由许多性质维度组成。性质维度的例子有：颜色、音高、温度、重量以及常见的三维空间等。有些维度与我们的感觉器官所产生的主观感觉具有密切的关系，但是也有具有抽象的非感觉特征的性质维度。

性质维度的每一个维度都具有特定的拓扑或度量结构，如"时间"是一个单维结构，我们把它知觉为具有同质性质的一段真实数字。同理，"重量"是一个具有零起点的单维度结构度量。有些性质维度是一个离散结构，它们仅仅把客体划分成类别，如一个人的性别就属于此类情况。

某些性质维度似乎是天生固有的，并且在一定程度上存在于人的神经系统之中，如颜色、音高以及基本空间关系等。另外一些维度也许是后天习得的，习得新的概念常常包含了扩展一个人的具有新的性质维度的概念空间。用于描述人工制品的功能特性这一性质维度就是如此。还有一些维度可能是由文化决定的，"时间"这一概念就是一个极好的例子——和西方文化中对于时间的线性概念不同，有些文化认为时间是循环性的圆形维度，因此世界总是保持周而复始循环到同一个时间起点，而在另外一些文化中，则完全不把时间看作是一个维度。

概念空间类似于 Langacker（1987）的语义理论中的域，关于"域"，Langacker（1987）认为："处于概念层次中最底层的是什么呢？我不偏不倚地认为是可能存在着的概念本原。然而有必要假定一系列的'基本域'，即不可能简约的认知性表征空间或者概念域。在这些基本域中，是我们对时间的经验以及处理二维或三维空间结构配置的能力。与各种感觉有关的基本域是：颜色空间（一组可能的颜色感觉），它与视野的延伸相协调；音高尺度；维度感觉（与身体的不同部位相对应）。还应该提出情绪域。某些特定的语言表达的特征可能只与一个基本域有关，也可能与多个基本域有关，如时间（在……以前）、颜色空间（红色）、或者时间及音高尺度（嘟嘟声）。然而，大多数语言表达都是与概念组织的较高层次有关并且预设其语义特征化过程的非基本域。"

四、 认知模式主要是意象图式性的 （意象图式通过隐喻和转喻方式而转换）

认知语义学中最重要的语义结构是意象图式结构。意象图式具有一个内在的空间结构。Lakoff（1987）和 Johnson（1987）认为"容器""起点—路径—目标"及"连接"等图式都属于最基本的意义载体。他们还认为大多数意象图式都与人的身体运动体验有着密切的关系。

在实在论语义学理论中，隐喻和转喻等修辞方式主要是被作为异常现象加以处理的，要么忽略不计，要么合并到特殊的文体规则中加以分析。而在认知语义学中这些修辞方式却得到了足够的重视，从而在认知语义学的研究中居于核心地位。

五、 语义学基本上是服务于句法而且在一定程度上由句法决定， 句法不能独立于语义学而获得描述

认知型语言研究与 Chomsky 的语言研究传统有着截然不同的研究取向。在 Chomsky 学派中，语法是一种形式演算，这样的形式演算可以通过一套规则系统加以描述，规则具有高度的形式化特征，独立于语言表达所蕴涵的意义。在 Chomsky 看来，语义学是附着于语法规则系统之上的从属性的独立部分。语言的语用部分在 Chomsky 学派中也同样处于类似的地位。在认知语言学中，语义学是主要的组成成分（这一成分早在语言得到全面发展之前就已经以知觉表征的形式存在了）。语义图式的结构对于可能的用来表征那些图式的语法进行限制。关于语义限定句法的例子，可以通过时态的作用来考察。在西方文化中，时间被看作是一个直线式的现象，讨论三种最基本的时间就是很有意义的，这三种时间是：过去、现在和将来。这一情况反映在大多数语言中有关时态的语法中。然而，在时间具有循环结构的文化中，或者时间不能完全被赋予

任何空间结构的文化中，要在过去和将来之间进行区分是没有意义的。还有一些语言具有激进的不同的时态结构，这些语言反映出不同的基本时间概念。

Chomsky 学派一直以句法研究而声誉卓著，由于语法是通过形式规则而表征的，因此语法非常适合于计算机执行和实现。在认知语义学中，计算机化的表征却相当少见。当然也有一些学者进行着这方面的工作，如 Holmqvist（1993，1994）开发了可实现的图像图式表征以及其他来自认知语言学家的概念。他的研究工作受到了 Langacker 的符号图像图式和 Lang 的空间模型（Lang，Carstensen 和 Simmons，1991）的启发，但是他又把他们的形式主义概念扩展到了一个更加丰富的计算结构。在他的模型（Holmqvist，1994）中，他也利用了 Behaghel 的旧有观点来生成只有从不同的词汇项目的效价期望值而来的语法结构。结果他所看到的看起来更像是一个规则制约管辖的句法系统，尽管在整个系统中没有一个明显的句法规则。

六、 概念体现原型效应

对概念的经典解释是亚里士多德的必要充分条件论，然而，当试图应用亚里士多德的理论来解释和分析表现在自然语言中的概念时，人们常常会遇到一些难以解决的问题。因此，认知心理学发展出了原型论来解释概念问题。在认知语义学中，研究人员尝试解释概念的原型效应。一个概念常常以一个图像图式的形式来表征，而且这样的概念可以表现出变化，就像概念本身也是常常变化的一样。这类现象很难使用传统的符号结构进行模式化分析。我们在本章的分析中就体现了这样的思想。

认知语义学是以概念空间这一思想为基础发展起来的。根据认知的观点，语义学是语言和某一认知结构之间的一种关系，适用于认知结构的适当框架是一个概念空间。因此认知语义学把语义的认知分析分成两个主要步骤：①具体规定语言的词汇与适当的概念空间之间的映射关系；②描述对应于不同的句法构成规则的形象图式（该形象图式借助于概念空间而定义）上的运算。

传统语义学认为人们可以把对一门语言 L 的解释定义为 L 的组成成分对于一个概念空间的一种映射。作为这样一种映射的第一个元素，单个的名称是指派向量（即概念空间中的点）或者部分向量（即带有某些未定谓项的点）。每一个名称（指一个个体）都以这样的方式被分配一个特定的具体颜色、空间位置、重量、温度等。根据 Stalnaker（1981）的观点，映射一个个体到一个概念空间的函数称为定位函数。

因此，基本的词汇假设可以叙述如下：自然语言中的谓词一般表示某个概念空间中的连接区域。比如，自然语言中的所有颜色词都表达与三种颜色维度的心理表征有关的区域。人们普遍认为不同的语言以不同的方式来表示颜色区域，但是所有的表示方法都似乎是根据相互连接的集合而完成的。

从技术的角度来看，作为解释映射的第二个元素，语言的基本谓词是概念空间中的指派区域。这样的一个谓词只有当定位函数将个体定位于区域中的点的其中一个点上时才能得到该个体的满足，而区域则是指派到一个谓词上的。

某些所谓的内涵谓词如"高的""以前的"或者"指称的"等，不是基本的而是"次级的"，这是因为它们的区域不能独立于其他谓词来描述。不存在所有"高的"客体这样的类别范畴，更确切地说，"高的"作为一个形容词需要有一个对比类别来搭配，如"高个子的妇女"或者"一座高塔"，这样才能进行很好的界定。Gardenfors（1997年）根据对比类别的作用的概念空间进行了分析来确定某些此类次级谓词的指称。

如果我们假设一个个体完全是由他/她的特性集合决定的，那么概念空间中的所有点都可以用来代表可能的个体。根据这一解释，一个可能的个体是一个认知性的观念，这个认知性的观念不需要外部世界中的任何形式的指称。概念空间中的一个点将总是具有内部结构恒定一致的特性集合，比如说，"蓝色"和"黄色"是颜色空间中的两个离散谓词，也就是说，任何一个个体不可能既是蓝色的又是黄色的。在对意义进行分析时，不需要也没有必要排除这样的对立性谓词。

认知语义学与传统的内涵语义学的重要对立之一是认知语义学不假设一个可能的世界的概念。然而，不同的定位函数描述在一个概念空间中对个体进行定位的多种选择方式。因此，这些定位函数像传统语义学中的可能世界一样可以发挥同样的作用。这意味着我们可以把一个可能世界的观念定义为一个可能的定位函数，进行这样的工作不需要引入任何新的语义理论。

总之，关于意义，认知语义学提出了下列观点：

第一，说话人所使用的每一个词都在其心中与一定的心理表征相联系。

第二，只有当两个词被这两个词的使用者以同样的心理表征给以联系时，这两个词才是同义的。

第三，心理表征决定词的所指（卢植，2003）。

认知语义学仍然处于发展的早期阶段，到目前为止，它的最为详尽的应用主要是在语言与知觉具有紧密关系的那些领域，如空间介词，也就是表示空间关系的那些介词。认知语义学也对隐喻机制提出了许多富有启发意义的新见解。它的长处主要表现在对词汇项目的分析上，也有一些研究尝试用认知方法来解释句法特征（如 Langacker，1987；Holmqvist，1993，1994）。而认知语义学对有些语言现象和语言学范畴的研究则相当薄弱，如量词和情态动词表达法。从认知分析的角度看，把对情态动词进行的认知分析放在语言的社会背景方面去考虑也许是一个值得尝试的方向，本书在有关章节根据这一原则做了初步的尝试。

第三节　语言和思维的关系

语言和思维的关系是语言学长久以来一直探讨的核心问题之一，这就是到底是语言影响思维还是思维影响语言的问题，这两个观点都有人提出并且积极寻求学者们的支持。前者称为语言相对论，与之相对立的后者是所谓的语言普遍论。为了论述上的方便，我们先介绍语言普遍论的观点，这一观点认为所有文化背景中的人的思维就其本质而言是类似的，全人类共有一个特定的"心理统一体"，并且，由于语言是人类思维的一种反映，因此所有的语言本质是类似的，只要分析它们的概念范畴就可以证明。这一观点断言在所有语言中语言学的概念化实质是相同的。尽管极端的语言相对论者和极端的语言普遍论者都各执一词，但实际上相对论和普遍论都包含着某些真理性的成分。

Whorf（1956）曾经极为精彩地表达了他对语言与思维之间的关系的看法：一门语言的隐蔽性语言学系统（换言之，语法）不仅只是表达思想的工具，而且本身就是思想的塑造者，是个体心理活动和他的印象分析的设计者和向导。

Whorf 的语言相对论的观点常常被误解。他并没有断言所有的思维都依赖于语言，事实上，他相信有些心理过程，如注意和视觉，是独立于语言之外的，因此不受语言的"塑造"和影响。但是就"语言思维"而言，Whorf 坚持认为人们的母语模式毫无疑问会影响其惯常性的思维模式。前面已经提到，最近的研究显示一个人的母语的概念范畴在他很小的时候就左右着他的范畴化过程，20 个月龄的处于学话阶段的韩国和英国幼儿即能使用自己母语的概念模式对实验材料进行不同的分类。

文化具体性词汇和语言的语法结构是形成概念的工具，以特定方式反映着一个社会的既往经验。随着社会的变化，这些工具也会逐渐得到扬弃，有些词汇和语法模式得以保留和继续使用，有些则随着时间的推移而被逐渐放弃。从这个意义上讲，生活在同一个社会中的人们的观点从来不是完全由这个社会的文化所沉淀的概念工具"决定"的，而只是受到它们的明显影响而已。同样，一个人的观点也不是完全由他的母语所"决定"的，因为表达自己观点的方式从来就不止一种。但是，一个人对于生活的概念化观点却会受到他的母语的明显影响。

对于交际方式也可以做同样的分析。一个人的交际方式并不是机械地受他在成长过程中所内化了的文化脚本的决定，总是有个人和社会变化的余地以及个人和社会进行创新的空间；但是，社会和个人的交际方式都难免受到制约交际的"文化规则"影响。世界的所有语言中都存在共同的语义启动，这意味着所有的人类认知都是以同样的基本概念原则为基础的。从理论上讲，任何文化具体性概念都可以通过分解成普遍语义启动的可译性基本结构被其他文化所理解，这一技术可以成为跨文化交际的重要实用手段。即使如此，由于每一门语言都作为一个高度整合的整体（具有大量的复杂特性）在运作，因此，除了通过学习、使用和感受一种文化中人们所使用的语言，永远没有更好的方式来理解一个文化的内部运作机制。这一原则在外语教学中具有极端重要的意义，对所学外语的"语感"除非建立在大量的语言实践基础之上，否则永远也不可能建立起敏锐的"语感"；同样，语言教学必须同时实现文化教育的内涵，外语学习必须同时成为文化学习。只学外语，不理解外语相关的国家的文化和历史，绝不可能真正学好外语。

一、 语言的文化相对性

语言在多大程度上影响人的思维方式？如何评估语言和文化互相渗透和互相影响的深度？有关语言的这两个问题，很久以前就引发了众多思想家和学者的分析和探究。

早在 1690 年，英国哲学家洛克就观察到在任何一种语言中都存在着"大量的词语……这些词语在另一种语言中没有任何可以对应的词语。"他认为这些语言特有的词语代表某种"复杂观念"，而这种复杂观念是在人们的"习俗和生活方式中"发展起来的（洛克，1977）。同样的洞察和见识在德国的浪漫主义传统中重新得到了分析和探究，尤其是在洪堡特和海德尔的著作中得到了进一步的分析，他们认为语言是扩散于世间万物的棱镜和格子，因此每一门语言都反映一种不同的世界观（Weltsicht），即认识和观察客观世界的方式。这一观点后来传入美国并且得到美国文化人类学和语言人类学创始人 Boas 的继承和发展。

在美国，Boas 和他的学生面临着大量与欧洲语言和文化截然不同的美洲语言和文化，欧洲诸语言与美洲印第安土著语言仅在词汇上的差异就大得惊人，正如 Boas 的学生 Sapir（1949）所观察到的："我们似乎完全忽视了必然存在的反映迥然不同文化类型的语言差异……"在 Sapir 看来，不同的语言反映着完全不同的文化类型。

20 世纪 30 年代，前苏联学者 Luria 和 Vygotsky（1992）等人进行过类似的观察。他们发现挪威北部的土生萨米部落虽然有庞大的词汇体系，但是却缺乏比较抽象的概括性范畴或上义词语，比如，挪威北部的原始人群用许多不同的语汇来说明不同的驯鹿品种。对于年龄为 1、2、3、4、5、6 和 7 岁的驯鹿都各有一个专用词，同样，他们有 20 个词用于冰，11 个词用于寒冷，41 个词用于指不同形状的雪，有 26 个词用来指结冰和解冻。正是基于这个理由，这些土生萨米部落居民反对让他们放弃自己的语言而改用官方挪威语的尝试，他们认为官方挪威语在这些方面词汇太贫乏（Vygosky，1992）。

同样，北美洲印第安土著语言的语法系统也和大多数欧洲语言的语法系统大不相同，这些语言中的一些语言缺乏与欧洲语言类似的范畴，如可数和不可数、名词和动词、时态和格等，但是却在语音、语气、语调等方面充满了一些异乎寻常的区分，如一个事件或行动是否在空间或时间方面具有反复性，这个事件是发生在北方、南方、东方还是西方，说话人对于该事件的了解是从个人的观察、推论得出的，还是从别人那儿听说得到的，所谈论的某个东西是否是可以看得见的等，所有这些都在语音方面表现出差异。Sapir（1958）举了一个在英语中根据"发生"图式所描述的事件的例子，这个例子是讲关于"石头下落"这样一件事情的。夸魁特语（Kwakiutl，加拿大不列颠哥伦比亚省境内的一种北美土著语）会详细说明石头是否可以被说话人在说话的那一时刻看得见以及石头是离说话人最近、离听话人最近还是离第三个人最近等，但是却不说明是一块石头还是几块石头，也不说明下落的时间。在与其紧邻的努特卡语（Nootka）中，类似的说法却又不包含任何对等于"石头"的名词，而只有一个由两个成分组成的动词形式，其中一个成分是说明石头或者类似于石头的客体的运动或位置的，另一个是说明向下的方向，因此这一情况可以忠实地用英语表达为"It stones down."根据 Sapir 的观点，英语把"一块石头"看作一个在时间上具有稳定性的实体的观点在努特卡语中是不存在的；相反，"石头"的"实物身份"是在动词成分中暗示出来的，而动词成分标示所含运动的性质。他认为，根据这样的例子，很容易得出这样的结论：即不同语言的不同语法范畴要求甚至强迫这种语言的使用者以不同于其他语言的方式来看世界。这就是著名的"Sapir—Whorf 假设"。Whorf 创制了语言相对论这一术语，他对语言相对论的解释如下：

我们按照自己的本族语所规定的方式对自然进行分割……我们把自然切割成块，把它们组织到概念之中，并且按照我们的想法给它们归属一些重要意义，这在很大程度上是因为我们是在整个言语社区中都适用和有效的协议的缔结者，我们的语言使用者都必须遵守这一协议。当然，这一协议具有内隐性，并未给以明确说明，但是它的条款却具有绝对的强制性；除非我们同意协议所判定的对于事实的组织和分类，否则就根本不能进行交谈。（Whorf，1956）

毋庸置疑，Whorf 把适用于一个言语社区的协议的有效程度夸大到了"绝对的强制性"的地步。我们经常可以发现人们围绕所规定的"协议条款"使用释义或迂回的方法互相解释某些现象。但是这只有在一定的基础上才能进行——即要使用一些比较冗长、复杂和拖沓的表达，而不是使用人们的本族语所通常使用的习惯模式和表达方式。人们只能尽量避免他们所意识到的语言上的约定俗成。然而，人们的本族语对他们的感知习惯和思维方式的支配和控制通常极为强烈，因此人们已不再意识到这样的语言上的约定俗成，使用语言上的约定俗成已经成为刻板化的习惯，变成一种无意识状态。

从文献学的角度看，文献中单音节方位词如上、下、左、右、东、西、南、北等，分别可引申出皇上、地位低的、以"左"为尊、以"右"为下、东方为尊、西方为卑、南方为尊、北方为卑等意义。这些意义的产生都和古代汉民族的传统方位观念、等级尊卑观念等社会文化背景紧密相关。蓝纯（1999）通过因特网收集了180万字左右的真实汉语书面语料，重点研究了汉语中"上"和"下"这两个空间概念，对语料库的真实语料进行了定性和定量分析。研究发现在中国文化中被视为好的东西在上，而被视为不好的东西在下；"上"和"下"主要用于构建四个抽象概念：状态、数量、时间和社会等级，这四个概念均为人类生活中基本的和重要的抽象概念，人们必须要借助空间隐喻来理解它们。研究证明和验证了认知语言学的一个重要论题：空间隐喻对人类的概念形成具有特殊重要的意义，因为多数抽象概念都是通过空间隐喻来表达和理解的。任炎军和滕向农（2001）对"深、浅"的隐喻义进行认知语言学的分析认为"深、浅"的隐喻义有三个方面：①表示时间。如"深夜"，"夜深人静"等表达是把夜晚看作具有"深、浅"维度的事物。②表示颜色。色调较浓则被感知为深色，否则为浅色，例如，如果某种绿色在人们的心理标准中其亮度、色调处于一般状态，则是一般的绿色，如果其亮度较小、色调较浓则为深绿，否则便为浅绿。③表示其他抽象概念。如用"深奥"和"肤浅"表示一个人的知识修养等。

Whorf 受到了一些学者的批评和攻击，因为在他之前和之后都没有人宣称语言是影响思维的，同时从来没有人能够提供独立的证据来证明语言模式真正影响人们的注意模式和思维模式。不过，最近已经有了这样的证据。比如，儿童语言研究者 Choi 和 Bowerman（1991）及 Bowerman（1996）的研究表明，处于学话期的 20 个月龄大的英国幼儿和韩国幼儿在实验研究中的表现和反应的差异是极大的。实验以类似于游戏的方式要求他们比较如下一些活动或实物的关系并对之进行归类分组：（a）智力拼图；（b）把一些玩具装入一个袋子；（c）把笔帽套在笔杆上；（d）把一顶帽子戴在一个玩具娃娃头上。英国幼儿把拼图之间的关系以及它们在拼图中的"固定"位置归类为内部＜在里面，in＞关系，把一个盒子里面的玩具之间的关系归类为"松散"关系。也就是说，他们把（a）和（b）归因于内部＜在里面，in＞关系一组。类似的情况是，英国幼儿把笔杆上的笔帽这样的"固定"关系或者头上的帽子这样的"松散"关系做了不同的分组，把这两者分为一组，因此把（c）和（d）归因于在上面＜on＞组。请注意这样的分类完全是通过英语介词 in 和 on 之间的对立硬性地加给这些幼儿的。但是韩国幼儿已经学会了不同的词语，即用来表示具有一个"牢靠地固定的"或"紧紧固定的"位置的东西的词 kkita，和用来表示某个很松动地放入另一个实体里面或放在上面的东西的不同的其他动词。因此，韩国幼儿就把（a）组的"紧紧在里面"和（c）组的"紧紧在上面"的对等词划为第一组，而把（b）组的"松散的在里面"和（d）组的"松散的在上面"分成第二组。换言之，两组幼儿对客观实物之间关系的建构都是以他们的语言所具有的特定范畴为基础，而不是以普遍的概念化范畴为基础，而极端普遍论者断言普遍的概念化范畴存在于并且适合于所有的语言范畴。

在其他的研究中，Lucy（1992b）发现了说英语的成年人和说尤卡坦玛雅语的成年人在加工关于具体客体的信息的方式中的显著性差异。英语使用者与尤卡坦玛雅语使用者相比，英语使用者会更多地把注意力放在数字上，而且倾向于按照形状进行分类，而尤卡坦玛雅语使用者喜欢按照物质材料组成或构成来分类。这些差异与以语言差异性为基础所做的预测而得出的结论相对应，也就是说，英语有数的标记，尤卡坦玛雅语有量词标记，名词是属于特定范畴的名词词缀。汉语歧义句加工模式的研究（卢植，1996）发现，汉语的歧义句加工中存在着明显的量词效应，也就是说，在非常重视量词使用的汉语语言体系中，汉语的使用者对量词非常敏感，量词对歧义的加工具有十分显著的影响。同样，我们在英国里丁中文学校四个班的 25 名华裔学生中间进行的调查发现，被调查的 25 名 8～16 岁的华人移民子弟在学习中文的过程中对中文的量词的掌握极为困难。这些学生在互相之间交谈时全部使用英语，学校和家庭以外的交流用语也都全部是英语，只有在家和父母交流时父母强迫他们使用中文，但是他们的中文学习却显得特别难，由此可见，语言体系的差异性特点在语言的使用和学习中得到了具体的体现。

二、 语义启动

对于人类思维的传统观点是普遍论，这一理论认为全世界所有种族的人基本上以同样的方式进行思维。但是，世界上的语言种类如此之多，不同语言中的语言概念又如何能够相同？

描述两种语言之间的差异性和相似性是一回事，系统地阐述并以公式来表示这些差异又是另一回事。过去，我们对语言、文化和思维之间关系的研究缺乏适当的描写方法来分析不同语言的意义系统之间的相似性和差异性。长久以来，语言学界有一个共识，那就是要获得对于不同语言语义的精确描写，关键是将语义分析的方法建立在普遍概念的基础之上。几个世纪以来，许多思想家都相信不同语言存在着一组普遍概念，哲学家笛卡尔和莱布尼茨称它们为"简单观念"，现代语言学家一般把它们叫做语义启动（semantic prime）。

到目前为止，语言学界认为约有 60 个语义启动属于语言系统中的普遍概念或者是意义的基本"原子"，文化语义学者认为成千上万的复杂意义就是由它们构成的。

然而，下面几点值得注意：（1）一个单一的语义启动有时候可以用不同语境中的不同词加以表达，这叫做"词位变体（allolexes）"（类比音位变体 allophones）。比如说，英语中的 else 和 don't 分别是 other 和 not 的词变体；（2）在有些语言中，语义启动的对等体可以是词缀或者固定短语或固定词组，而不是单个的词；（3）词通常有不止一个意思，这就使得语义启动的分析具有某种程度的复杂性，比如说英语词 move 在句子 I couldn't move 和 Her words moved me 中表达了两个不同的意思，但是，从语义启动这个概念的实质来看，只有第一个意思才是语义启动。

现在来分析跨语语义学和跨文化语义学的方法。在第五章"认知与词汇"中讨论词义时，我们谈到描写一个词的意思时可以有不同的方法，其中之一是用一连串的其他词汇来"释义"这个词，这是因为这一方法基于这样的假设：这个被解释的词与用于解释它的其他词"表达的是同样的事物"。只有当且仅当使用比较简单的词来释义一个词时，这样的释义才有效，不幸的是，词典对词的释义却常常违反这一原则，因此陷入模糊或含糊的境地。如，一本词典对 remind 的释义是："make（person）have recollection of"，如果一个人的英语词汇库里连 remind 这个词都没有包含，那么他有可能理解 recollection 吗？大概不可能。同样，《新华字典》（1990 年重排本，北京：商务印书馆）对"豹"的释义为"像虎而比虎小的一种野兽，毛黄褐或赤褐色，多有黑色斑点，善跳跃，能上树，常捕食鹿、羊、猿猴等。"在这样的释义中，要让读者确切知道"豹"到底何许物也，就必须先假设读者有"虎"这个概念，如果在他的认知系统或心理词库中没有贮存"虎"的概念，他还是不知道"豹"是什么。模糊的定义并不能使得所做出的释义清楚明白，而只是让人用一个概念去理解另一个未知概念或术语。

与模糊类似的定义方法是循环，即词语 A 是根据词语 B 定义的，然后词语 B 又根据词语 A 来定义，下面的例子就是循环定义（例子同样取自字典）：fate 的定义是"a person's destiny"，而 destiny 的定义是"that which happens to a person or thing thought of as determined by fate"。有时候需要好几个步骤才能结束定义上的循环，比如说，通过 B 定义 A，C 定义 B，A 定义 C。显然，读者有时候很难理解用循环方法"定义"的词。

在我们尝试描写与自己的母语不同的语言中的词意的时候，所面临的另一个问题是，某种语言系统中的绝大多数词没有准确的跨语对等词，即使是非常简单而又特别具体的词也是如此，如，英语中的 hand 和 break 这两个词，在俄语中就没有与 hand 相应的准确对等词，因为俄语中指人的 hand 的词 ruka 实际是指整个胳膊；而在马来语中则没有 break 的准确对等词，因为在马来语中有两个截然不同的词 putus 和 patah，对它们要视具体的 break 情况而定，要看是完全 break 还是部分 break。

不同语言之间在词义上的不同，或者说意义差异的跨语现象，容易引起语义学中的种族中心论（文化偏见）。如果用一种语言中特别存在的而另一种语言中没有的概念来描写另一种语言，那么这样的描写无疑会失真，因为描写者把自己语言的概念范畴强加给了另外一种语言。比如，把俄语词 ruka 的意思解释为英语的"hand or arm"，这就是一种种族中心论的行为，因为英语中

hand 和 arm 的区别对于俄语词 ruka 的词义并不重要。语言之间的语义差异在语言学习中同样会引起混乱，我们常常发现，学习外语的学生在自己的口语或作文中由于不甚明白外语词汇的内涵而产生某些错误的用法，因为他们仅仅由母语的意思去套用一些外语词语。

如何解决这些问题呢？要避免模糊和循环，就必须使用比被描写着的词更加简单的词来描写这个词的意思。按照这一原则对词义进行的描写称之为还原释义或简约释义（reductive para—phrase），因为它把复杂意思分解（或者"简约"）成比较简单的意思的组合。当我们根据普遍语义启动完成对这个概念的解释时就达到了最完全的简约释义。

根据语义启动释义词的定义提供了避免模糊和循环的思路，但是对于第三个问题又如何解决呢？事实上，语义启动可以把种族中心论减少到最低程度，因为有研究证据表明语义启动不是英语或某一个语言特有的"私有财产"，而是表现在人类的每一种语言中，表 8-1 所列的意义可以作为一个很好的词语列表，而且这些词语出现于俄语、日语以及其他任何语言中。

表 8-1　普遍语义启动

普遍存在的词	我、你、人、人们、某物、身体
限定性的词	这个、一样、其他、一、二、一些、很多、全部
经验性动词	知道、认为、想、感觉、看、听
行动和过程	说、做、发生、移动
存在和拥有	有、拥有
生和死	活着、死亡
评价和描述	好、坏、大、小
空间描述	哪里、这里、上面、下面、附近、远处、里面、旁边
时间概念	何时、现在、以前、以后、长期、短期
关系成分	种类、部分、很、比较、像
逻辑成分	如果、因为、非、大概、可能

语义启动是一种"超小型语言"词汇，是进行语义分析和概念分析的极

佳工具。语义启动中所含的解释和说明可以在语言之间进行互换而无需改变意思，而且不是专业性的技术语汇，因此常人都可以理解。

三、 文化关键词

从上节的分析中看出，具有普遍性的语义启动的核心很小（基本上可以确定为不到 100 个词），这一事实突出了语言之间在思维和概念方面的巨大差异。任何一种语言中的绝大多数词都有着相当复杂的意思，而这些意思又只有在特定语言中才能加以解释和理解，这些意思是对言语社区的与众不同的、具有显著特色的历史和文化经验的反映和体现。我们把这样的词称为文化具体化词。

现在以食物这一范畴中的一些最简单的例子来论证这一论点。在波兰语中，有专门的词语用来描述炖卷心菜（bigos）、甜菜汤（barszcz）和杨梅酱（powidla），而这些词英语中是没有的；同样，日语有一个词 sake 用来描述一种用大米做成的烈性酒精饮料，英语中也没有这样一个词。风俗习惯和社会制度的表述中同样存在大量的文化特异性词语，比如，日语词 miai，表示未来的新娘及其家人第一次会晤未来的新郎及其家人这样一种仪式或活动，英语中就没有这个词的相应词。

除了在文化特异性词的多少有无等方面有差异以外，语言还在用于谈论某个特定的意义领域时所使用的词的数量方面表现出差异。当一门语言拥有一个相对大数量的词来表示某个单一的域时，这一现象称之为词汇雕饰（lexical elaboration），如萨米语对驯鹿、对雪片的形状以及结冰和解冻等的词语的使用。词汇雕饰可以看做是对文化事实的反映，根据这一原理可以理解许多亚洲语言都有不止一个词来描述米（rice）这样一个事实，如马来语的 padi 是没有碾的稻粒，beras 是已经碾去了外壳但是还没有煮的米，nasi 是已经煮熟了的米；相反，和其他大多数本土文化相比，欧洲语言存在大量的词语来表示对时间的测量和计算（如 clock、calendar、date、second、minute、hour、week、Monday、Tuesday、January，February 等词都是与时间有关的）。

跨文化语义学将一种语言中某些特别突出并且具有文化特色的词称为该文化的文化关键词，比如说，可以认为 work，love 和 freedom 是主流英语文化（即盎格鲁文化）的关键词中具有代表性的词，这些词在主流英语文化中的使用频率极高，至少在一定的英语使用域中是如此，通常这些词处在大量的固定词组或习惯短语的中心位置并且频繁出现于格言、箴言、谚语、通俗歌曲以及书名之中。

为了说明不同语言中的词是如何以微妙但是又具有语义域相关的方式区别开来的，我们以不同的欧洲语言中的一些表示情绪的术语为例来看这个问题。一般来讲，情绪术语的意思可以通过把一种感觉（好、坏、不好不坏）和一个原型方案（原型剧本，prototypical scenario）连接起来的方式加以描述，而原型剧本包含有行动图式（"做"）或者经验图式（"认为""想"），譬如说，英语词 sadness 是一种不好的感觉，而这样的感觉是和"发生了某件不好的事情"这一看法有联系的，也就是说，一个人认为某个事情不好时会产生 sadness 的感觉，但是，并不是说一个人会每时每刻都会有 sadness 的感觉，也不意味着这个人必须要有这样特别的想法。

为了看清这一方法的特点，下面来具体分析一下英语词 happy 和 joyful (joy) 在意思上的微妙差别。这两个词的两点主要差别是：joy 表示比较大的即时性（直接性）和强度，而 happy 则更加强调个人特点和自我感觉，两者的第三个区别是 happy 暗含一种类似于"心满意足"的意义成分，而 joy 则没有，例如，对于像例句 1 - a 这样的问题，回答的人可以回答成 1 - b：

例句 1

a. Are you thinking of applying for a transfer?

b. No, I am quite happy where I am.

在这个语境中，不能 joyful 用来替代 happy 的位置，两者之间的区别进一步在例句 2 中得到支持：

例句 2

a. The children were playing happily.

b. The children were playing joyfully.

在这里，2 - a 的含义是不仅儿童享受到乐趣觉得很快乐，而且他们从自己所做的事情中得到了极大的满足；2 - b 则暗示了比较大的活动强度。这些区别表示为下面的阐释：

a. "X 觉得 happy"这一阐释表示一个人有时候认为某件事情：

发生在我身上是件好事

我（过去）希望这件事

我不希望别的事

由于这样的认识，这个人觉得某件事是个好事

X 觉得喜欢这件事

b. "X 觉得 happy" 这一阐释表示一个人有时候认为某件事情：

现在发生特别好

我（现在）希望这件事

由于这样的认识，这个人觉得某件事是个特别的好事

X 觉得喜欢这件事

"好事"（happy 中）和"很好的事"（joy 中）之间的区别有助于解释 joy 的比较大的强度。"某件事正在发生"（joy）和"某件事发生在我身上"（happy）之间的区别反映了 happy 的比较个人化的和自我定向的特征；而成分"我（现在）希望这件事"（joy）和"我（过去）希望这件事"（happy）之间的区别则解释了，joy 的比较大的强度以及它的即时性；阐述中的文字表述方面的差异又反映了意思上的特定差异，显示出两个词在意思上的重叠和使用范围的不同。

有趣的是 happy 在现代英语中是一个常用的日常词，根据《朗文当代英语词典》，它属于 1000 个最常用的词，而相比之下，joy 以及它的派生词则属于书面语并且具有文体标记。在其他欧洲语言中，在意思上比较接近 joy 的词则多属于日常口头语中的常用词，如德语的动词 sichfreuen 及其相应的名词 Feude（大略相当于"joy"）的使用频率就极高，属于日常词，而形容词 glücklich（大略相当于"happy"）和名词 Glück 则不是如此。但是这种区别是属于频率方面的，重要的是要看到在 glücklich 和 happy 之间只存在着一个大概的意义方面的对应。实质上，英语词 happy 比德语词 glücklich 和法语词 heureux 传递了比较微弱的、不太强烈的情绪。从隐喻的角度来说，glück 和 heureux 所表达的情绪充满了一个人的心理空间，不给任何多余的欲望或希望留下任何余地；而 happy 这个词所具有的比较多的限制性特点则表现了它在句法对比中的角色。比如说，英语可以这样说：I am happy with his answer（其中补语 with his answer 限定了人的 happiness 的域或者中心点），在德语或法语中就不能以这样的方式使用 glücklich 和 heureux，而必须使用语义较弱、强度较小的词如 zufrieden 或者 satisfait/conent（大致相当于英语词"pleased"）。

欧洲其他语言也有和 glücklich/heureux 的意思相类似的词，如意大利语的 felice、俄语的 shtshastliv、波兰语的 szczesliwy 等，英语似乎是因为这个温和的 happy 而"与众不同"。这一事实也许不能不和传统的盎格鲁—撒克逊文化不喜欢极端化的情绪联系起来。英语的确有较多华而不实的词（如 joy, bliss 和 ecstasy），但是它们的数量相对较少，这说明和欧洲其他语言相比，英语中的

情绪表述比较柔和。

从跨文化语义学的角度看,汉语中的成语是中华文化的特定语言现象,过去一般认为成语是一个词汇学概念,因此"成语"一直被作为一个特征范畴来理解。其特征为:①词组或短句;②结构上是定型的;③语义简洁精辟;④具有历史沿袭性;⑤有特定的出处;⑥四字组成(绝大多数)。只有具备了这样一些特征才算成语。然而,按照这样的特征,汉语的成语将难以数计。而从认知语言学的角度分析,作为语言学范畴的成语应该是原型范畴。相当数量的汉语成语是中华文化的文化关键词,它们在中华文化的演化中形成相对稳定的结构,携带着特定的文化—语义信息。

在汉语的词汇中,有些词也是具有语言特异性质的,如汉语反身词"自己"的使用和英语反身代词的使用有着明显的差异,在句法上,"自己"具有明显的回指(anaphora)功能或共指(coreferrence)功能,但是,从文化语义学的角度看,"自己"一词有时候带有自谦的话语功能:

例句 3

"自己没有把工作做好,我感到很惭愧"。

类似上面的汉语现象和语言事实,为认知语言学的跨文化语义研究提供了众多的研究素材。在认知语言学的框架下进行英汉对比研究是认知语言学的一个重要方面。

四、 语法的文化观照

在任何语言中都存在着与文化紧密相连的语法问题。语言相对论者如 Sapir 和 Whorf 专注于对普遍性语法模式的研究,他们通过对比不同语言体系的特点研究了众多的问题,如某种语言的语法是否具有明显的单复数指称、某种语言对一个事件的相对时间参照点(时态)的使用,语言使用者做出某个陈述时对证据来源的区别是否进行标记,一种语言持续推动自己的使用者注意这样的区别(或者其他类似的区别),不可避免地会把一个对客观世界和自己的特定主观体验加在人的语言使用过程之中。这一观点的一个支持性的例子来自 Whorf (1956) 的一项研究,他对比了英语和霍皮语(Hopi,美国亚利桑那州东北部的一种美洲土著语)对"时间"进行概念化的方式。在英语和其他欧洲语言中,时间的表达方式常常是与人们表达物质性的可数实体的方式一样的,就像人们说 one stone/five stones 一样,人们也以同样的方式说 one day/five days，也就是把基数词和复数标记的使用从物质实体延伸到非物质实体。这意味着英语的使用者是根据对呈现在自己眼前的物质客体的体验来概念化自己对时间的体验，把时间"客观化"；然而，时间单位基本上还是有别于实体，五天不能被同时"看"到而只能按序体验。在霍皮语中，霍皮语的使用者对时间是一种非客观化的观点，像英语中的"五天"（five days）这样的观念是行不通的，如果说话人想表达这一观念的话，他或她就要使用序数词如"第五天"（the fifth day）。在 Whorf 看来，霍皮语的主要概念化过程是依据昼夜的往复循环来进行的，这些循环不能像物质实体那样归并在一起作为一个整体。

　　现在来分析有关文化具体性语法的问题。在意大利语中，存在着与文化具体性有关的语法现象，尽管我们下面所要分析的语法结构的普遍性和代表性比 Whorf 所设想的要差一些，但是它们在意大利语所描述的生活方式中还是十分常见和普遍的，因此它们肯定是意大利人体验外界事物的一个重要方面。这里主要集中分析两个语法结构，它们的表达功能完全与意大利文化的普遍表达方式一致，这两个语法结构是句法重叠和绝对最高级。

　　句法重叠是指不带任何中介停顿的形容词、副词甚至名词的重复，如 bella bella，adagio adagio，subito subito 等表达中所表现出的重复（其中 bella 意为"美丽"、adagio 意为"慢"、subito 意为"即刻"）。这样的表达是意大利语中独有的语法结构，不同于英语中的 Come in，come in! 或者 Quickly，quickly! 等整个语段的重复，而是类似于 bye－bye 这一类类型的表达。这里的意大利语的表达法通常标志着"强度"，因此，可以认为 bella bella 的英语对等表达是 very beautiful，而 very slowly 则是 adagio adagio 的对等短语。但是这样就产生了两个问题：其一，上面的意大利语的结构远比 very 结构要宽泛，比如说，很难将 subito subito 翻译成英语的"very at once"；其二，真正的 very 的意大利语对等词是 molto，这样在 molto bella，very beautiful 和 bella bella 之间就产生了双倍的差异。

　　意大利语中的句法重叠首先是表达这样的语言使用要求，即所使用的词是精心选择的。在说 bella bella 时，说话人是在强调他或她认为自己在认真、严谨、准确地使用着 bella 这个词（词的重复吸引人对这个词的注意力）。其次，句法重叠还包含了一种情绪成分在内，类似 Venga subito subito（相当于英语的 Come at once at once）这样的句子实际上要求了一种非常富于表情功能的情绪性语气。甚至重复一个纯粹的描述性形容词如 duro（硬）或 leggera（软）时，通常也很容易看出语境中的情绪含义。

意大利语的另一个有特色的语法现象是绝对最高级，它由形容词加－issi-mo 构成（表示相应的格/数变体），如 bellissimo "最美丽的"、velocissimo "最快的"、bianchissim "最白的"等。这一结构在概念上与带有 molt "很"（mol-to bella "很美丽"等）的短语有关，两者都限于修饰事物的特性，而且是比较具体的特性，这些特性可以加以"评级"和比较。绝对最高级和一般最高级之间存在着密切的甚至是雷同的关系，一般最高级由 piú 构成（如 piú bella "最美丽的"）。

至于句法重叠又存在着一定的相似性——一些意大利语语法甚至把两个结构描写成是对等体。但是和句法重叠不同，绝对最高级并不意味着要传递准确性。相反，它却通常包含了一个明显的夸大作用，然而这一夸大作用的概念并不和句法重叠共享什么，他只是用来表达说话人的情绪性态度。

带有 molto "很"的短语所具有的相似性由于第一行中"很"的出现而表现得非常明显，一般最高级的相似性出现在第三个成分中：隐含性地表示了一个与最高级（"它不能够再 X"）所进行的比较。句法重叠所具有的相似性在最后一个成分（"当他想到这一点时，他感觉到某物"）中得到了体现。总之，绝对最高级使得意大利语的使用者可以运用一种"表（达）情（绪）性的夸张表达"。

像句法重叠和绝对最高级这样的结构肯定是与所谓意大利人生活的"戏剧化特性"（Barzini，1964）有联系的，"场面的重要性""超乎寻常的兴奋感、生动的面部表情、夸张性的手势……都是每个人在意大利的第一印象，在意大利随处可见"。显然，这和中国文化所提倡的含蓄的交际方式是大不相同的，意大利人的这种情绪化的表露方式可以深刻地解释句法重叠和绝对最高级等表情化语法手段在意大利文化中的相关性。

李英哲（2003）指出汉语中有很多特定语境中使用的一些特定句型如存现句、双宾语句、把字句、连动句等，都呈现特殊语序现象，可以从认知语言学的角度来探讨和理解。把字句是汉语体系和其他语言相比较很有特色的一个语言现象，Bender（2000）认为它在汉语语法的研究中居于核心地位，是研究其他汉语语法现象的关键。但是，在汉语语法学家中间，对"把"的词性的分类和划分尚未达成共识，如"把"的格标记说、介词说、关涉动词说、动词说等，也有学者认为"把"是一个特定语法功能范畴。Bender（2000）从语言的内部述谓结构和词类的共同特性两个角度出发认为汉语的"把"应该是动词，同时他从词汇功能语法的角度进行了论述和论证。李英哲（2003）

对于从认知语言学方向研究汉语语法现象提出了值得进一步研究的思考视点，对于认知语言学的语法研究尤其是跨语研究具有现实意义。类似的汉语语言现象如"被"字句、"所"字句等，都是汉语语言体系特有的语法现象，从认知语言学的角度给予分析将会得到非常有意义的发现，丰富认知语言学从文化视点观照语法现象的研究领域。

汉语不同于英语语法的另一个重要现象是量词的使用，汉语中存在着大量的量词，针对不同的对象需要使用不同的量词配置来限定和修饰，如：一勺汤、一盘菜、一锅饭、一缸水、一尾鱼、一匹马、一头狮子、一峰骆驼、一叶扁舟、一缕白云、一朵红霞、一镜明月、一树寒梅、一江春水、一曲清流、一串葡萄、一弯新月、一道闪电、一线蓝天、一点嫩绿、一贴药膏、一把香葱、一挂项锭、一架梯子……

汉语量词的大量使用使语言更富表现力，可以突出事物的主要特征，使之形象鲜明，可以以有形写无形，以具体写抽象，诱导人们去想象、联想，产生寓情于形、寓情于景、言有尽而意无穷的效果，还可以表达主观情感等。汉语量词可以更好地描摹物态、描写景物、营造意境、表情达意。

第九章
认知与语用

第一节　言语行为

语言使用是人类交际的有机组成部分。人在社会网络中生活、工作和交往，就其本质而言，人是一切社会关系的总和。人的日常活动无不处于社会网络的包围之中，如晨练、早餐、上班、上学、路上碰见邻居、乘车，在工作单位或学校遇到熟人或同事，下班以后去酒吧或夜总会，等等。在所有这些家庭、邻里、村庄、城镇、都市、学校、公司、体育场馆、夜总会、俱乐部、宗教聚会等社会网络中，人们都在互相交往，而交往的主要工具之一便是谈话。

一、交际意图

谈话的功能之一是表达意图、传递信息，但并不是所有的谈话都意味着要传递某些意图，大多数情况下，人们谈话只是为了谈话，因此，大多数交谈只是为了表示谈话的人互相之间意识到对方的存在，比如说，在小型的非正式交谈中，人们的主要目的并不一定是要传递信息或者表达自己的想法、欲望，而是为了谈话而已，这样的谈话称之为语言的寒暄功能（来自希腊语 phatis，意即谈话），如例句 1 一位年长的售报员和一位酒吧男招待在一个咖啡屋里的谈话：

例句 1

售报员：You were a bit busier earlier.

招待：Ah.

售报员：Round about ten.

招待：Ten, was it?

售报员：About then.（Pause）I passed by here about then.

招待：Oh yes.

在大多数情况下，人们参与交际性的沟通过程，通过这种交际性的沟通过程，人们传递和表达自己的所见所闻、所思所感、所欲所求等心理活动和心理状态，这些心理状态都是认知语言学的分析对象，因为它们都体现了说话人的策略，而策略本质上是一种选择和运算。在这个意义上，语用行为从一开始就是认知语言学的研究领域。

人可以通过词使自己的交际对象意识到自己的心理状态，无论人们通过语言实现什么样的目的——传信、请求、命令、劝导、鼓励等，这些目的统统称为交际意图。比如，当你对一位昨天上班时脸色很苍白的朋友说"你今天看起来好多了"，你只是为了使他有一个比较好的感觉，或者说你是在表达你自己想安慰他的意图。人们为了实现交际意图所说出的词就是一个交际行为。在语言哲学家的研究中，语言使用（language performance）的主要甚至唯一兴趣是确定和查明人们作出真实表达的过程以及如何找出话语的真实条件。但是语言哲学家 Austin 在 1952 年发表的《如何以言行事》中认为人们不仅仅进行信息性言语行为，即以词"说"事（其真伪是可以加以辨别的，如例句 2 - a），而且也以词"做"事（如例句 2 - b ~ 2 - e）：

例句 2

a. My computer is out of order.

b. Could you lend me your laptop for couple of days?

c. Yes，I'll bring it tomorrow.

d. Oh，thank you，you're always so kind.

e. I name this ship the Queen Elizabeth.

在 2 - a 中，说话人陈述了他所看见或所想到的事件的状态并且把它告诉给别人，人们当然期望这件事是真实的，但实际上它可真可假，比如说，说话人可能只是忘记了插上电脑的电源。在其他言语行为 2 - b ~ 2 - e 中，说话人并不真正关心他所说的话是真是假，在 2 - b 中，说话人请求听话人去做某件事，在 2 - c 中，后者答应去做某件事。这是两个语言行为，说话人的意志在这两个言语行为中具有极端重要性并且把一个责任加给了会话伙伴（2 - b）或说话人自己（2 - c）。在 2 - d 中，第一说话人表达了自己的谢意和对朋友的赞美之辞。在 2 - e 中，地位显赫的说话人不是在陈述一个已经存在的事实，而是通过用词命名一艘船来创造或规定一个事实；而且，为了达到这样的目的，场合必须是极其正式的官方场合，有官员参加，这位显赫人物在即将说出与场合相适宜的话语 2 - e 之际必须打开香槟酒瓶把它掷向船首。

起初，Austin 把 2 - e 一类的言语行为称为执行性行为（performative act），但是后来他得出结论认为不管什么时候人们说任何事总是在"执行"一个行为，因为人们用词来"做"事：陈述一个信条、请求某人做某事、向某人承诺某事、表达谢意等。他是第一个认识到产生一个话语并不仅仅是涉及真假问题的专家，他认识到每一个话语都是一个言语行为，即人们以言"做"事，而不仅仅是以言"说"事。

这样，关于如何给类似 2 - e 中的言语行为进行分类就成了研究语言行为问题的学者所关心的问题。Austin 的追随者——哲学家 Searle 对这一问题进行了系统研究，Searle 提出并划分了五种类型的言语行为：断言（3 - a）、指示（3 - b）、承诺（3 - c）、表情（3 - d）和宣布（3 - e）：

例句 3

a. Sam smokes a lot。

b. Get out. I want you to leave.

c. I promise to come tomorrow

d. Congratulations on your 60th birthday.

e. I hereby take you as my lawful wedded wife.

例句 3 和例句 2 在很大程度上是相对应的。通过 2 - a 和 3 - a 中的断言言语行为，说话人作出一个断言、陈述、描述或者提出一个问讯性的问题。通过指示言语行为，说话人发出一个命令 3 - b 或提出一个请求 2 - b。通过承诺言语行为，说话人作出一个承诺 3 - d 或者提议并使自己承当某种义务或责任 2 - c。通过表情言语行为，说话人表达祝贺 3 - d、感激或者颂扬 2 - d。通过宣布言语行为，说话人宣告一个（新的）社会事实使其成为如 3 - e 中的结婚行为或者如 2 - e 中的轮船命名行为。

二、 言语行为

例句 3 的五种言语行为之间的关系在亲疏程度上有差别，因此，言语行为可以根据上位范畴加以分组，这样的分组可以使用类似的原则来进行。这样，根据断言言语行为，我们可以提出信息性问题，如 Does John smoke? 两者都可以归类在上位范畴信息性言语行为之中。同理，指示言语行为和承诺言语行为都可以归类在一个上位范畴之中，因为在这两种情况下，说话人都是在传递一个责任，这种责任可以发给听话人（指示），也可以发给说话人自己（承诺）。

这些言语行为称之为强制性言语行为。表情言语行为和宣布言语行为也具有基本的共同特征：两者都需要有一个仪式化的社交环境来实现这样的言语行为。因此，我们只能在某个特定的社交场合对某个人表示祝贺，比如说在他或她的生日表示祝贺，通过这样的祝贺行为我们发出一定的社交信号说明自己在意他人而且没有忘记他们的生日。因此，可以把表情性言语行为和宣布性言语行为归纳在上位范畴建构性言语行为之下。下面简要分析和论证这些主要的言语行为类型和它们所包含的小类型。

信息性言语行为包含所有可以传递信息给听话人、询问信息的听话人或者向某些缺乏某种信息的人传递信息的行为，所传递的信息是关于一个人所知道的、所想到的、所相信的或所感觉到的信息。

例句 4

a. I don't know this city very well.

b. Can you tell me the way to the station, please?

c. Yes, turn left, then turn right again. It's on the left.

信息性言语行为不仅种类繁多，而且包含了大量的背景假设。譬如说，假设听话人可能想知道说话人为什么要问问题，或者假设听话人可能知道说话人不知道答案。因此在 4 - a 中，说话人首先解释他问问题的原因；而且如 4 - a 所示，说话人不是直接问"Where is the station?"而是同时核实听话人是否具备这样的信息知识，因此他说"Can you tell me."更典型的是，说话人不仅仅用"yes"来回答这一问题，而是把"yes/no"式的问题解释为一个信息问题，并且认为如果他具有这样的信息，那么谈话就可以顺利地进行下去。在 4 - c 又的回答中，说话人使用了祈使句型——通常使用于命令的句型——来传递这一信息但是没有强迫听话人去做任何事。这表明在语言的表达形式（如此处的"祈使"）和语言的交际意图之间并不存在严格的一对一关系。

在强制性言语行为中，所欲求的后果和动机是相当不同的。设想一下下面的情境：Mark 和 Peter 要离开一个酒会了，Mark 喝酒喝得不如 Peter 多，所以有如下的对话：

例句 5

a. Mark：Peter, can you give me your carkeys—I'll drive.

b. Peter (handing over the keys)：All right, next time it's my turn——I promise.

Mark 的话 5 - a 包含两个强制性的行为：一个指示和一个承诺。首先，5 - a 中的请求和 4 - b 中的信息问题有着极大的不同：Mark 不想让 Peter 说什么而是想让他做事，即让 Peter 把钥匙给他；其次，Mark 想开车。他的第一个目的是想让 Peter 按照他的请求去做，而且他还给出了自己要开车的理由，根据这样的理由 Mark 使自己承担开车的任务，条件是 Peter 要把车钥匙给他。同样的分析也适用于 4－b 中 Peter 所说的话，首先，他遵从了请求，他不是只说说而已，而是把钥匙给了 Mark，然后他许诺下次自己要开车，对自己未来的行为做出了承诺。因此，所有的强制性言语行为如请求、许愿和承诺都有一个共同的特征：说话人想让听话人或者他自己承诺一个未来的行为。

建构性言语行为是指可以建构一个新的交际现实的行为，这样的言语行为只有在适当的时间、以适当的形式、由适当的人说出来，才能成为建构性言语行为。这显然适合于 2－e 中的宣布言语行为 I name this ship the Queen Elizabeth 和 3－e 中的 I hereby take you as my lawful wedded wife。只有重要人物才可以命名船舶，也只有新郎才可以做出 3－e 中的言语行为。适合于宣布一类的建构性言语行为的条件同样适合于 2－d 中的 Oh, thank you. You are always so kind 和 3－d 中的 Congratulations on your 60th birthday 等类型的表情性言语行为，如感谢和祝贺等。只有当别人为你做了某件事情以后或者他承诺为你做某事时你才可以感谢他或者称赞他。因此，尽管表情性言语行为和宣布性言语行为表达了不同的交际意图，但是两种类型都受相同的条件的制约才能保证言语行为的成功和得体。

言语行为的各种类型及其分类见图 20 的总结和归纳，该图同时包含了一些使用于特定类型言语行为的典型动词。

图 9－1　言语行为和类型和分类

第二节　言语行为的构建

当一个人通过"I congratulate you"来表达自己的心情或者通过"You are now husband and wife"执行一个宣布性行为时，必须满足一定的得体条件，这些得体条件是：①行为必须在正确的情境中表现；②说出正确的句子格式。试比较这些建构性言语行为和诸如还账之类的商业交易行为，在商业交易中一个人仅仅说"I hereby pay you back l000 dollars"是不够的，他还必须实际上将钱交给对方。事实上，不说任何话，而只要将钱交给对方就足够了。建构性言语行为却恰恰相反：仅仅在适当场合所说出的礼节性话语就可能改变有关情境。表现这种建构性言语行为的力量的一个典型例子是例句1-b中的情况，在这个例子中，法官仅仅说出极为简单的词就决定了一个事件的法律地位。短语"objection overruled"的被动形式实际上是主动句"I overrule the objection you have made"的仪式化对等语，但是法官只需在法庭听证会上在适当的时机使用被动性的仪式化语言形式，反对就的确被否决而无效了。

例句1

a. 律师：Objection，Your Honour！

b. 法官：Objection overruled.

一　建构言语行为的分类

在言语行为的三个上位范畴——信息性、强制性和建构性言语行为中，最后一个范畴即建构性范畴包含的小类型最多。这一结论既适用于表情性言语行为也适用于宣布性言语行为。世界上的不同文化都有许多仪式，而大多数仪式都与人类生活的情绪方面有关，这些礼节性的仪式可以通过语言来表达，也可以通过非言语动作来表达。比如，在大多数文化中，人们在见面时都会互相握手来表示向别人的致意和问候，其实，我们也可以用词来执行这一礼节，而且所使用的词可以很随便，也可以很正式。

对这些言语行为进行分析，可以发现在非正式的一端，有许多例行的言语行为，如问候、告别、感谢、安慰、道贺、祝贺、道歉等，即使是Good morning 这一最简单的打招呼的行为也可以视作是表情性言语行为，它们最初的功能是希望好事发生在别人身上。告别语 goodbye 派生于 God be with you，这样的意思已经深深固化于英语中，以至于人们对它的意思已经视而不见，它也仅仅成为简单的礼节用语，但是它仍然代表一个重要的社交现实。尤其是当人们拒绝互致问候时，我们会感觉到与礼节有关的表情言语行为的价值。对于大多数表情性言语行为，我们仅仅使用极为简单的短语如 hello, hi,（good）bye, bye‑bye, farewell, bye now, see you later, thanks, cheers, well done, congratulation, I'm sorry, OK 等。这些非正式的礼节言语行为的共同特征是它们常常都有一些缩写形式如 bye（good—bye），ta（thanks），它们常常有一些重复形式如 bye‑bye, thank you，而且常常有一些与感叹词的组合形式如 oh, thank you。正是在这些非正式的情境中，我们的语言使用可以体现出最大的创造性，其中有些新形式很具有典型性，如用 hi 代替 hello，用 cheers 代替 goodbye，用 all right 代替 how are you

我们可以在下面的一段播音用语中看到表情行为的一个比较正式的例子，这段播音是由 BBC 的播音员代表一位英国娱乐圈的明星所说的，这位明星取笑了很多英国女子曲棍球的女性同性恋者。

例句 2

"That's just his wacky sense of humour and his regular listeners understand that. He's not antigay and no intention of offending anyone. If they have been offended, we are very sorry and apologise on his behalf."

The Daily Telegraph, 8—11—1996

上面这段话语作为一个整体是一个表情性言语行为，它的交际意图是道歉，但是，在这一语段中，我们可以发现还有服务于该意图的一个基本意图。起初，播音员首先向听众通报这样的道歉所蕴涵的基本假设：你不能冒犯别人，如果你不想冒犯他们的话。但是播音员愿意承认人们可能感觉到是被冒犯了而且向那些感觉被冒犯了的人由 BBC "代表"那位娱乐圈内的人士表示道歉。这种代表某个人向公众进行的道歉表明了执行道歉行为的人必须首先被授权才能去进行道歉，we 这一形式的使用正是表明了这样的授权。最后的一个句子也做出了另外一个非常重要的区别，使得这样的区别非常清晰。we are sorry 和 we apologize 这两个短语表明存在着隐含（implicit）和明示（explicit）两种言语行为，两个短语都清楚地表明了人们的歉意，但是 be sorry 这一短语本身是一个隐含性的言语行为（通过这样的表达，说话者表达了后悔和抱歉的感觉），使用 be sorry，言语行为以非明示的方式得以执行，但是动词 apologize 却兼而执行了两种言语行为，人们执行了一个表情性言语行为，同时又明确地表达了那一表情性言语行为的含义。正是由于这个原因，apologize 这个词被称为执行动词（performative verb），它的定义是指既可以描述一个言语行为又可以表达该言语行为的动词。这就解释了为什么我们可以说 we are sorry，但是却不可以说代表别人 sorry，因为 be sorry 仅表达歉意，而不能描述进行道歉的行为，也就是说，be sorry 是一种意念，而 apologize 则不仅仅是意念，重要的是它还是一种行为。

在正式—非正式连续体的另一个端点是宣布性言语行为，这一行为极为正式，需要有正式的仪式程序并且要指定具有代表性的人物来执行，如裁判一场足球赛、主持宗教洗礼或结婚典礼、主持法庭听证、辩论和宣判、发布通知、宣布遗赠、任命官员就职、宣战等等。宣布性言语行为具有极高的"呆板"特征，这样的言语行为通常会提及执行言语行为的人，通常使用"我"的形式，或者使用 objection overruled 一类的被动结构；而且必须使用简单的一般现在时态，因为在建构性言语行为中，说和做是一致的；而且，如 3 - a 所示，它们不能单独被宣布，而必须在一个特定的精心准备的仪式的特定时段来使用。因此，在一个结婚仪式上，牧师或主婚人必须要问新娘或者新郎 3 - a 中的问题，而他们必须要使用 I do 来回答这样的问题，或者使用一个完整的句子如 "I hereby take you as my lawful wedded wife"，接着，主婚人宣布 3 - b 中句子加以确认：

例句 3

a. Do you take X to be lawful wedded husband?

b. I now pronounce you man and wife.

例句 4

I hereby sentence you to three year's imprisonment for your part in the crime.

例句 5

The victim was pronounced dead on arrival.

如例句 4 所示，副词 hereby 标志该言语行为中执行行为所发生的时间和地点。这样的正式性的仪式化表达方式常常包含一个执行动词如 declare，give notice，pronounce 等。然而，最后一个例子不是一个由医生所做的证实某人已经死亡的言语行为，但是它却进一步证明了可以以不同的方式使用类似 pronounce 这样的执行动词。在 3 - b 的句子中，执行动词 pronounce 用于携带"建构一个新的现实"的交际意图；在例句 5 中，pronounce 用在一个不同的语境之中，仅仅"描述"一个情境，该情境被执行为一个极为正式的场合提供信息的言语行为。

二、 建构言语行为措辞得体的条件

得体条件是指允许说话人作出成功的言语行为的实际条件，这些实际条件与所有三种言语行为都有关。在信息性言语行为中，说话人，如一位医生，必须首先自己本身拥有正确的信息，其次，他必须被授权向询问信息的人传递有关的信息。在指示性言语行为，如作出一个命令的言语行为中，说话人必须处在向级别比较低的人行使命令的位置，比如，在大多数文化中，雇员或儿童是不能向雇主或父母发号施令的。

得体条件在宣布性言语行为中表现得尤其明显，如 3-a 中的问题所示，必须满足各种条件才能使得一个正式的言语行为如结婚显得得体。只有当所有的条件都满足了，宣布性言语行为才有效；如果这些条件中的一个条件得不到满足，言语行为就可以被合法地加以反对并被宣布为无效，因此也就不会被正确地执行。法庭上诉中所发生的对庭审案件的反对就是如此，如果发现庭审案件的记录与有关程序相违背，那么整个宣判行为就会失效而且可能会被推翻。

因此，如果没有正式授权的人士如牧师、市政官员、大使或者他的随员、公司的经理或领导来宣布一对夫妇的婚姻，婚姻就不具有正式的官方身份或地位。类似的得体条件不仅适合于宣布，而且适合于日常的表情性行为中的仪式。因此，当你想对某个人的生日、婚礼或升迁向他表示祝贺时，如果你搞错了人或在错误的场合执行了言语行为，或时机本身不成熟，那么这样的祝贺就是无效的。换言之，你是在祝贺方面作出了"不得体"的尝试。

例句 6

a. 丈夫：Happy birthday, dear.

b. 妻子：I wonder if you'll ever remember when my birthday is?

尽管怀有良好的交际意图，但是丈夫并没有达到祝贺他妻子生日的效果，因为祝贺行为的条件并不具备，这个祝贺是不得体的，因此谈不上任何祝贺效果。

不管人们采取什么样类型的建构行为，这里有一个简单的法则：言语行为必须包括正确的人、正确的时间和正确的场合。只有当所有的条件都满足了，言和行两者才是成功的。否则，就不存在"做"，不存在行为的执行，而只是说了一些不着边际的礼节性辞令。

得体条件适合于所有三种主要类型的言语行为，而不仅仅适合于建构性言语行为。另外，还有一些适合于信息性言语行为和责任性言语行为的得体条件，下节将对这些条件进行分析和讨论。

第三节　信息性言语行为与合作

信息的交换包括信息发送和信息接收两个环节。为了尽可能有效地进行交际，在信息交换的这两个环节中，信息的发送者——说话人和信息的接收者——听话人都应该理性地猜测到对方已经具备的知识、清楚地知道自己所做的预设、准确地理解说话人的话语含义以及听话人必须要进行的推理。会话知识、预设、会话含义以及推理都是重要的认知资源和认知过程，认知语言学从新的角度对这些认知现象进行了分析和探索，得出了不同于以往语用研究的成果。有关会话预设和会话含义的问题将在本节进行分析和讨论，说话人和听话人进行合作从而进行有意义的会话的方式也将是本节讨论的主题。

一、 会话预设和常规预设

一般来讲，我们不会向一个自己完全不认识的人提出 1 - a 中的信息性问题，因为从认知的角度看，这样的问题包含这样一个预设，会话双方的认知资源中都具有会话所暗含的认知背景和会话知识，即会话双方互相之间是非常熟悉和了解的。

例句 1

a. Jane：Hello. Where are you taking the kids today?

b. Peter：To the park, I expect. They love going there.

在这样的会话中，会话双方非常熟悉而且以前就有交往并且有过会话。这样的情况称为背景知识，会话的背景知识是指会话双方认为某种事情当然会发生的知识。比如，Jane 知道 Peter 经常带孩子出去玩而且总去不同的地方。会话中认为某事必然会发生，这称为会话预设（conversation presupposition）。

Peter 还没有定下来今天去哪里，而只是想去公园。Jane 和 Peter 都有很多必然性的知识，如知道附近有一个公园可以带孩子去玩，这样的必然性知识在认知语言学中称为世界知识（world knowledge），通常通过语法手段加以标示，如使用定冠词。由于这样的知识从语法上看非常明显，所以它是常规预设（convention presupposition）。像这样的常规交换包含有预设元素，说话人可以假设别人知道这些预设元素或者这些元素可以很清楚地通过言语情境表现出来，因而被认为是理所当然的，是必然的。

互相之间不认识但是却属于同一民族或文化社区的人可以共享文化预设（cultural presupposition），文化预设同样属于这里所讨论的常规的有机部分，如地方、历史事件、国家机构、政府机关、选举、公众人物等。在我们身处其他文化的人群中时，常常难以理解其他国家的人所谈论的某些话题，就是因为我们不具有这样的文化预设。有时候，这种跨文化的交际会因为文化预设的不足而引起某些交际的不和谐，如笔者在英国做访问研究期间，曾经发现一位正在英国留学的中国大陆学生在与一位来自非洲埃塞俄比亚的学生寒暄时，因为不知道该非洲国家而使非洲学生产生不快。下面是他们的对话：

例句2

a. I don't know your country.

b. You don't know my country? We ever has the communist system in our country!

2-a 的这一回答引起了那位非洲学生的极大不快，他（2-b）立刻争辩。显然，这位非洲学生知道中国现在是共产党领导的社会主义国家，因而他内心有一个预设，中国学生也应该知道曾经实行过这一制度的埃塞俄比亚。请注意这里的动词 have 的误用，这是英语为非本族语的外国留学生在情绪状态下犯的错误，说明他对认知资源的分配不均衡。同样，笔者在英国期间，有时候会注意到几个英国人用地道纯正的英语在寒暄，但是他们实际在讲什么，比较难搞清楚，这大概也是文化预设使然。对于这一现象，笔者以一个语言研究人员的身份和已经在英国定居和工作多年的中国人讨论过数次，他们也认为在英国多年，但是很难理解英国人所讲的笑话，对英国式的幽默也没有太多的感觉。可见，语言教学中的跨文化教学绝不仅仅是一个纸上谈兵的理论问题。在一场关于即将到来的大选的电视讨论中，下面的话语给予了电视观众极好的感觉：

例句3

嘉文夫人：In my street, everybody votes Labour.

这一话语的解释包含着极强的文化背景，在这样的文化背景中，存在着一个两党体制下的定期民主选举，同样，在这样的文化背景中，当处在一个人际关系相当密切的社区中，有可能知道和了解到邻里的投票意向。同样的话语放在一个截然不同的语境中时，将可能导致彻头彻尾的误解。比如，假设嘉文夫人作为一个正在旅行的英国观光者对一个她偶然认识的中国人说例句 3 中的话，可以想象后者将会不知所云；这位她刚刚认识的中国人甚至可能不会理解这里所说的"everybody"不能从字面上理解为每个人，他也可能不理解"everybody"要包括妇女和年轻人但是不包括儿童，他还有可能不理解并不是每个有选举权的人都会去投票。因此例 3 中的这一个很短的例子说明人们是根据自己与同一或类似的文化社区中的交际伙伴所共有的文化知识来做出大量预设的。

二、 合作原则和会话准则

从上面的例句 3 中短短几个词中可以看出这样的事实：话语很短，但是却暗含如此丰富的信息，并且假设有很多的信息应该被听话人所理解。如此之多的信息不能仅从字面上理解，有趣的是这样的短短几个字，任何人都有可能不能完全把它们解释得非常清楚。但实际上，我们在交际时总是试图把它们解释清楚，并且在许多场合喜欢这样做。这有赖于人们对若干"不言自明"的规则或原则的遵守，这些规则或原则也叫做"准则"。根据语言哲学家 Grice 的分析，人类进行交际的基础是遵守下列几个具有普遍意义的合作原则：Make your conversational contribution such as is required, at the stage [of the talk exchange] at which it occurs.

这里的祈使形式并不意味着说话人必须完全这样去做，而是说它们是合作交际的内在规则。在这一指导性的原则框架内，Grice（1975）提出了四个具体原则，称为会话准则，他认为这四个准则可以指导和支配所有的合理交际。

（1）质量：努力使得你的话语真实。①不说你认为不真实的话。②不说你没有证据的话。

质的准则要求人们只提供自己有证据支持的信息。假设 Bill 问 Smith 一场体育比赛的结果，如 Do you happen know who won yesterday? Smith 不知道结果而给出了下列其中一个答案：

例句 4

a. No, I don't.

b. I bet Chelsea did.

c. Chelsea did.

在第一个答案中，Smith 是"真实的"，因为他说他不知道，他不具备有关的信息。在第二个答案中，Smith 仍然是"真实的"，因为他使用了 bet 间接地表明了他不知道结果，但是却有很好的理由"假设"Chelsea 会赢。只有在第三个答案中，Smith 是不真实的，因为他发出的信息表明他似乎知道正确信息；他这样回答不一定是在撒谎，而只是断言一个他自己并没有证据的事情。

（2）数量：使得你的话按照要求尽量具有信息量（为了当前的信息交换目的）。不要使得你的信息超过所需。

量的准则意味着会话一方提供自己所拥有的所有必要信息给会话的另一方，满足对方对信息的需要——不多不少，恰到好处。假设一位司机在一个星期天刚好用完了汽油并问 John 哪里是最近的加油站，John 用下面的其中一个答案回答他：

例句 5

a. There is a petrol station round the corner.

b. There is a petrol station round the corner, but it is closed on Sunday. The next one is 5 miles ahead.

c. The petrol station round the corner is closed on Sunday, but you can fill up there if you have a credit card.

如果 John 知道加油站星期天不营业而用 a 回答他，那么他就提供了太少的信息因此而违背了量的准则，只有 b 或 c 的回答体现了说话人在这段会话中的合作性。

（3）关联：话语要有相关性。

关联准则，Grice 本人把这个准则称为关系准则，该准则可以通过一个异常的例子得到说明。我们经常不会直接回答一些询问性的问题，这也许是因为我们不知道答案或者是因为我们认为提问题的人自己可以解释我们所做出的回答。因此，乍一看，6-b 中的答案似乎不是一个有关联的答案：

例句 6

a. 安娜：Did Tony Blair win the election?

b. 比尔：The paper is on the table.

这样的回答的确在安娜的问题与比尔的答复之间没有明显的关联。但是在 Grice 看来，如果仔细分析，说话人还是遵守了会话中的合作原则，尽管表面看来似乎并非如此。如果我们假设比尔的回答是合作性的，而且他的话语与问题关联，那么，可以通过关联准则推断报纸上登载有该问题的答案。

（4）方式：①表达清楚明白；②避免表达含糊晦涩；③避免歧义；④简洁；⑤有序。

方式准则可以通过一个反面的例子加以说明。下面的会话片段是从 Lewis Carroll 的《透过镜子》中摘录出来的，可以看做是一段非常典型的不合作会话，因为它似乎违反了方式准则的每一个分则：粗略一看例句 7 中的大多数话语要么完全不够清楚明白（7 - b），要么具有歧义（7 - c），要么不简洁（7 - d），要么无序（7 - e）。

例句 7

a. "There's glory for you. " (said Humpty Dumpty)

b. "I don't know what you mean by glory. " Alice said.

c. Humpty Dumty smiled contemptuously. " Of course, you don't, till I tell you. "

d. "I meant, 'There's a nice knock - down argument. ' " Alice objected.

e. "But 'glory'doesn' t mean 'a nice knockdown argument. ' " Alice objected.

f. "When I use a word," Humpty said in a rather scornful tone, "it means just what I choose it to mean——neither more nor less. "

的确，这看起来像一个特别不合作的会话，在这个会话中，会话双方互相显得完全"含糊其辞"。但是如果仅从字面上来理解 Alice 的观点，那么这个话轮只能是含糊其辞的，因为这样的话就完全把所有的隐喻从人们的正常合作策略中剔除出去了。Humpty Dumpty 向 Alice 提示的是她从一个非常好的辩论中获得荣誉。从概念性隐喻的意义上说，辩论就是战争，这样好的一场辩论具有在讨论中击倒对方的力量展示，就像在战争中打倒对方获得胜利一样，一场精彩的辩论同样会带给赢得辩论的一方以荣誉。因此 Alice 在 7 - e 中所批评的对象实际上是语言的隐喻化使用。正像她所反对的那样，"荣誉"的确不一定意味着"一场精彩的击倒对方的辩论"，但反之却是如此；使用"一场精彩的压倒对方的辩论"对于她的确意味着"荣誉"。从中我们发现两个概念性隐喻的结合："辩论是战争和赢得一场战争/辩论就是荣誉。"人们正是在这个意义上使用大量的隐喻，这些隐喻并不是有意使得人们的话语变得含糊其辞，而是表达某种程度的领悟，而这样的领悟用语言的字面意义是不可能表达出来的。这也就是所谓"意会"和"言传"的对立，有些话语只可意会，不可言传，而"意会"和"言传"本身所含的认知过程是极为丰富的。

如果对 Grice 的方式准则作过分狭义的解释，那么这一准则就不再站得住脚了。但如果我们接受这样的认识和观念，即隐喻和转喻是日常语言的有机组成部分，而且对于人们的意义表达非常必要，就会发现许多看起来在表面上完全含糊或者歧义的话语实际上并非如此。因此，方式准则必须扩展而且应包括修辞语言在内，这是认知语用学不同于传统语言学的重要发展。除此之外，还应该认识到方式准则具有高度的文化特异性，每一个文化对于方式准则都具有不同的规范和界说。

总体而言，虽然合作原则和会话"规则"在不同的文化中具有不同的体现，具有极为明显的文化特异性，但是合作原则仍然是一个具有普遍性的原则，会话准则构成了某些基本的语用或人际普遍原则，在所有语言体系中具有普遍性和适用性。

三、 会话含义和常规含义

按照第一个会话准则即质的准则的分析，具有合作性的说话人应该以合作态度说真实的话，没有这样的前提，会话将无法进行下去；如果说话人有意对于人们周围世界的事物随意地进行真假陈述，而不加上任何的标志向听话人说明哪些是真实的陈述而哪些又不能仅仅从字面上去理解，那么交际过程将终止。

会话必须按"质"和"量"进行，那么，在会话过程中，说话人有必要完全说出真实的情况吗？他是否一定要尽可能说出更多的信息吗？就像量的准则所规定的那样？答案是否定的。因为如果说话人太过于明示自己的交际意图，那么他虽然促进了听话人对交际意图的理解，但是却有可能使听话人感觉到信息过剩并且因此产生某种受辱的感觉。

因此，在交际过程中，不应该提供多余或过量信息而使人们感到厌烦，听话人必须推论一个会话中的信息和交际意图在多大程度上具有隐含性。最具有代表性的内隐交际意图的例子是例句8中的家庭场景中的抱怨：

例句8

妻子对丈夫：You left the door of fridge open.

根据关联准则、量的准则和方式准则，听话人应该"读懂"这样一个话语的言外之意，而不仅仅是其字面内容。这样一个话语应该解释为一个要求针对情境做出某件事情的请求，而不仅仅是对一个情境的描述。妻子的描述以转喻的方式代表了整个情境，即冰箱的门通常是关着的，由于现在是开着的，所以应该采取相应的行动来解决这个问题。

有时候，人们的话语从表面上看似乎完全不相关，然而，Grice 认为即使对于这样的明显违反规则的话语也应该以合作的态度加以解释。请看例句9：

例句 9

a. How do you like my new hairstyle，Francis?

b. Let's get going，Mathilda.

在这个对话中，Francis 对主题所做的彻底改变是对说话人应该遵守不说"不真实的话"这一规则的明显违背。对 Mathilda 的问题的合作性的回答应该是"I like it a lot"或"I think it looks awful."Francis 对这一规则的明显违背并不是误解，而是具有它自己特定的意义。Francis 没有对问题做直接的正面回答，而 Mathilda 从这样的间接回答中所推理得出的含义是对她的问题的对应性回答可能会让双方都觉得难堪。

会话准则所派生出的意义称为会话含义（conversational implication），会话含义有多种表现形式，其中特别重要的有两种：会话含义（conversational implication）和常规含义（conventional implication）。

会话含义是推理出但是却不从字面上在言语行为中表达出来的信息。例句 6、8、9 中的含义依赖于会话，因此其含义是取决于语境的。在有些情况下，话语的含义不一定是真实的。

常规含义是依赖于语言表达的含义，这就是常规含义不能删去的原因。Grice 关于常规含义的一个著名的例子是连接词 but 的对比意思的分析。语境决定性方面的差异在例 10 和 11 中表现得非常明显。

例句 10

The flag is red，but not completely red.

例句 11

John is a Republican but honest；and I don't mean that there is any contrast between being a Republican and being honest.

在例 10 中，可以使用 but 来否定第一个从句的含义，也就是说，旗子不完全是红色的。同样的道理也适用于例 11 中分号前面的部分，这一部分包含了一个常规含义，即用定义的方式在共和党人和诚实之间进行了一个对比；分号后面的从句则又表达了一个矛盾的说法。因此，整个句子就很有问题（故用问号标示）。

下面来分析一个同样也包含有 but 一词的句子的常规含义。假设 Peter 和 Carl 俩人正在打网球，一会儿 Peter 说：

例句 12

It's not a sugar spoon you're holding，Carl，but a tennis racket.

Peter 使用了 not—A—but—B 结构，这样的对比结构表达了一种纠正。Peter 的话语违背了"质"的准则，因为他完全知道没有人会认为 Carl 手里拿的会是一个勺子。Carl 却因此推论说话人恰恰违背了会话准则，他会假定对方是以合作的心情讲这番话的，Carl 会努力理解对方想要传递的信息。这里最具有可能性的解释是 Carl 握网球拍的方式好像是拿了一个勺子一样，也就是说他没有找到握拍的感觉。这样，这个句子如果从字面上理解，认为 Carl 真的觉得自己是拿了一个勺子，就产生出讽刺效果了。

从上述例子可以看出，会话含义不是由于遵守会话准则而是由于违背会话准则而产生的，即准则的违背。需要注意的是违背不同于欺骗，违背包含着某种程度的公开性，也就是对准则的明显违背，而欺骗是以对准则的有意违背来蒙蔽听话人，因此说话人努力使听话人相信所言的真实性。在隐喻语言、会话含义或准则的违背等情况下，只要说话人的话语是相关的（关联准则），都属于合作性的交际。因此，在所有的会话准则中，关联准则是最为重要的。而从认知的角度来看，无论所说话人还是听话人，关联都包含着极为重要的认知资源的分配，需要某种程度的推理和推论，有时候还需要会话双方的世界知识的参与。关联准则是认知语用分析的基石，是目前语用认知分析和研究的重点和热点课题。

第四节　强制性言语行为与礼貌

前面主要讨论了与信息性言语行为有关的合作原则，其实在交际过程中还有一个基本原则，这就是礼貌原则。尽管礼貌原则在其他言语行为中也起作用，但它在强制性言语行为中表现得最为明显。强制性言语行为是通过指示性言语行为让别人为说话者做事或者通过承诺性言语行为表示或应承为别人做事。例句 1 中的命令在大多数情境下会被认为是不礼貌的：

例句 1

a. The door!

b. I told you to go and close the door!

1 - a 中的命令只有在某人忘记关门的情况下发出才是可以接受的，1 - b 的命令只可以对一个没有遵守前面刚刚讲过的命令的孩子讲。下面主要分析礼貌与强制性言语行为之间的密切关系。

一、 信息问题与指示之间的区别

尽管人们在自己的大多数言语行为中使用礼貌策略，但是在指示行为和信息问题的动机和结果上存在着许多差异，如指示行为 "May I have the salt, please?" 和信息问题 "What's the time, please?" 两者的动机和后果是有区别的。

在问讯信息时，说话人不能确定听话者是否具备必要的知识来提供所需信息，因此，大多数信息问题都使用如 2 - a 中的疑问句，如果听话人回答说他/她不知道所问的问题（如 2 - b），他/她不应该因不能提供所需信息而受到谴责，因为说话人没有理由怀疑后者不告诉真相：

例句 2

a. Can you tell me when the next bus leaves?

b. I am sorry, I don't know.

由于第二个人回答说自己不知道，不能提供信息，问话的人应该承认他的确不知道，并不是由于某种原因不告诉他。拒绝提供信息的理由一般包括保守有关个人性生活或财务事务等方面的秘密。在所有与这些问题有关的情境中，礼貌原则要求人们不要介入，但是在除此之外的任何情境中，人们一般会认为可以提出所有可能的信息问题。如果会话对方应答说他不知道答案，会话的另一方就不能追根问底了。因此，提出信息问题比发出请求或给予命令的强制性程度比较低。只要是包含简单的行为如把盐递给对方，那就没有问题，但是当真正的工作包含在对话中时，情况就比较复杂，如：

例句 3

a. Sarah：Mike, (can you) take the rubbish out, please?

b. Mike：? No, I don't want to, do it yourself.

c. Mike：Sorry, I can't.

d. Sarah：Why not?

e. Mike：I'm late for my train already.

根据有关人们"可为"和"愿为"的常识以及对情境的感知所做的判断，Sarah 假定 Mike 意愿合作因而期望他能帮自己，如果他不帮忙的话，她会期望他作出如 3 - c 那样的解释。因此，即使 Mike 不想听从 Sarah 的命令，他也不可能说 3 - b 的 I don't want to，因此 3 - b 前面加了一个问号，表示这是一个不合适的话语。如果他不想表现得粗鲁和无礼，可以使用某些策略来避免在接受指示行为时陷入不愉快的境地。

二、 礼貌策略

使用如例句 4 - a 中这样的句子，因其冲击力较小不会对会话对方产生强烈的责任压力，这一点在交际过程中十分重要，为什么？先看下面的例子。

例句 4

a. Sue：It's my birthday tomorrow. Are you coming to my party?

b. Monica：Well, I'd like to come, but, actually I've got rather a lot of work to finish for the next day.

在这段对话中，会话双方互相尊重对方的"面子"。首先，Sue 没有给对方施加太大的压力，他没有使用祈使形式的外显命令如 Do come to my party tomorrow，而是使用了疑问形式的内隐命令来传递邀请的意图。Monica 也尊重 Sue 的"面子"，她没有做出直接的回答，因为这样的直接回答会伤 Sue 的感情。很清楚，Monica 不想来，因此她想办法向 Sue 解释有关的情况，这样的情况没有给她留有说"是"的余地，这是由于某些重要的事情使她别无选择，只能婉拒对方的邀请。

这个例子说明人们在互相交谈时不仅要处理互相之间所说的话的意思，而且要不断处理两者在交际过程中的关系。会话一方向对方说出自己的想法、愿望和感觉很重要，而同样重要的是要考虑对方对自己所说的话会有什么样的想法、愿望和感觉。参与会话的双方应该考虑如果自己说出真正想说的话对方会不会感到不安？对方会不会不再喜欢自己而终止双方的交际，自己应该如何表达想说的话才能继续保持交际关系？这些问题都会极大地影响到我们在交际过程中对词语的选择。在交际的互动过程中，交际的参与者都希望得到别人的认可，人们一般会以特定方式来展示自己特定的身份并希望这样的特定身份得到他人的注意，因此人们都会设计和投射自己特定的形象，这样的交际身份通常称之为面子（人的大多数形象以转喻方式代表他的整体及身份）。

在交际过程中，人们努力建立和维护自己的面子，而不希望丢面子，人们希望自己的愿望和感觉得到会话伙伴的理解和认可，希望在与别人交际会话时受到对方的喜欢而自己也产生愉悦的感觉。在大多数情况下，人们也希望传递让会话伙伴产生良好的自我感觉的信息。为此，人们积极使用大量的礼貌策略，即尽可能表示对别人"面子"欲望的理解和赏识。

现在来分析这些策略的使用在会话中对于密切关系（"社交加速"）或疏

远关系（"社交制动"）的作用。在一段会话的开始阶段，人们一般只使用礼节性的话语如"How are you""Nice to see you"等来表示自己对他人的兴趣并以此奠定进行实质性交际的双边基础。人们相互传递信号表明会话通道是畅通的，双方都有进行交际的愿望。在这样的会话"寒暄"阶段，人们一般会进行一些无关实质、不痛不痒的小对话，所谈论的事情无非是天气气候、体育比赛甚或政治话题等相对中性的话题，不过于涉及会话双方的愿望和感觉。这些"安全主题"从会话主题的角度来看并不重要，但是对于建立交际的双边基础却具有举足轻重的意义。

　　然而，大多数交际并不会只集中于"安全主题"，进行交际的基本原因之一便是向别人传递自己的想法和愿望。不管是使用信息性言语行为还是强制性言语行为，每一个"不太安全"的直接指向听话人的言语行为都可能会影响或者威胁到他的面子。比如，在执行一个强制性言语行为时，人们是为了表达一个自己想做某件事情的愿望或者希望别人去做某件事情的愿望，如果使用例句 5-a 中的外显形式的祈使句来表达这样的愿望，那就是使用了直接言语行为，即坦率而直接地陈述了自己的交际意图，这样的言语行为有可能会伤害一个人的自主权。如果觉得这样的直接言语行为会被听话人认为是有损他的面子，那么有很多内隐形式的指示性语句，这些内隐形式的指示称为间接言语行为（如 5-b~5-e），人们可以从这些表示间接言语行为的句子中选择适当的不太损伤别人面子的句子来表述自己的交际意图。

　　例句 5

　　a. Shut the door.

　　b. Can you shut the door, please?

　　c. Will you shut the door, please?

　　d. Let's shut the door, shall we?

　　e. There's a draught in here.

盎格鲁文化中存在着抑制祈使句 5-a 而褒扬疑问句 5-5b、5-c、5-d 的文化脚本，尽管朋友之间使用祈使句是完全可以接受的，但是当说话人和听话人不太熟悉或者当听话人处于较高社会地位或比说话人更有权力时，使用祈使句就是不恰当的。使用像 shut the door 这样的祈使句对听话人具有最强烈的冲击力，一般还是不用为好。而使用语气和缓的祈使句本质上不会被看作是对会话者面子的损伤。大量的会话情境要求使用这类间接性言语行为，比如，设想一个人打开了办公室的门，结果是一阵强风穿堂而过，大小纸张满屋飘扬。这样的情境可以看作是一种突发事件，秘书可能会对自己的上司脱口而出：shut the door。再想象一下菜谱上的说明，人们一般会觉得菜谱上的说明应该是这样的——Cook the potatoes and turnips until tender，then drain well。如果在这样的语境下使用礼貌策略会显得有点儿不伦不类。工作环境和任务指向性的行为中的指示语同样也以简洁为原则而不会使用礼貌原则，如：Give me the nails，再如计算机的指令：Insert diskette and type：set－up．所有这些都没有过多的礼貌用语。

如果说话人是一位学生，而听话人是一位教授，那么关上门这样的请求就应该以相当不同的方式通过简洁言语行为来提出，即用 5－b、5－c、5－d 中的例句提出。这样过于礼貌的话语又显得有点咬文嚼字、文文绉绉，从形式上看违反了量的准则，但是却遵从了礼貌原则。

礼貌策略主要有两类。主动礼貌策略（positive politeness strategies）是向听话人表明说话人理解和认可听话人的需要，比如，说话人可以使用如 5－d 中的包括我在内的句子 Let's shut the door 或者 We really should close the door，这就像中文的"咱们"和"我们"的使用，体现出说话人对听话人在认可程度上的差异。"我们"潜含着将听话人排斥在外的涵义，可以观察到，如果有两个以上的会话者参与一个会话，说话人过多地使用"我们"，从字面上看似乎是把听话人归入到一个对立面上去了。主动礼貌原则甚至可以用于公共场所中禁止某些行为的条例，比如在一个禁止停车的地方，一位彬彬有礼的英国警察甚至可能会对一位正在违规停车的司机说：We don't want to park here，do we？主动礼貌策略也使用在对别人的赞美之中，如 Oh these biscuits smell wonderful—did you make them? May I have one? 这一策略在团体内部称呼形式的使用中体现出来，如 Give us a hand，son．而团体内部称呼形式实际上就是中文里面的"咱们"和"我们"的使用形式，这几个语例体现了交际原则的跨语性质。我们认为礼貌策略的跨语性质是一个非常值得研究的课题，它既属于语言研究的范畴，也属于跨文化研究的范畴，运用实验认知语言学和实验心理语言学的方法进行实证化的研究，分析和探讨中外人士的跨文化交际中礼貌策略的使用，将是一个极具前景的研究领域。

被动礼貌策略（negative politeness strategies）是向听话人表明说话人尊重听话人的意愿，而不是把自己的意图强加给听话人，如 5－b 中的 Can you shut the door please 即是如此。在这句话中，说话人不是命令，而是问听话人能不能做一件事。另一种可能性是问听话人是否愿意做某件事，如 5－c。更为礼貌的形式是使用诸如 Would you 或 Could you 等短语引导一个言语行为句子。从这些语句的使用来分析，说话人似乎没有把握或者不能确定听话人能不能或愿不愿去做，因此说话人完全没有强人所难的意图。不管是主动礼貌策略还是被动礼貌策略都不会伤害对方的面子。

如果把间接言语行为看作一个量表，那么在该量表上最能够表现礼貌策略的那一端，人们可以用 5－e 中的 There's a draught in here 来表达内隐性的交际意图。这样的句子强化了说话人执行言语行为的理由。正如我们在例句 1 和例句 2 的语境中所讨论的那样，听话人必须推论这句话的会话含义，即要把门关起来。这样的会话含义通过转喻原则起作用，因为句子只外显性地提到了交际情境的一个要素，也就是行为的理由，但是这一要素却代表整个会话含义，即完成内隐请求所表达的意图。其实，这个句子仍然执行了伤面子的行为，不过是以一种间接语气来执行的。

有时候人们会认为一个请求会对听话人的面子产生太大的伤害和威胁（而且由于它的不恰当性，它同时也对说话人的面子造成伤害，使得他自己下不了台），因此这样的请求完全不能说出口，譬如说，如果一个重要人物正在做一个晚宴演讲，你就不可能发出一个请求让其他听讲的人去把门关上，而最好自己去把它关上。

如果仔细分析 5－a～5－e 的话语，就会发现主动礼貌原则和被动礼貌原则遵循第一章所介绍的量的象形原则：使用的语言材料越多，所包含的策略就越礼貌。

第十章

认知与语篇

第一节　语篇研究的概述

随着研究领域的扩大和对问题的进一步深入研究，认知语言学研究有语篇化趋势。认知语言学逐渐由研究单句的认知加工发展到研究段落或课文的认知加工，"文本加工"构成心理语言学和认知语言学最主要的领域之一；在认知的框架上研究语篇是认知语言学的一个最新的趋势，语篇分析和认知语言学相结合的研究正引起越来越多学者的兴趣。语篇中的照应，语篇的信息结构，语篇标记等都可从认知的角度进行新的探索和给予重新解释。

语篇是人们用语言系统进行交际的意义单位。语篇的创造者在写作或说话时会有意无意地利用语言所特有的衔接手段来达到语篇微观和宏观层面上的衔接与连贯。有时，为了提高交际效率会省去一些被认为是共享的知识而不加以表述，这些共享或假设共享的知识是解读语篇所必需的背景知识，它包括语义知识、特定民族的文化传统及语篇所涉及的相关知识。

认知语篇研究的首要问题就是语篇或文本的认知分析。文本是一个事件或一系列事件的口头或书面组织。文本中的词本身并不构成一个整体的有机性的生动描写，也不能成为文本语言学的唯一研究对象。认知语言学所关心不仅是组成某个文本的词和句子，而且是人们对文本的解释以及做出解释所依赖的基础，而后者是认知语言学研究的侧重点之一。显然，一个文本不可能包含所有的可以用来解释文本的线索，语言使用者解释文本的时候会根据自己的文化知识和世界知识给这个文本加上许多内容，这就是所谓文本表征（text representation），即以文本元素和自己对客观世界的心理表征对整个文本所做的连贯表征。文本表征是语篇理解的重要心理机制，语篇理解是一个复杂的高级的信息加工过程，在理解语篇时，语言使用者也就是读者需要利用语篇所包含的各种语言信息和非语言信息，通过对明示性或者隐含性的相关信息的使用，构建对于语篇的连贯解释。Kintsch（1979）指出，对于语篇而言，"读者的任务是构建由文本所提供的，并且与读者的知识、信念、目标整合在一起的信息的一种心理表征。"

在语篇研究中，图式是一个经常用来分析文本结构和促进文本理解的概念。在认知心理学家看来，图式可以代表各种文本的结构上的规律性，新闻报道的体裁结构一般要求必须清楚地交代给读者某一事件的六个 W（who，when，where，what，why，how），而读者也在自己的阅读过程中自觉不自觉地以这些 W 来建构新闻文本的阅读表征进而理解有关的事件。同样，故事、教材、论文都有固定的结构和篇章组织特点，这些都可以看作是图式的具体表现，这些具体图式都会指导我们对文章的阅读处理，促进对文本的理解。

大多数关于文本加工的研究涉及某种推理在阅读时是否得到编码。为了确证阅读过程中所发生的推理，研究人员需要设计合理的研究程序。为此，他们从记忆研究中借鉴了有关的原理，即 Tulving（1974）的依赖于线索的回忆，即线索直接地、有选择地激活长时记忆中的有关信息，还是快速、自动的认知过程与慢速、策略的认知过程。

Kintsch（1988）提出的语境整合模型认为，文本中的词激活记忆中与它们有联系的概念，激活在这些概念间来回循环；文本的概念和记忆中的概念若具有多而强的联系，就会高度激活，若只有弱而少的联系，就不被激活或激活衰退。结果，文本内信息与长时记忆中的有关信息以一种快速、自动的方式组合起来，形成文本的意义表征。所以，文本理解是一种基于记忆的理解过程。

文本理解的目的是构造一个连贯的心理表征或结构，表征的材料是记忆的基本单位，在表征材料的基础上建构文本的结构，这一过程包括三个步骤：①奠底，根据最初输入的信息形成一个基础结构；②映射，即当新输入的信息与先前信息一致时，就映射到这个基础上去，从而发展原来的结构；③转移，当新输入的信息与先前信息不一致时，就开始构建一个新的子结构。因此，大多数心理结构都是由若干分支的子结构组成的。

认知语篇分析认为，连贯基本上不是建立在文本内部的单个语言表达之上，而是主要建立在文本内部各种所指的实体之间的概念联系及文本元素所描述的各种事件之间的联系之上。前者称为指称连贯，后者称为关系连贯。这些内容将构成本章前半部分的主要内容，本章的后半部分将综合考察常见的连贯关系。

第二节　文本与文本表征

一、　文本

人类的交际系统主要包含有三种方式，分别是言语交际、副言语交际和非言语交际，这三种不同的方式分别有不同的交际载体和沟通通道。在写作过程中，人们使用词表达思想、进行交际，这样的交际是言语交际；而在会话过程中，人们不仅使用词或言语交际，也通过音高、节奏和语速进行交际。这些在交际过程中与词共同发挥作用的成分称为副言语（或副语言）交际系统，借助副言语系统实现的交际称为副言语交际。手势动作、面部表情和身体语言则属于非言语交际系统，它们所参与的交际就是非言语交际。

在口头语交际中，文本——人们所说出的词，只是语言、副语言和非语言这三种表达方式中的一种；在书面语交际中，文本几乎就是全部，再没有别的交际手段。然而，无论是口头语交际还是书面语交际，文本都只是交际的一个方面或一个部分；另一部分是听者或读者在解释这个文本时所产生的表征，包括对交际双方的背景的了解，对双方观点和感觉的理解以及对双方文化背景和世界知识的理解等。

因此，认知语篇分析认为，文本是人与人之间进行交际的过程中所使用的语言表达以及读者对它们所进行的解释。这样的定义既适用于口头交际，也适用于书面交际，但是还有一个附加条件，那就是此处所谓的文本仅指交际的语言部分，而不包括交际的副言语和非言语方面。关于文本的这一定义同时认为文化知识或世界知识是文本的先决条件，它们是文本解释赖以进行的基础。为简洁起见，我们将这一定义表示成图 10 - 1 所示的结构模式。

文本语言学是研究说话人/写作者和听话人/读者通过文本进行交际的过程的语言学科，它的研究对象是语言产生者和语言接受者对于所产生或遇到的文本进行文本（词语）以外的分析即分析和表征句子与句子、段落与段落、篇章与篇章之间的关系的过程。文本的基本结构单位是命题（proposition），命题是概念单位，命题可作真假之分。在语言表达上，一个句子可以只包含一个命题，也可以包含多个命题。

本章将主要限于对句子与句子之间关系的分析。句子与句子之间的关系是一个错综复杂的关系网络，应当作为独立的研究领域从认知科学的角度加以分析和探讨，句子与句子之间的关系不同于文本和文本类型中更高层次的关系即语段之间的关系。

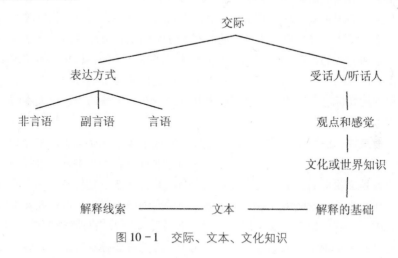

图 10 - 1　交际、文本、文化知识

二、 文本表征

文本表征就是包含于文本理解过程中的认知加工机制。文本理解（text comprehension）的现行理论（如 Kintsch，1988）认为文本的理解是通过对文本内容建构多层级的心理表征（mental representation）而实现的。具体而言，表征有两层，即文本资源表征和情境模式表征。文本资源指在文本中直接表达出的信息，它有局部结构（微观结构，microstructure）和整体结构（宏观结构，macrostructure）。

文本资源的建构包含从文本中抽取语义信息，而这些语义信息是以相互关联的命题网络的形式存在着的。从单词到意义单位的转换过程涉及一定数量的推理活动，比如说，文本读者必须要对人称代词的所指进行识别，对同义词进行匹配，必须通过连接推理（bridge inference）对文本在连贯过程中所表现出的空缺进行填充等（Kintsch，1998；van den Broek 等，2002），只有成功地进行了上述认知加工，才能对文本进行局部和整体的结构良好的表征，而在这样的表征中记忆发挥着重要作用。文本的语言表达使得对自己已经读过的语句进行确证，回答有关文本的问题，回忆或者归纳整个文本的大意主旨等。

在文本层次上知道或了解文本本身并不一定能保证读者在更深层次上理解该文本，通常的情况是读者必须从自己关于一个问题的领域的知识库中提取相应的知识来解释文本中没有明确陈述的信息，而且，在对文本加工中，也可能需要积极的推理把文本与读者的已有知识联系起来，这种积极推理的结果就是情境模型。情境模型要整合文本中的已有信息和读者的已有知识，读者通常要根据对整个知识领域的理解对文本信息加以重组和重构，而不是仅仅对所读到的这个特定文本加以理解，所产生的心理表征帮助读者更深刻地解读文本，这一过程是和读者的长期记忆以及背景知识相关联的（McNamara et al, 1996）。如果没有读者的已有知识，那么读者对文本的建构就会受到限制，文本的辅助性组织手段如标题、导论或概念图解等都有助于知识欠缺的读者对文本的宏观结构进行识别。

一般来说，说明文的作者会使用标题和其他手段来强调文本的主题和结构以帮助读者更加方便地加工文本的主题结构，促进读者的文本解读过程。

语言是描写性的，语言代表事件或事物的某种状态。它是语言的重要功能之一，在相当长的时间内，它几乎是语义学研究的唯一对象。但是在文本的生成过程中，语言使用者不仅仅描写事物，而且还从事着描写以外的语言过程。文本包含着关于说话人或作者角色以及句子功能的许多标示性信息，也就是我们在第九章所提到的人际功能。我们在第九章曾经讨论过，自然文本包含有礼貌信息，比如，例句1之间的差异表示内容的差异，意味着它们具有相同的表意信息，它们的差异是适宜性或恰当性方面的差异。

例句1

a. Would you pass me the butter, please?

b. Pass me the butter!

c. Pass me the butter, would you?

文本也可以包含有关文本本身的结构方式的信息，这称为语言的文本功能。比如，例句2并未给文本的表意内容增加很多内容，然而它却发挥着一个极其重要的作用，这就是引导读者对文本的加工。

例句2

In the following section, I will briefly go into the history of car mechanics.

词只是事物的名称，但是不能因此认为每个词直接代表客观世界中的一个事物。作为一个整体的会话的意义不可以和会话的参与者所带来的"事物"的集合相互等值，在分析会话时必须注意到文本是由句子或含义单元组成的这一事实，分析文本是口头的还是书面的。

传统的研究将对文本的解释看成是该文本的单个句子的解释的总和，然而，有充分的理由可以认为关于文本解释的这一观点是站不住脚的，如例句3所示，读者在加工文本的时候会给文本中的句子加上各种信息。

例句 3

On our way to the reception, the engine broke down. We were late for the party.

会话伙伴会毫不费力地理解发生故障的发动机是指汽车的发动机，说例句 3 的人是在这部发动机发生故障的汽车里面的。但是这部汽车并没有在文本中明确提到，读者或听者会体会到发动机故障和赴会迟到两者之间存在着一个因果联系。这些内隐性的假设，称之为推理，它建立在读者的已有经验基础之上。人们在解释一个文本时常常进行大量的推理，这说明文本不仅仅是对文本中单个句子进行解释的机械相加。

认为文本的意义只限于文本中单个句子的解释的总和也有一定的道理，对文本的解释通常是结合语境而进行的，语境可以消除单个句子的歧义和模糊，比如，在独立的句子中，代词 him 或 you 可能是不具体的，但是在文本中这样的指称是固定的。

总之，作者或说话人有意传递一个信息给读者或听话人，为了实现这一意图，说话人构思一个含有语言表达的信息，这就是文本。然而，不能只从文本内的语言信息来理解文本，还必须研究说话人/作者和听话人/读者对文本的表征。因此，认知语言学的一个观点就是自然语言的重要特性之一是不存在交际意图对语言表达的直接映像，相反，交际意图的映像是通过概念层次而间接传递的，这个概念层次就是文本表征（text representation）。对于文本的大多数显著特征来说尤其如此，所谓显著特征是指结构良好的文本大都是连贯的。连贯是区别文本和非文本（任意性堆砌的句子）的属性和特征的重要标志，文本都是连贯的，而非文本（任意性堆砌的句子）却是不连贯的。

Kintsch 是文本表征研究领域的著名学者，对与文本理解的有关心理机制进行了大量的研究和分析。对于文本的微观结构模型，他提出：

①文本理解是指读者在头脑中建构文本相关信息的心理表征；

②文本的基本结构单位是命题；

③对文本的理解通过建构某种命题网络来完成；

④文本的加工处理具有周期性。

Kintsch 及其合作者通过语篇理解的心理实验结果确定了文本微观结构理解的三个参数：①短时记忆缓冲器的容量，一般为 4 个命题；②每次可接受的新命题数，平均为 6.2 个命题；③命题在长时记忆中的保存概率，平均为 0.64。关于文本表征时的客观指标，也就是文本的难度或称可懂度，可以通过上述的参数加以预测。Kintsch 认为在预测文本的难度时，词频和回复搜索数量是两个最为重要的指标，除此之外，还有命题密度、推理数量、加工周期的数量以及命题中不同主题的数量等也是影响难度预测的因素。文本难度不仅由文本本身决定，而且是特定读者与文本互动的函数。

当然，以上的分析只是从命题水平即句子层次展开的，句子的理解并不能构成对整个文本的理解，因此，所谓文本表征绝不能仅仅停留在句子层次的表征上。这就必然涉及文本的宏观结构的表征，在这一层次上，图式便成了一个极其重要的术语。图式表达了一组信息的最为一般的排列，这里要进一步说明的是，它也可以表达一组可以预期的信息排列。譬如说，一个故事图式包含读者可以预期的应该发生于故事中的所有信息：侦探故事、神话故事、传奇故事等。图 10－2 是简单的故事语法（或规则）的一个说明（Thorndyke，1977）。

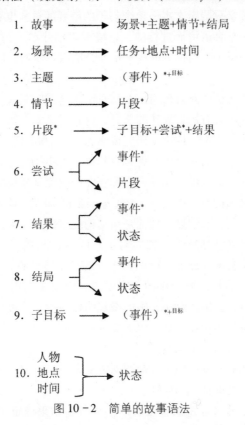

图 10－2　简单的故事语法

如上图所示，一篇故事是由场景、主题、情节和结局组成的，而场景又由角色（人物）、地点和时间组成，表中的"＊"表示一个符号可以重复使用。由此可见，故事语法的规则是一个一般性的知识结构，而并非一组固定的事实，在不同的故事中，它的具体表现形式可能会有所不同。

按照从具体到一般的逻辑分析方法，我们可以总结出以下的结论：研究文本的宏观结构可以提供文本的一般图式。通过文本的一般图式可以揭示一个文本语段的顺序，文本的逻辑语段具有层次性。图式具有组织功能，符合图式结构的信息可以得到最佳的表征。在对一个大文本进行阅读时，与图式关系密切的信息可以得到最好的回忆，而其他与图式关系比较远的信息有可能被读者忽略，因而得不到表征。因此，图式为理解语篇提供了框架，为语篇的理解设定一定的意义提取程序，指导读者提取语篇的意思规定参照点，说明哪些信息是可以提取的，而哪些又是与整个语篇的理解无关的。图式的意义还在于它具有预测作用，在读者激活了的语篇信息的基础上，读者可以预测后面的文本发展路向和整个文本可能的结局。

图式指导着人们对语篇的加工，当人们建构了一个语篇的正确图式时，就会很容易地理解语篇，否则，对语篇的理解会出现困难。

第三节　一致与连贯

一、一致连接

如果一个文本可以建构起一个连贯的对于该文本的表征，那么就可以认为这个文本是连贯的。下面是一个连贯文本的实例：

例句 1

a）"The Adventures of Huckleberry Finn" must be pronounced the most amusing book Mark Twain, has written for years. b）Moreover, it is a more inute and faithful picture of Southwestern manners and customs fifty years ago than was "Life on the Mississipi". c）while in regard to the dialect it surpasses any of the author's previous stories in the command of the half—dozen species of patois which passed for the English language in old Missouri.

在本例中，粗体标示的元素是重要的连贯成分，这些元素把从句和它周围的文本联系起来，称为一致连接。下面是又一个文本实例：

例句 2

a）Twelve year term of imprisonment. b）LONDON, APRIL 10. c）The London court has convicted a Brighton, resident to twelve years imprisonment for accessory to murder. d) The victim was fatally wounded in a shooting incident in a Winchester restaurant last year.

从语篇分析的角度看，这一微型文本看起来相当连贯，但却没有用相应的词来解释（c）和（d）所描述的情境并把（c）和（d）互相联系起来；同时，第四个句子中所提到的概念中无一重复第三个句子中的任何材料。换句话说，（c）和（d）之间没有一致性连接元素（或者说没有一致性）。然而，没有人会觉得这个文本难以理解。对此，认知语言学的解释是人们在理解该文本时加上了与文化有关的背景知识来弥补那些省略掉了的连接元素，也就是说，人们的外部世界知识在文本理解中发挥了作用。这里人们使用了有关谋杀的脚本。脚本这一术语是指人们知道谋杀案应该由什么要件组成。从已有的日常经验或普通常识中，人们知道谋杀要有谋杀者、受害人、作案工具和手段、动机、谋杀案发地等，正是这一与文化有关的背景知识使得人们建构起对文本的连贯表征。因此，没有明显的一致手段照样可以使文本连贯。

文本的连贯可以通过一致性连接如词语重复或者使用下位或上位术语等方式来表现，但是下面的实例表明此类一致连接元素的出现并不能一定保证文本的连贯。

例句 3

I bought a Ford. A car in which President Wilson rode down the Champs Elyse'es black. Black English has been widely discussed. The discussions between the presidents ended last week. A week has seven days. Every day I feed my cat. Cats have four legs. The cat is on the mat. Mat has three letters.

这段文字包含了大量的一致连接元素，大多数是词语重复，但是还是很难把它看成是一个连贯的解释。因此，连贯不是文本本身内部的语言表达的唯一特性，而是说话人/作者和听话人/读者对文本进行表征的特性。不能仅从文本本身来分析文本的连贯，而应该从文本表征的角度来分析文本的连贯问题。

文本的连贯可以通过下列两种方式中的其中一种来建立：重复文本中同一个所指或"心理对象"的指称，这称为指称连贯；使用连贯关系如"因果"和"对比"等把文本的各个部分联系起来，这称为关系连贯。

二、 连贯关系的概括

为容易讨论起见，下面按字母顺序列出连贯关系，这些关系是根据 Mann 和 Thompson（1988）的研究而整理的。

（1）背景：附属部分中的信息帮助读者理解核心部分。

例句 4

a. The elimination of mass poverty is necessary to supply the motivation for fertility control in underdeveloped countries. ［附属］

b. Other countries should assist in this process. ［核心］

（2）原因：附属提供一个情景，该情景引起出现于核心中的情景。

例句 5

a. The United States produces more wheat than needed for internal consumption. ［附属］

b. That is why they export the surplus. ［核心］

（3）环境：附属提供框架，读者希望在这个框架中解释核心所描述的情境。

例句 6

a. Probably the most extreme case of Visitor's Fever I have ever witnessed was a few summers ago. ［核心］

b. when I visited relatives in the Midwest. ［附属］

（4）让步：核心和附属所描述的情境之间存在着潜在的或现实的不相容性，核心所描写的情境居于作者的意图的中心位置。

例句 7

a. Although this material is toxic to certain animals. ［附属］

B. evidence is lacking that it has any serious long—term effects on human beings. ［核心］

（5）条件：核心描述一个情境，该情境的实现依赖于附属情境的实现。

例句 8

a. You should immediately contact your insurance company. ［核心］

b. if there is a change in your personal situation. ［附属］

（6）对比：核心所描述的若干情境在许多方面是相同的而在少数方面是不同的，对这些情境从不同的方面进行比较（排比：两个核心）。

例句 9

a. Bergoss increased by twelve points, just like Van Hattum, Holec and Smi—Tak. ［核心］

b. By contrast, Philips lost 10 points. ［核心］

（7）详述：附属提供附加的细节来描述核心情境（的某些成分）。

例句 10

a. The next ICLA conference will be held in Stockholm, in 1999. ［核心］

b. It is expected that some 300 linguists from 23 countries will attend the biannual meeting. ［附属］

（8）促进：对附属的理解促进读者执行核心所描述一个行动。

例句 11

a. Could you open the door for me, please? ［核心］

b. Here's the key. ［附属］

（9）评价：附属展示作者对核心所描述的情境的评价。

例句 12

a. Peace negotiations between Israel and Palestinians have resulted in a new treaty. ［核心］

b. This is the best of possible results of the latest U. S. peace initiative. ［附属］

（10）证据：对附属信息的理解会增加读者对核心信息的相信程度。

例句 13

a. 20—year old Bill Hamers is the muderer of his father. ［核心］

b. Witnesses have seen him at the murderscene. ［附属］

（11）辩护：对附属信息的理解会增加读者的心理准备而对作者描述核心信息的权利给予认可。

例句 14

a. I am the chairman of this meeting. ［附属］

b. You're out of order. ［核心］

（12）激励：对附属信息的理解激励读者执行核心所描述的行动。

例句 15

a. Come and join us on our trip to Disney World. ［核心］

b. It'll be fun. ［附属］

（13）目的：附属展示一个将通过核心所描述的行动实现的情境。

例句 16

a. To get the latest version of Credit. ［附属］

b. send the registration card. ［核心］

（14）结果：核心展示一个由附属情境所引致的情境。

例句 17

a. The explosion destroyed the factory and a large part of the environment. ［核心］

b. There were 23 casualties and more than 2，000 people are still in hospital.
［附属］

（15）重述：附属重述核心所描述的信息。

例句 18

a. A well—groomed car reflects its owner. ［核心］

b. The car you drive says a lot about you. ［附属］

（16）序列：（并列）核心展示若干情境为一个序列。

例句 19

a. Soak the beans for at least 12 hours. ［核心］

b. Cook them until soft. ［核心］

（17）解答：核心所描述的情境是对附属所描述的问题的一个解决方案。

例句 20

a. You can't make optimal use of ethernet possibilities? ［附属］

b. Choose a computer with a PCI bus. ［核心］

第四节　语篇连贯

　　语篇并不是随意的语言片断，而应该受信息量的制约和意义连贯条件的制约。意义连贯的实质性基础是语篇意义所涉及的长期记忆中知识概念的连贯。语篇是由一系列表达一个统一主题（topic）的命题（theme）组成的合格的语法单位。宏观结构（macro—structure）或主题是篇章的主要思想，语篇各个组成部分的命题意义构成语篇宏观主题，形成统一的整体，表达语篇宏观层面的连贯。

　　没有连贯，语篇就不可能达到交际的目的。语篇接收者要在语言信号的激发和引导下，提取贮存在长期记忆中的与当前话题相关的知识、进行推理、建立新旧信息之间的连贯关系，从而达到解读语篇的目的。语篇接收者会利用自己与语篇产生者的共享知识来认识文本。

一、 指称连贯

　　一般来讲，文本中含有相当数量的指称性短语，文本的连贯部分产生于用来以连贯方式所讨论的一组概念及其所指，也就是说，在某种意义上，文本的连贯就是指文本中的概念及其所指之间的一致。现代语言学的观点之一是文本词语的所指并不完全与外部世界中的客观事物是一回事，而是人们对这些客观事物的心理映像。这就是为什么人们可以指称那些实际上并不存在但是却可以想象的事物，如独角兽和圣诞老人等。

典型的指称短语有代词（如 she，my）和完整的名词短语（如 the woman，next door）等。指称可以是指文本中提到的其他概念也可以是指文本以外的事物，前者称为内运指称（endophoric reference），后者称为外运指称（exophoric reference）或指示词（deixis）。例句 1 是外运指称的一个典型例子。

例句 1

妻子指着天花板对丈夫说：Did you speak to them upstairs?

只有在可以使用情境语境的情况下，妻子的话语才是可以完全加以解释的。这是典型的外运元素或指示词元素。

内运元素从文本语境获得自己的解释，这里所说的语境既可以是例 2 所示的先行语境，称为首语重复法指称（anaphoricreference），也可以是例 3 所示的后续语境，称为完全法指称（cataphoric reference）。首语重复法指称和完全法指称这两个术语是指使用代词来指代前面的名词或者后面的名词。在下面的例子中，指称短语及其先行成分用标志 i 标示出来。

例句 2

Last year we were in ［the Apls］ᵢ. We think ［they］ᵢ're beautiful.

例句 3

a. ［That］ᵢ's just my luck：［first my tyre bursts and then the bridge is closed，too］ᵢ.

b. Did you hear ［the news］ᵢ? ［Clinton will be impeached］ᵢ.

通过依靠文本语境对它们的解释，这些内运成分对文本的连贯做出贡献，所以说指称连贯是通过内运性而建立的。

并不是文本中的所有指称都具有相等的重要性，有的指称在文本中自始至终都会被提到，有的指称在文本中属于新成分，还有一些指称只具有从属作用。认知语言学对文本中指称短语的这些识别功能（identification function）所进行的深入研究业已表明对概念给予指称的方式依赖于概念的重要性。譬如说，如果一个对象对文本而言是全新的话，那么就必须对这个概念加以介绍。在自然语言中，至少在西欧语言中，进行这项工作的典型方法是使用一个不定短语，即带有不定冠词或不定代词的短语。在神话故事或童话中，可以发现如下所示的典型的引导性句子：

例句 4

Once upon a time there was a little girl.

所指一经引入，就可以以不同的方式加以指称，当然这要视概念的重要性而定，所指越重要，就越需要比较少的语言材料来确定这个指称。如果它一直处于"注意焦点"，指称它的自然方式就是使用代词：

例句 5

a. She was called Goldilocks.

这是指称前面所提到的那位女孩的简约方式，非简约方式则是 The girl was called Goldilocks。英语中的代词只包含关于性、人称和数等方面的语法语义信息（其他语言可能甚至提供比之更少的信息）。在 5 - a 的语境中，不需要更多的信息，因为所指可以从最接近的语境中推理出来。如果进一步简约指称，就是省略：

b. Once upon a time there was a little girl called Goldilocks.

如果文本中将要描写的这个女孩子不重要，譬如说如果在前面刚刚提到她，也就是说另外一个对象已经进入注意焦点，成为更具有实质内容的对象，那么就不能使用代词而是需要一个完整的名词短语来建立协指（co - reference），即对同一个人物或对象的指称。

c. Once upon a time there was a little girl called Goldilocks. She lived in a forest that belonged to a rich and powerful king, The king had a son called Jeremy, who loved hunting. One day, as he was chasing a deer, he saw（? her/ the little girl）.

有时候，在文本建构中，对象或人物没有在已经呈现的语段中提到，但是其"存在"可以从情景知识或者背景知识中推理出来。我们清楚地看出指称短语所具有的识别功能：所指的重要性程度和指称短语的形式之间存在着强烈的相关。因此，这些短语形成一个信号向听话人/读者显示到哪里去发现和解读短语的所指。

文本语言学的最新研究表明首语重复语（anaphor）也具有非识别功能（non - identification function）。有关研究表明一个首语重复语的形式可以不与它的指称功能相一致，因为它既可以是过分具体的，即过分具体化，也可以表征一个新的所指（尽管该所指已经加以介绍），即迟滞不定性。下面是从一本百科全书关于歌德的词条中摘选出来的片段，它的最后一个句子就是一个过分具体化的例子。

例句 6

He was fascinated by humanity and its progeny, and he expressed his ideas, questions, and struggles by means of poems, songs, plays, prose, maxims, and short essays. Goethe, besides being an artist, was also a leading physicist.

在最后一个句子中使用全名 Goethe 清楚地说明了过分具体化这一情况，在这里使用 he 足以实现识别定位目的，这个片段中的每一个句子都是有关歌德的，因此他完全处于注意的焦点，作者使用了他的名字而不是一个代词，目的是为了发出这样一个信号，即一个新的问题或主题将进入讨论过程。此时使用特指名称 Goethe 是为了获得特定的文本结构效果，即文本分段，也就是把文本结构发展到一个更大的概念单元如段落。实验研究发现读者可以体会到文本的主题分段性质，因为专名有助于标示一个新的主题将被引入后面的文本。

另一个重要的概念是迟滞，它是指在文本中人们期望一个确定短语的部分暂时不使用确定短语而在稍后时刻使用不定名词短语或者代词。迟滞也具有信息效果，但是性质却有所不同：

例句 7

Girl subdues attacker

A brave young woman turned the tables on a robber and beat him with an iron pipe which she had wrested from him, then handed him over to the police in Osaka Wednesday night.

At about 11：25 pm Wednesday, a man at tacked Miss Mayumi Sanda, 23, of Oyodo-cho, Oyodo-ku, Osaka, on a street in the same ward, He struck her several times on, the head with an iron pipe and tried to strangle her. [...]

与此处所讨论的问题有关的短语是第二个句子中的 a man，从识别的角度来看，这种对不定短语的使用是相当古怪的，所指早已被介绍过了而且在语境中被多次指称过，因此人们一般会期望在此时出现一个代词如 he 或者一个确定短语如 the man，而实际却不然。这一不定短语的效果是使得文本更为生动。我们是通过 Mayumi 的眼睛来体验这一事件的，可以这么说，对于她而言，强盗是一个不确定的人。这种对迟滞不定短语的使用称之为观察化（perspectlvlzation），意思是从一个特定的人的观察角度来看待一个特定事件的场面或情景。这种报道引人注目的事件的"观察化"方式现在已经几乎成为英文报纸的标准程序。

综上所述，指称连贯可以通过内运指称来建立。内运指称有一个基本的识别功能，即指称选择，作为一个规则是与听话人/读者的信息需求相一致的。在特殊情况下，也就是在有标记的指称的情况下，可以获得非识别效果，如文本分段和观察化等。

二、 关系连贯

在阅读（或者聆听）一个文本时，除非一个人已经解释了文本的句子或从句之间的连贯关系如"因果""对比""证据"等，否则就不能说他已经完全理解了该文本。连贯关系是对文本的全方位解释，而不仅仅是对句子或从句进行孤立的解释。有些文本之所以不能很好地说明连贯问题，原因之一便是它里面的句子都是独立的，这样孤立的会话会由几组对象组成，而且这些对象都不能完全代表自然语言中通过从句中的事件图式所表达的完整的情景。

下面是这样的连贯关系的一些例子，其中有些连贯关系因为使用了because 和 although 等词而比较明确和外显（如例8、例10），有些连贯关系则是内隐的（如例9）。

例句 8

The unicorn died becase it was lonely.（因果）

例句 9

Maggie must be eager for promotion. She's worked late three days in a row.（证据）

例句 10

Although, Greta Garbo was called the yardstick of beauty, she never married.（让步）

在例8中，第二个从句说明了独角兽死亡的原因。在例9中，第二个从句没有明确地说明事件的具体状况的原因，但是提供了证据说明对 Maggie 的观察和假设。在例10中，从句之间的关系是所谓的让步关系，也就是说第二个从句否定了第一个从句所产生的某种期望。事实上，例10是一个相当著名的例子，它出现在荷兰一份全国性报纸 De Volkskrant 发布的著名电影演员格丽塔·嘉宝的讣告中。由于句子含有"漂亮的女人一般都会结婚"这样的含义，许多充满愤怒情绪的读者寄信到编辑部抗议和批评撰稿人的陈腐观点。

一个连贯关系可以通过使用连接词而明确地表述出来。连接词作为一个词类，包含有从属连接词（because, if, although）、并列连接词（and, but）、连接副词（so, therefore, yet）和连接副词短语（as a consequence, in contrast with this）等。文本语言学目前流行的一个观点是：可以出现于从句之间的连贯关系也可以出现在更大的文本片段如段落甚至整个章节之间。这就是为什么两个段落之间所出现的连贯关系（如一个段落包含有一个假设，而另一个段落则展示对这个假设的分析）有时候要用一个完整的句子来标示（This problem is in urgent need of a solution）；还有一些比较微妙的标示连贯关系的方式，如使用 some…others 等"关系"实词来标示一个对比关系，或者使用重音或语调等，比如，在例 11 中，在第一个从句的末尾是一个升调，而在第二个从句的末尾是一个急速的降调，两者共同标示两个从句之间的让步联系。

例句 11

John may have written a well—known book, but he has absolutely no manners.

有时候说话者也使用表面并不"匹配"连贯关系的连接词，下面即为一例：

例句 12

a）Since June 1 Jan Kaal has been editor in chief of the monthly, b）Kaal was approached last year by the publisher, Maurice Keizer, c）after he had written a crittcal article in NRC Handelsblad on the first issue of the magazine.

显然，这段文本的作者是想说 Kaal 现在是主编因为他写了评论，然而，文本作者没有使用 because，而是使用了连接词 after，这样的用法只说明了两个事件之间的时间关系而不是它们之间的因果关系。这称之为关系欠具体化（relational underspecification）。欠具体化当然会增加文本解释的复杂性程度，显然，作者只有在语境中提供足够的信息使听话人/读者能够产生正确的解释时才会使用欠具体化的手法。

这些语境限制在性质上表现出极大的多样性和差异性，一个重要的因素就是风格或文本类型。在记叙文中，读者期望事件之间具有因果关系，因此在记叙文中使因果关系欠具体化就相当常见；相反，在论说文中，作者和读者都期望句子之间的关系要很明确，因此在这类文本中就很少存在欠具体化。

如何解释欠具体化连贯的出现呢？在上一章对会话含义的分析中，曾经提到会话的参与者不需要明确地将他们意欲传递的所有信息都表达出来，因为他们可以依赖会话伙伴的合作去进行关联推理。如果某人对"I've run out of petrol."这一话语作出"There is a petrol station round the corner"这样的反应，那么我们就有充分的理由根据关联准则假设作出这一反应的人相信可以在加油站加到汽油，尽管他并没有明确地说出来。如果不是这样的话，那么反应者就不会说出不真实的情况，但是他/她肯定会由于不合作而受到谴责。

连贯关系的欠具体化也可以根据关联准则解释为一种会话含义。光是有事件的先后时序很难说是关联的，如例 13 和 14 所示，这两个例子解释了外显的时序连接词收到因果解释之效果的原因。

例句 13

After John entered the room, Bill jumped out of the window.

例句 14

I couldn't work when the television was on.

同理，仅仅有事件的共时状态也很难说是关联的，除非这些状态在某种程度上是与读者的期望背道而驰的，这就解释了外显的附加连接词之所以具有让步意义的原因：

例句 15

He can play the Beethoven sonatas and he's only seven years old.

在这里发挥作用的似乎是转喻原则。顺序关系和共时关系分别是对于因果关系和让步关系的转喻。根据会话含义理论所提出的关于转喻的意义改变的观点，这一分析是有事实根据的，这就是许多语言都显示出类似的意义改变的轨迹，在许多语言的发展中都已经出现了会话含义逐渐编码到语言体系中的事实，这是语法化的又一个实例。

例句 16

a. 法语 cependant（原意为"同期"，现意为"然而"，由描述共时现象变为否定某种预期的行为）。

b. 荷兰语 dientengevolge（原意为"跟随这个"，现意为"结果"，由表示空间顺序变为表示时间先后，成为表示因果关系的词）。

c. 德语 weil（原意为"只要"，现意为"因为"，时间重叠变为因果）。

d. 英语 still（原意为"仍然"，同时性现变为类似于 but 否定某种期望）。

在下面将要进行的分析中，我们将会看到有许多类型的连贯关系。最近的文献中已经提到有大量的连贯关系以爆炸之势急速增长，调查显示已经有 300 多种不同的连贯关系。然而，认知语言学者普遍认为对于这种关系的急剧增长应给以某种程度的限制，这主要是因为认知语言学的理论很难设想语言的使用者能够在正常的语言使用条件下从如此巨大而又相当抽象的关系清单中做出恰当的选择。

认知语言学对巨大的关系清单采取三种方法加以整合和限制。对这一清单进行限制的第一种方式便是把这些连贯关系沿着不同的维度划入不同的共同范畴集合，而每一个连贯关系集合又有自己的中心和边缘成员。

在有关文献中经常出现的是划入肯定关系范畴（如例 8 或例 9）或否定关系范畴（如例 10）的关系。比如，在例 8 中，一个基本的规则或规律是"孤独通常引致死亡"，孤独与死亡之间的这种关系以某种方式直接表达在例 8 的有关从句之中；在例 10 中所显示的关系是"漂亮女人通常会结婚"，这一关系仅在例 10 中间接地表达出来，因为人们需要一个对这一规则的否定。因此，类似例8所表达的关系称为肯定关系，而类似例10所表达的关系称为否定关系。

将连贯关系进行分组的第二个方式是考察互有联系的从句之间的层次关系。排比关系（paratactic relation）是指具有相等地位的从句互相联系在一起的关系。典型的排比关系是序列关联关系，如例17即为一例，在这个例子中，一个从句描述一个事件，而这个被描述的事件是紧跟前面的从句业已提到的一个事件，两个事件之间具有并列地位。一般认为排比关系是"多重核心"关系，这是因为所有从句（如例句17）对于文本来说都是中心。

例句17

a）Bring the water and the milk to the boil，b）add the yeast extract c）and pour in the dry semolina.

下位关系（hypotactic relation）则是指一个从句连贯于一个主句这样一种关系。典型的下位关系是证据性关系，如下例。

例句18

a）John must have stopped smoking，b）because I haven't seen him with a cigarette all day.

下位关系是一种"核心——附属"关系，含有像例句18a）中的主要信息的句子是核心，另一个b）是附属。之所以对核心和附属做这样的区分，是因为从文本中删掉所有的附属成分，仍可以获得一个相当不错的文本概要。

核心和附属之间的区分只是一个功能上的区分，核心比附属对文本的主要走向的贡献要大，没有核心，附属常会变得不可理解。相反，附属常常可以删去而并不影响整个文本的主旨。因此，核心在语言系统中处于中心地位：从原型的角度分析，核心用主句表达，而附属用从句表达。当然，也有例外，比如例19中，主句是附属，它提供背景信息，而从句却是核心。

例句19

Mac Loyd had just started to study the legacy left by the sociaist Heath，when he died.

对连贯关系分组的第三种方式是区分从句的层次。如果几个从句的内容在同一个"事件"水平上互有联系，我们就不得不用意念关系进行分析，如在例8 The unicorn died because it was lonely 中，第二个事件（it died）是第一个情况的直接结果（the unicorn was lonely）。如果两个从句中有一个与说话的人有关，则人际关系就出现了，如在例9中，第一个从句描述一个"外在"事件，说话人在第二个从句中陈述了他的推理的根据所在，第一个从句表达说话人所相信的内容或事件，第二个从句表达这一信念所赖以产生的根据。表述人

际关系的另一个例子参见例 20，该例的第一个从句给出了第二个从句之恰当
性的理由。

例句 20

Since we're on the subject, when was George Washington born?

语言学相关学科的研究已经证明上述关系分组已体现在语言使用者的实际
语言使用过程之中。譬如在语言习得研究中已经发现语言学习者先掌握比较具
体的关系，然后才掌握抽象关系，肯定的连贯关系的习得在前，而否定的连贯
关系的习得在后，并列关系在先，下位关系在后。最后这一论点的实例常见于
儿童的语言发展过程中，We went to the zoo and saw some lions, then we had a
picnic, then we watched the dolphins, and then……稍后将会被下位关系所取代，
即 We went to the zoo, and had a picnic before we watched the dolphins。这样的实
例证明关系分组不仅仅是一个分析工具，而且在认知的意义上它们是实际语言
使用过程的相关性的决定因子；同时这样的研究发现又反过来解释了语言使用
者处理大量连贯关系的能力。

总结本节内容，我们已经看到解释一个文本意味着推导出文本要素之间的
连贯关系，这些关系可以通过许多方式标示出来，但是常常还是不够具体，在
这样的情况下，语用含义指导读者的文本解释过程。

参考文献

[1] Barcelona, Antonio. Clarifying and applying the notions of metaphor and metonymy within cognitive linguistics: An update[A]. Ren Dirven and Ralf P? rings (eds.), Metaphor and Metonymy in Comparison and Contrast[C]. Berlin /New York: Mouton de Gruyter, 2002.

[2] Barzini, L. The Italians: A Full – Length Portrait Featuring Their Manners and Morals[M]. New York: Simon &Schuster, 1996 [1964].

[3] Blackmore, D. Urtderstanding Utterances[M]. Oxford: Blackwell, 1992.

[4] Bloom, A. H. The Linguitistic Shaping of Thought: A Study in, the Impact of Language on Thinking in China and the West[M]. Hillsdale, NJ: Lawrence Erlbaum Associates, 1981.

[5] Bolinger, D. Forms of English: Accent, Morpheme, Order [M]. Cambridge: Harvard University Press, 1965.

[6] Bowerman, M. Learning How to Structure Space for Language: a Crosslinguistic Perspective[A]. Bloom, P., Peterson, M. A., Nadel, L. & GarrettM. F. (Ed.), Language and Space[C]. Cambridge, MA: MIT Press, 1996.

[7] Brown, C. H. A Survey of Category Types in Natural Language[A]. Tsohatzidis, S. L. (Ed.), Meaning and Prototypes: Studies in LinguisticCategorization[C]. London: Routledge, 1989.

[8] Carston, R. Language and Cognition[A]. Newmeyer, F. J. (Ed.), Linguistics: The Cambridge Survey, Vol. 3[C]. Cambridge: Cambridge University Press, 1985.

[9] Choi, S. & Bowerman, M. Learning to Express Motion Events in English and Korean: The Influence of Language Specific Lexicalization Patterns[J]. Cognition. 1991 (41).

[10] Cienki, Alan. Some properties and groupings of image schemas[A]. Marjolijn Verspoor, Kee Dong Lee and Eve Sweetser (eds.), Lexical and Syntactical Construction of Meaning[C]. Amsterdam/Philadelphia: Benjamins, 1997.

[11] Croft, William. Typology and Universals[M]. Cambridge: Cambridge University Press, 1990.

[12] Dewell, Robert. Over again: Image—schema transformations in semantic analysis[J]. Cognitive Linguistics, 1994 (4).

[13] Dik, Simon. The theory of Functional Grammar, part I : the structure of the clause (2nd revised edition), ed[M]. Kees Hengeveld. Bedin: Mouton de Gruyter, 1997.

[14] Fillmore, Charles. An alternative to checklist theories of meaning[A]. Cathy Cogen (ed.), Proceedings of the First Annual Meeting of the Berkeley Linguistics Society[C]. Berkeley: Berkeley Linguistics Society, 1975.

[15] Fillmore, Charles. Topics in lexical semantics [A]. Roger Cole (ed.), Current Issues in Linguistic Theory [C]. Bloomington: Indiana University Press, 1977.

[16] Fillmore, Charles. Frames semantics[A]. The Linguistic Society of Korea (ed.), Linguistics in the Morning Calm[C]. Seoul: Hanshin , 1982.

[17] Fillmore, Charles. Frames and the semantics of understanding[J]. Quaderni di Semantica , 1985 (2).

[18] Gibbs, Raymond W. and Herbert Colston. The cognitive psychological reality of image schemas and their transformations[J]. Cognitive Linguistics , 1995 (4).

[19] Givón, Talmy. Isomorphism in the grammatical code—cognitive and biological considerations[A]. Raffaele Simone (ed.), Iconicity in Language[C]. Amsterdam: John Benjamins Publishing Company, 1994.

[20] Goldberg, Adele E. Construction: A construction grammar approach to argument structure[M]. Chicago: The University of Chicago Press, 1995.

[21] Grady, J. Cognitive Mechanisms of Conceptual Integration[J]. Cognitive Linguistics, 2000 (11).

[22] Greenberg, Joseph H. Some universals of grammar with particular reference to the order of meaningful elements[A]. Universals of grammar, ed. Joseph H. Greenberg (2nd edition) [C]. Cambridge, Mass: MIT Press, 1966.

[23] Greenberg, Joseph H. Circumfixes and typological change[A]. Papers from the Fourth International Conference on Historical linguistics, ed. Elizabeth Traugott, Rebecca Lambrum and Susan Shepherd[C]. Amsterdam: John Benjamins, 1980.

[24] Grice, H. P. Logic and Conversation[A]. Cole, P. & Morgan, J., L. (Ed.), Syntax and Seman. tics[C], 3. N. Y.: Academic Press, 1975.

[25] Gumperz, J. J. & Levinson, S. C. (Ed.) Rethinking Linguistic Relativity [M]. Cambridge: Cambridge University Press, 1996.

[26] Haiman, John. The iconicity of grammar: isomorphism and motivation[J]. Language, 1980 (56).

[27] Haiman, John. Iconicity in Syntax[M]. Amsterdam: John Benjamins Publishing Company, 1985a.

[28] Haiman, John. Natural Syntax: Iconicity and Erosion [M]. Cambridge: Cambridge University Press, 1985b.

[29] Jakobson, R. Quest for the essence of language [J]. Diogenes, 1965 (51).

[30] Johnson, Mark. The Body in the Mind: The Bodily Basis of Meaning, Imagination, and Reason[M]. Chicago: University of Chicago Press, 1987.

[31] Kastovsky, D. & Arthur M. (Ed.) The History of English in a Social Context: A Contribution to Historical Sociolinguistics [M]. Berlin: Mouton de Gruyter, 2000.

[32] Kellerman, E. Why Typologically Close Languages Are Interesting for Theories of Language Acquisition [A]. Aarts, J., de Monnink, I. &Wekker, H. (Ed.), Studies in English Language and Teaching[C]. Amsterdam: Rodopi, 1997.

[33] Kintsch, W. On Modelling Comprehension [J]. Educational Psychology, 1979 (4).

[34] Krzeszowski, T. P. Contrasting Languages: The scope of contrastive linguistic[M]. Berlin: Mouton de Gruyter, 1990.

[35] Lakoff, George. Woman, Fire and Dangerous Things: What Categories Reveal about the World[M]. Chicago: The University of Chicago Press, 1987.

[36] Lakoff, George. Cognitive versus generative linguistics: How commitments influence results[J]. Language and Communication, 1991 (11).

[37] Lakoff, George, Howard Dean and Don Hazen. Linguistic gestalts, Papers from the Thirteenth Regional Meeting of the Chicago Linguistic Society[M]. Chicago, Ⅲ: Chicago Linguistic Society, 1977.

[38] Lakoff, George and Mark Johnson. Metaphors We Live By[M]. Chicago: The University of Chicago Press, 2003 [1980].

[39] Lakoff, George and Mark Johnson. Philosophy in the Flesh[M]. New York: Basic Books, 1999 (11).

[40] Langacker, Ronald W. Foundations of Cognitive Grammar: Theoretical Prerequisites. Vol. I[M]. Stanford: Stanford University Press, 1987.

[41] Langacker, Ronald W. Foundations of Cognitive Grammar: Descriptive Application. Vol. Ⅱ[M]. Stanford: Stanford University Press, 1991.

[42] Langacker, Ronald W. Construction grammars: Cognitive, radical, and less so[A]. F. J. Ruiz de Mendoza Ibanez and M. S. Pena Cervel (eds.), Cognitive linguistics: Internal Dynamics and Interdisciplinary Interaction[C]. Berlin: Mouton de Gruyter, 2005.

[43] Luria, A. R. &Vygotsky, L. S. Ape, Primitive Man, and Child: Essays in, the History of Behaviour[M]. Hemel Hemp stead: Harvester Wheatsheaf, 1992.

[44] McCrum, R., Cran, W. & MacNeil, R. (Ed.) The Story of English [M]. London: Faber & Faber, 1986.

[45] Oakley, Todd. Image schema[A]. Dirk Geeraerts and Hubert Cuyckens (eds.). The Handbook of Cognitive Linguistics[C]. Oxford: Oxford University Press, 2007.

[46] Oleksy, E. H. Cognition, Language and Practice: ls Cog nitive Linguistics in the Board of Practical Turn[A] B. Lewandowska—Tomaszczyk and K. Turewicz, (Ed.), Cognitive Linguitistics Today [C]. Frankfurt: Peter Lang, 2002.

[47] Peirce, Charles S., Paul Weiss and Charles Hartshorne. Collected Papers of Charles Sanders Peirce (2): Principle of Philosophy [M]. Cambridge, Mass.: Harvard University Press, 1932.

[48] Radden, G. The cognitive approach to natural language[A]. Martin Putz ed. Thirty Years of Linguistic Evolution [C]. Philadelphia and Amsterdam: John— Benjamins, 1992.

［49］ Rosch, Eleanor and Caroline Mervis. Family resemblances: Studies in the internal structure of categories［J］. Cognitive Psychology, 1975 (7).

［50］ Sapir, Edward. Language ［M］. New York: Harcourt, Brace and World, 1921.

［51］ Saussure, Ferdinand de. Course in General Linguistics. Trans. By Wade Baskin［M］. Beijing: China Social Sciences Publishing House, 1999.

［52］ Simone, R. (ed.). Iconicity in Language［M］. Amsterdam & Philadephia: John Benjamins, 1995.

［53］ Taylor, John. Linguistic Categorization: Prototypes in Linguistic Theory［M］. Beijing: Foreign Language Teaching and Research Press, 2003 ［1995/ 1989］.

［54］ Ungerer, Fridrich and Hans—J? rg Schmid. An Introduction to Cognitive Linguistics［M］. London: Addison Wesley Longman Limited, 1996.

［55］ Vygotsky, L. S. Mind in Society: the Development of higher Psychological Processes［M］. Cambridge, MA: Harvard University Press, 1978.

［56］ Vygotsky, L. S. Thought and Language ［M］. Cambridge, MA: MIT Press, 1986.

［57］ 陈望道. 修辞学发凡［M］. 上海: 上海教育出版社, 1976.

［58］ 戴浩一、叶蜚声. 以认知为基础的汉语功能语法刍议（上）［J］. 国外语言学, 1990 (4).

［59］ 戴浩一、叶蜚声. 以认知为基础的汉语功能语法刍议（下）［J］. 国外语言学, 1991 (1).

［60］ 郭承铭. 认知科学的兴起与语言学的发展［J］. 国外语言学, 1993 (1).

［61］ 桂诗春. 应用语言学和认知科学［J］. 语言文字应用, 1993 (3).

［62］ 桂诗春, 宁春岩. 语言学方法论［M］. 北京: 外语教学与研究出版社, 2000.

［63］ 黄国营. "的"字的句法、语义功能［J］. 语言研究, 1982 (1).

［64］ 蓝纯. 从认知角度看汉语的空间隐喻［J］. 外语教学与研究, 1999 (4).

［65］ 蓝纯. 认知语言学述评［J］. 外语研究, 2001 (3).

［66］ 李福印. 认知语言学概论［M］. 北京: 北京大学出版社, 2009.

［67］ 李英哲. 从认知语言学的角度看汉语语法的问题［J］. 云南师范大学学报, 2003 (3).

［68］ 刘丹青. 汉语中的框式介词［J］. 当代语言学, 2002 (4).

[69] 刘丹青. 汉语类指成分的语义属性和句法属性[J]. 中国语文, 2002 (5).

[70] 刘世生.《语言学理论：对几部重要著作的语篇研究》评介[J]. 国外语言学, 1994 (1).

[71] 刘作焕, 陈林汉. 漫谈语言研究方法[J]. 现代外语, 1991 (4).

[72] 陆丙甫. 定语的外延性、内涵性和称谓性及其顺序, 语法研究和研究和探索（四）[M]. 北京：商务印书馆, 1988.

[73] 陆丙甫. 核心推导语法[M]. 上海：上海教育出版社, 1993.

[74] 陆丙甫. 直系成分分析法——论结构分析中确保成分完整性的问题[J]. 中国语文, 2008 (2).

[75] 陆俭明. 词语句法、语义的多功能性：对"构式语法"理论的解释[J]. 外国语, 2004 (2).

[76] 陆俭明. 构式：论元结构的构式语法研究中文版序2[M]. 北京：北京大学出版社, 2007.

[77] 卢植. 论语义启动与文化脚本[J]. 外国语, 2003a.

[78] 卢植. 论认知语言学对意义与认知的研究[J]. 外语研究, 2003b (4).

[79] 任炎军, 滕向农. 空间维度词"深、浅"的认知语义分析[J]. 柳州师专学报, 2001 (4).

[80] 沈家煊. 不对称与标记论[M]. 南昌：江西教育出版社, 1999.

[81] 沈家煊. 认知语法的概括性[J]. 外语教学与研究, 2000 (1).

[82] 沈家煊. 认知语言学新视野序[M]. 北京：中国社会科学出版社, 2006.

[83] 卫志强, 何元建. 跨学科时代的语言学研究[J]. 语言文字应用, 1996 (4).

[84] 吴庆麟. 认知教学心理学[M]. 上海：上海科学技术出版社, 2000.

[85] 邢福义. 说"NP了"句式[J]. 语文研究, 1984 (3).

[86] 熊学亮. 认知语言学简述[J]. 外语研究, 2001 (3).

[87] 熊学亮. P+性质的认知语言学[J]. 四川外语学院学报, 2002 (1).

[88] 徐盛桓. 语言学研究的方法论问题（上）[J]. 现代外语, 1992 (4).

[89] 徐盛桓. 语言学研究的方法论问题（下）[J]. 现代外语, 1993 (1).

[90] 徐盛桓. 语言学研究的三个取向[C] //董燕萍, 王初明, 编. 中国的语言学研究与应用——庆祝桂诗春教授七十华诞. 上海：上海外语教育出版社, 2000.

[91] 徐盛桓. 常规关系与认知化——再论常规关系[J]. 外国语, 2002（1）.

[92] 许国璋. 许国璋论语言[M]. 北京：外语教学与研究出版社, 1991.

[93] 许余龙. 试论应用对比语言学的心理学基础[J]. 外国语, 1990（4）.

[94] 许余龙. 对比语言学的定义与分类[J]. 外国语, 1992（4）.

[95] 严辰松. 英美社会语言学概述[J]. 现代外语, 1989（4）.

[96] 杨自俭, 李瑞华. 英汉对比研究综述和构想[J]. 外国语, 1990（3）.

[97] 张国宪. 现代汉语形容词功能与认知研究[M]. 北京：商务印书馆, 2006.

[98] 张国宪. "在＋处所"构式的动词标量取值及其意义浮现[J]. 中国语文, 2009（4）.

[99] 张迈曾. 《语言对思维构成的作用——语言对中西方思维影响的研究》评介[J]. 国外语言学, 1993（4）.

[100] 张敏. 认知语言学与汉语名词短语[M]. 北京：中国社会科学出版社, 1998.

[101] 赵艳芳. 认知语言学概论[M]. 上海：上海外语教育出版社, 2001.